憲政体制與人權保障

constitutional governmental system and
protection of Human Rights

汪子錫——著

周序：人權的價值與進展

　　每天早上，我出門上班，看到交通警察不分寒暑、不辭勞苦地在街邊指揮交通。到了夜裡，當街頭人不多的時候，路口就只有紅綠燈維繫著交通秩序。除非特別車多人多，或是出了交通事故，警察才會趕到現場處理。這也是每天城市街頭的尋常景觀。

　　在上面這一段文字說明中，若根據法治觀念分析，紅綠燈所代表的正是「權威」（authority），而警察則是「公權力」的代表，在法治權威的授權下，靠武力（force）和強制力（輔以必備的基本武裝）維繫著社會秩序（social order），並保障著社會大眾的自由（liberty）。換言之，人們必須服從「權威」的規範，並依賴「公權力」的保護而維持著基本的自由與人權。基於此，自由並非「為所欲為」，而是在法治的保障下，維續著一種「群己權界」（這正是清末民初，嚴復先生對liberty一辭的典雅翻譯）。這也就是說，「一個人的自由，以不侵犯他人的自由為限。」在馬路上，紅綠燈所代表的「權威」，正是維繫這種「群己權界」的必要措施，而警察適時的介入與指揮，則是以「公權力」輔助「權威」的運作，使人們的自由秩序，在交通尖峰時刻仍然能夠得以確保。這正是「權威」、「自由」與「公權力」這三者間的良性互動。

　　但是，公權力的運作卻有其極限，也不是無所不能、無所不包的。當代自由世界都奉行憲政民主（constitutional democracy）體制，並以憲法為國家最高法治準繩；所有的政府行為都必須守法，以符合法制（legality），而所有的法令也都不能違背憲法的規範，否則即屬「違憲」（unconstitutional）！必須逕予懲治或進行修法。至於憲法規範的

主要宗旨，則是保障人權、維護自由，追求人民的最大福祉，並對政府權力與架構有所約制。基於此，政府的權力運作必須受到嚴格的限制，亦即符合「有限政府」（limited government）的原則，而絕非讓政府權力無限擴張，變成了全權型政府（totalitarian government或譯為「極權政府」），那可就不是人民之福，反而是民主之敵了。

由此可知，大凡政府公權力的運作，其要旨在於維護法治權威，保障人權並增進自由，這也是身為公權力代表之一的警察同仁必須要謹記在心，並戮力實踐的基本理念與規範。

作者編撰本書之主要目的，即在惕勵所有警察先進與學員，清楚的認識憲政民主時代的人權理念，了解人權發展的國際經驗與法治軌跡，並落實而為具體的法制規範。經由這樣的努力與實踐，警察同仁不但堅守法制規範，嚴守執法紀律，並且進一步的還要積極保障人民的自由安全與福祉，以促進人權的發展、社會的和諧與國家的進步。這正是本書出版的主要標的與精義之所在。

本書作者汪子錫教授，畢業自中國文化大學中山學術研究所，獲法學博士，目前擔任警察大學教席。他把對憲政民主與人權保障的長年爬梳經驗和研習心得匯為文字，供學生上課使用，這不但凸顯他的努力與用心，也讓我們深深感念憲政民主的重要意蘊，特為之序。

周陽山

中華民國一〇一年八月

黃序：警察從保障人權實現國家正義

　　汪子錫教授之前撰寫《警察與傳播關係研究》時，本人時任中央警察大學教務長，出版前夕他來找我，希望為其寫一篇序言。經細讀該書後，驚喜於其架構完整、內容新穎、觀念突破；從理論與實務來看，都是警察學術不可多得的佳作，本人遂欣然為其作序。而今其再撰述《憲政體制與人權保障》一書，讓人再見識到他多才多藝、學識豐富的一面。

　　人權保障為當前政府重要的施政項目之一，馬總統亦已指示「兩公約」已經成為國內法，考試院應將人權教育納入公務員訓練課程。縱觀近幾年來的變化，我國人權項目已經不斷在擴大範圍，甚至大幅超越了我國憲法第二章所列「人民的權利」。一般相信，人權項目是會隨著社會環境而增生的，目前以及未來還會增加的人權項目，其實正是國家致力追求「正義」的一種表現。

　　從人權國際化的思潮來看，國際人權公約落實了普世人權的概念，國際人權的標準，已經將「人」與「國家」被並列為國際法的主體。國際上看待一個國家是否具有正當性，不再以主權為唯一要件，還要看這個國家如何對待他的人民，看它是否尊重與保護人權。人權保障做得好不好，已經成為一個國家是否被國際尊重的標準條件之一，其重要性不言可喻。

　　我國憲法前言表明「保障民權」是制憲的主要目的之一；而人民自由權利的內容，隨著時代進步而變動衍生。例如環境權、資訊權、隱私權、智慧財產權等，雖然憲法並未列舉，但我國司法院大法官陸續做出

的憲法解釋，許多都被歸於憲法第22條「其他權利」的範圍。這些新加入的「人權保障」項目，透過釋憲的程序，已經被提高到憲法的層次，倍受重視。

除了一般公務員需要「人權保障」教育之外，在當代資訊社會中，警察的執法與服務過程，更會被民意代表或大眾媒體嚴格監督。因此，汪教授撰述的這本《憲政體制與人權保障》，對於警察「人權教育」而言，來的恰是時候。

《憲政體制與人權保障》內容深宏而且文字順暢流利，與其它類似著作極不相同；沒有一般類書的艱深晦澀、難以理解的字辭文句。而且在警察人權執法部份，論述清晰易懂。本書對於「兩公約」的來龍去脈、內容要旨都交待的十分清楚；還納入了台灣社會熱烈討論的「死刑存廢」議題。可以說，本書是警察人權教育很好的學習指南。

本人與汪教授相處多年，深知他一向任事勤勉、治學嚴謹。他在中央警察大學教授「憲法」，以及媒體相關的通識課程。汪教授過去擔任報社記者、電視節目製作人，十分嫻熟媒體運作；其後又服務於立法院國會辦公室，見識到憲政體制權力運作，以及政治折衝樽俎的真實層面。他擁有的實務經驗，讓他的課堂能夠一直保持精彩、活潑而且生動的教學內容。

汪教授的兩本著作，從書名來看，似乎並不相干，但是仔細閱讀這本新著，可以發現，在兩本書中，他都提到了以「民主」作為「公共利益」的最終目標。他認為「民主」不但是警察職能任務的終極目標，也是媒體享有「第四權」的根源。也可以說，汪教授在「警察、民主、人權、媒體」的論述中，自有其一套縝密的、精心的構思。

「求經師易；為人師難」，除了精彩講課，更難得的汪教授愛護學生，常常以身作則，用自己的經驗，闡釋人生的道理，以鼓勵學生。不斷地寫書，既述且作，就是他給學生最好的榜樣。《憲政體制與人權保

障》是為警察而撰寫的人權教育專書，警察也可以從保障人權來實現國家正義；特作序以為勉勵。

黃富源

中華民國一〇一年八月

自序：人權教育是警察基本素養

　　我國教育基本法第二條訂定教育基本目的，並指出教師應負協助的責任。該條文內容如下：

> 人民為教育權之主體。
>
> 教育之目的以培養人民健全人格、民主素養、法治觀念、人文涵養、愛國教育、鄉土關懷、資訊知能、強健體魄及思考、判斷與創造能力，並促進其對基本人權之尊重、生態環境之保護及對不同國家、族群、性別、宗教、文化之瞭解與關懷，使其成為具有國家意識與國際視野之現代化國民。
>
> 為實現前項教育目的，國家、教育機構、教師、父母應負協助之責任。

　　以上條文所列的「民主素養」、「法治觀念」、「愛國教育」、「鄉土關懷」、「尊重基本人權」、「生態環境之保護」、對「不同國家、族群、性別、宗教、文化」之關懷等等，其實都是憲法課程會安排到的內容；對照起來，憲法課程與我國教育基本目的幾近吻合。

　　司法院大法官釋字第603號：「維護人性尊嚴與尊重人格自由發展，乃自由民主憲政秩序之核心價值」。從這個角度來看，警察學習「憲政體制」與「人權保障」兩個主題，具有非凡的意義。以實用價值來衡量，則憲政體制是對民主警政（Democratic Policing）的舖陳，「人權保障」則是警察日常生活無所不在的核心課題。

進入民主鞏固（Democracy Consolidation）時期的中華民國，一般人民都有維護自我權利的意識，並且對個體權益的主張十分強烈；當前的實況是，警察「依法行政」只能算是「基本動作」。在更多的時候，警政績效想要維持在較高的「治安滿意度」、「服務品質滿意度」、「媒體塑造正面形象」的話，除了「依法行政」之外，還迫切需要更前瞻的思維；這套思維，筆者以為就是警察執法時的「人權素養」。

在大眾傳播媒體高度發達的台灣社會，媒體對警察執法的監督批評，並不完全取決於是否依法行政，有時還會看是否符合「人權保障」的要求，媒體輿論與人民的監督，出現了龐大的社會力量，這股力量，加重了警察執法時的壓力。在當前的社會結構下，警察需要做到「依據法律行使職權」同時兼顧「符合人權的裁量」，才足以回應社會變遷所形成的執法挑戰。

憲法人權教育可以作為國民通識教育來看待；警察憲法教育亦應致力培養「尊重人權」的觀念，使其成為民主社會警察的基本素養。

感謝周陽山教授、黃富源教授在百忙之中，為本書贈序。筆者在中國文化大學中山所博士班修業期間，受教於周老師；在警大服務伊始即受惠於黃教授，能有憲法學大師和警學大師為本書題序，使本書更增形色，也讓筆者在深受鼓舞之餘，還有更多的自我惕勵。

世界各國憲政體制不一，複雜而且多樣；人權保障與時俱進，超越既有法律；兩者都不是容易處理好的課題。筆者才疏學淺，深知本書猶有諸多疏漏與不足之處，期待各方專家、先進以及讀者不吝指正，以鞭策精進訂正。敬謹為識。

民國101年8月

目次 contents

圖目次

表目次

第一章　憲政主義與國家

學習地圖

　　本章從憲政主義的起源以及意涵，說明當今世界的國家幾乎都有一部憲法，不管是成文或不成文的憲法。而且在國家與國家的往來互動過程中，憲法幾乎是另一種國家存在的象徵。憲政主義主導了當前的國家形式，並且以保障人民的權益，為國家存在的理由。本章揭櫫憲政主義在於保障人權的真諦，並且探索先哲關於人民主權的論說。本章所提及的相關課題，可參考以下的學習地圖。

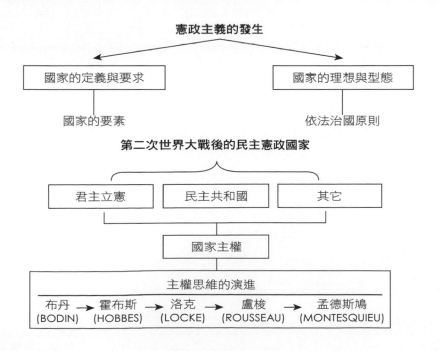

第一節　憲政主義的發生

現代憲政主義國家（Constitutionalism）必須向人民保證，所有國民都可以享受自由與民主。由此觀之，憲政主義是自由民主的守護者；自由民主則成為憲政主義的核心價值。憲政主義國家應具備何種政治風貌，可能重點不一，眾說紛紜；以下是其中可能的一種描述：

憲政主義國家強調憲政權威與民主程序，是維繫自由民主的基石；在憲政內容可能需要改變的時候，會採取溫和、務實、漸進的憲政改革手段以趨於「善治」；一般時候，則是透過代議機構以民主方式改變公共政策及利益分配。民主需要設計制衡權力的方式，以免執政者濫權。自由民主的信念在肯定「憲政法治」、肯定「人不能被任何集體目的犧牲或化約」、肯定「理性的力量及漸進改造」；其政治運作，以代議政治和政黨政治為核心[1]。

如果政治人物或者人民欠缺對憲政主義的認識，就可能出現政治領袖假藉「制憲活動」或者「憲法」名義，來實行個人威權統治的弊端。如此一來，「憲政」二字就不具實質意義，也沒有真正的「民主」可言。

憲政主義也稱為立憲主義[2]。其自思想的發生，而逐形成一套政治制度，再形成具體規模的法典，經歷了一段相當長的孕育與發展時期[3]。

經過長期的歷史演變，源於對統治者無限權力的控制，人類社會發展出最高性憲法法典的型態，並且成為憲政主義。

概觀近代憲政主義下的民主國家憲法，幾乎都以兩大部份為主要內容，一個是「權利典章」（Bill of Rights），以人權保障為主；一部份是「統治架構」（Frame of Government），以權力分立為根本原理[4]。

下圖表現了憲政主義觀點下的憲法基本內容，可作如下說明：憲政體制對於人民和政府具有對立而互補的力量，並且以穩定和諧為體制追

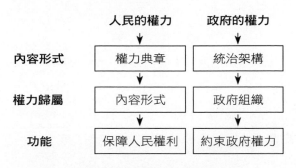

圖1　憲政主義觀點下憲法的基本內容

求的目標。其內容形式對人民而言,是權利(right),如「權利典章」就是,慣常說的「權利保障書」即指載諸憲法的內容與形式。對政府而言,憲法規範了政府統治機構的權力(power)界線,因為政府的權力是由政府組織。因此,從功能角度而言,憲政體制保障了人民的權利,同時也約束了政府的權力。

一、憲政主義的開端及演進

　　用社會變遷的過程描述人類社會,人類經歷了狩獵社會、漁牧農業社會、工業社會、後工業社會一直到現今的資訊社會。如果從政治經濟學的角度來看,人類文明是從共有制走到公有制與私有制並存的社會。若從權力集中的方向來看,人類是經歷了神權、君權到民權時代。

　　而中華民國的創肇領導者孫中山先生,則將人類進到民權時期之前的變遷,區分為四個時期。他以「沛然莫之能禦」來形容人類步入民權時代的必然性與必要性。

(一)孫中山關於民權演進的觀點

　　孫中山認為民權不是天賦與生俱來的,而是「爭」來的,是經過「奮鬥」而來的。孫中山將人類奮鬥區分為洪荒、神權、君權以及民權四個時期。

1. 洪荒時期

這是人和獸相爭的時代。中山先生說：「在那個時候，人類要圖生存，獸類也要圖生存；人食獸，獸亦食人，彼此相競爭，遍地都是毒蛇猛獸。人類的四周都是禍害，所以人類要圖生存，便要去奮鬥」。這個「人與獸爭」的時期，用的是「力氣」而不是「權力」。

2. 神權時期

人類經過洪荒時期後，生命與生活都獲得保障，但對於水火風雷的天災，仍沒有辦法防備；有聰明的人用祈禱方式去避禍求福，於是進入了神權時代。在這個「人與天爭」的時代，以神道設教，用神權來統治人民。在之後才進入君權時代後。不過君權時代，也沒有完全擺脫神權思想；例如日本的天皇、羅馬的教皇、西藏的活佛等，都由「人」而連結到「神」，君權神授的觀念。至今仍然存在。

3. 君權時期

神權之後，有力的武人和政治家便把國家權力奪過來，自稱皇帝，便發生君權。世界自有歷史以來，都是人同人爭；一半是用神權，一半是用君權。羅馬分裂以後，神權漸衰，君權漸盛。到了法王路易十四，便是君權極盛時代。由於君主專制一天厲害一天，弄到人民不能忍受，於是發生了民權革命。

4. 民權時期

君權極盛之後，引起人民反抗，產生天賦人權、自由主義、民主主義等學說，人民奮袂而起，實行政治革命，社會便演進到民權時代。在這個時代可以說是「善人同惡人爭」、「公理與強權爭」。到了這個時代，民權漸漸發達，所以叫做民權時代[5]。

民權時代的來臨拉開了民主憲政的帷幕；然而今日許多影響深遠的民權觀念，都與中古世紀的歐洲有關。

（二）從歐洲與英國發源的憲政主義觀點

中古世紀的歐洲大陸，已經有許多王國，但人們的思想仍然受制於教會，當時的宗教領袖與教皇，對於各個「王國」都具有顯著的影響力，這是顯著的「神權」時期[6]。各個「王國」為了能夠成為基督教國家家族（the family of Christian nations）成員，都仰賴羅馬教皇（宗）的承認（Papal recognition）[7]。這種形勢在長時間的發展後，隨著教皇與國王之間出現利益衝突，王權也漸漸衝擊到「神權」的絕對權威。之後，由於王國內出現了大小不一的諸侯據地稱王，諸侯們基於自己的利益，不斷挑戰「王權」的絕對權威。於是，國王就開始動員國內人數最多的、生活最苦的農民與無產者來對抗諸侯；到了這個時候，國王就不能不對廣大的人民做出承諾。這個承諾一方面是國王自我克制，限縮了「朕即天下」的想法與作法；另一方面則是對於人民自由與財產保障給予更多的承諾。

一般都認為憲政主義的源頭在英國。13世紀的英國，尚處於歐洲封建時代，領主與附庸間的封建關係基本上是互相約束的，並且依循封建習慣行事[8]。英王約翰（John,1166-1216）於1199年繼位後，先是失去在法國之領土，接著又與教皇發生衝突，威信大失[9]。貴族不滿被課了重稅之後，還要賠進土地損兵折將，遂群起反叛。約翰既無力應付又需要他們的支持，就在1215年6月與貴族簽訂了「大憲章」（The Great Charter）。王室的權力受到限制，並且實施由貴族當中選出一個25人組成的委員會以保護他們的權利；可以說，這是封建社會貴族向君主爭取財產自由權的起始[10]。憲政史上，也將「大憲章」視為英國不成文憲法的源頭。然而，這個時候的人民權利概念，並沒有擴及到一般庶民；占人口多數的農民社會階層，仍然無法享受基本權利的保障。

　　經過不斷的對抗與爭取，到了1681年以後，基本上，英國的君權都會接受國會制定的法律所約束，從而改善社會秩序與人民的權利；並逐步發展出英國憲法的內容，最終影響到了世界各國。縱觀英國憲法概念的發展，可以說憲法是「國會有效的制定法和法院未撤銷的判決之總和」；憑藉這些慣例，政府的全部權威就操縱在君權手裡（國王或皇后），國會則在有例可循與力求和諧的條件下從事立法[11]。

　　人類社會為了維護「秩序」，並且確保在穩定的局勢中發展，便引進了「法」（laws）的概念；而「憲法」（constitution）則演變成為一切「法的根本」。在意義上，「憲」這個字也別有意涵。

　　「憲」字在古代漢語中有許多種意思，我國古代使用「憲法」一詞，主要是指法度、法令、典章。例如周朝左丘明《國語》中所說「賞善罰姦，國之憲法」；又例如《管子》〈七法〉所說的「有一體之法，故能出號令，明憲法矣」，都是指一般法律規則。日本文化借用了許多漢字，其中「憲法」二字就原封不動的使用。西元604年在日本最早出現的「聖德太子十九條憲法」，就是記載有關皇權的一般法律章程。在歐洲，"constitution"是一詞多義的，在古羅馬帝國的立法中，曾被用來表示皇帝的詔書；在封建時代，它用來表示君主與教會的法令[12]。

二、憲政主義的意義

　　「法」的出現和演進都與人類生活有著密切的關係，也就是說憲政體制是隨著個人在社會中的生存、生活、生計等主客觀條件及欲求，隨著需要而出現的。探討憲政體制與人權保障，可以從人類的歷史察考，才能明瞭為何今日的「憲政體制」會如此這般的呈現；又為何「人權保障」是如此的重要。

　　從神權、王權到民權的演化，關於「改變」的目標，往往都是在於追求「社會秩序」；而其動力則來自於參與者「自利」或者「利己」的動機，並且基於「共識」或「合法性」而來[13]。

　　從人類發展歷程來看，「憲政主義」是伴隨著「中產階級」的必然產物；而且憲政主義的產生又與民族國家的興起關係密切。

　　16、17世紀以後，隨著貿易經濟活動的發展，歐洲除了出現了擁有財富的巨賈之外，也出現更多的中產階級，而且勢力逐日壯大。「中產階級」（middle class）指涉經濟獨立且擁有一定知識程度的社會階層，他們追求安定的工作，對社會的發展和穩定有很大的影響力。

　　雖然說中產階級是現代資本主義的重要推動者，但是韋伯（Max Weber）的研究指出，「封建主義先天看不起中產階級商業的功利主義，並視之為不淨的貪慾。封建的行為反對合理的經濟行為，也不關心商業的事務，這是所有封建階級的典型。封建體制的騎士傳統教育，也不利於合理的經濟行為，因為他們強調的是地位的驕傲和榮譽感」[14]。

　　在封建貴族與中產階級之間，有上述矛盾心態下，彼此之間仍有一致的目標，就是確保「財產權」。一方面貴族、商賈需要更多的自由與保證來賺取財富；另一方面愈來愈多的中產階級也不願意無條件的臣服於君主之下。而且，民智益開，人們發現凡是破壞封建體系的行動，最終都有利於中產階級；因此中產階級擁護國王來消滅諸侯，歐洲開始出現真正的統一國家。然而，國家統一後，專制王權又隨之興起。在16世紀前半時期，歐洲各民族國家王權加速擴張，中產階級再度倍感壓迫，因此亟欲對於專制王權加以限制，以保障自身的權益，憲政主義的思想，也逐漸產生[15]。

　　傳統的憲政主義基於反抗王權而產生，因此「有限政府」與「法治政府」是早期觀念中，最為理想的政府統治架構。但是隨著時代的演進，過去社會從未發生的問題，卻在社會變遷中出現了，人民因此又轉而期待一個「比有限政府更有能力，但是仍然能受到約束」的政府來解決問題。

　　權力分立的構想不斷地被發現出來，並且推行到各民主國家。溯自最早的亞里斯多德提出權力分立概念，歷經古典民主理論倡導者洛克、

孟德斯鳩、盧梭等人的增補，蔚為風潮。到了21世紀的今天，觀察各國政治運作，則出現了「最適功能理論」或者「新公共服務」、「新政府運動」等具有現代性的權力分享觀點，對於傳統權立分立說注入了現代的意義。

憲政主義一詞，就像其他集體指涉龐大的制度力量的字彙，例如資本主義，是指一種複雜的現象，很難有一個簡單的定論。憲政主義也是由一組一組關鍵思想串結而成，包括受限制的政府、法治民主、基本人權保障、權力分立、司法獨立等等[16]。雖然不能給憲政主義一個簡約的定義，但是憲政主義的政治理想，以限制國家權力，保障人民權益為目的，已是近代意義憲法的最重要概念。近代意義之憲政主義，至少應該有以下三個面向[17]：

法治政治：社會政治制度與過程的形式，以及評估它們的標準，應有法的秩序。

民意政治：人民有權參與政策的形成，人民的意志應正式變成法令。

基本權之保障：應有一部載有足以表彰人民基本權清單並受到保障的憲法。

第二節　國家的定義與國家承認

基於一種理想型態，現代社會的每個人都應該隸屬於某一個國家，成為該國人民；而國家則需能夠行使統治權，並且，依據前述憲政體制的理想來保護本國人民。然而，對我中華民國而言，卻存在「特殊」的國家定位問題。

中華民國自1912年創立後，到了1947年實施憲法，但是在1949年之後，由於國共內戰並未結束，以毛澤東為首的共產黨人就在北京宣布成

立「中華人民共和國」，同時也宣稱台灣為其領土的一部份；在台灣的中華民國當然不會接受。從此，形成了兩岸各有中央政府實質有效統治的事實。

從「台獨建國」或者從「九二共識、一中各表」來看中華民國的國家定位，二者都有其難解的癥結，也讓國家定位在國內、國外都出現不同的聲音[18]。在我國沒有被國際社會普遍承認的「特殊」情況下，造成當前國內政治意識形態分歧，以及統獨爭議未歇的實況。本節要從「國家定義」與「國家承認」兩個面向，來闡釋中華民國是一個主權獨立的國家，殆無疑問。不過，兩岸關係如何演變，也會影響國家的未來。

一、國家的定義

依據1933年「蒙特維多國家權利義務公約」（Montevideo Conventionon Rights and Duties of States）第1條規定，國家作為國際法人應具備下列條件：永久的人口、固定的領土、有效的政府，以及與他國交往的能力。

（一）人民

一個國家必須有一定的人口；「一定人口」是指共同生活在一個社會裡的個人集合體，這些個人可能屬於不同種族或信仰，或有不同的膚色。至於要多少人才算「一定人口」，則沒有具體的數字[19]。

就國民所屬的民族而言，可能是單一民族的國家，或者是多民族的融合國家。基本上，沒有國民就沒有國家，國民概念指的是處於國家權力之下的人民總體，而以國籍做為界定標準。

（二）領土

國家是在領土之上所構成的實體，一個國家必然有一定的領土；領土的完整內容，還包含領海與領空[20]。

領土原本是地理上一個既定的空間範圍，然而當領土與主權結合之

後，國家的概念開始被固著在領土上，同時發展出國與國之間對彼此主權的尊重，並相互承認對方領土上的人民與資源有無上的權威[21]。

（三）政府

政治實體要成為一個國家，需要存在一個有效統治的政府，若是沒有一個有效的政府，則可能出現國際責任無法被保證履行的情況。因此，政府被賦予公權力，來依法實現人民主權，同時也對外履行國際義務與責任。

政府的有效統治應該包含至少以下條件：

1. 有效性，亦即該當局必須實際統治該領土及其領土上的人民。
2. 穩定性，即該當局應有繼續掌握政權的機會。
3. 獨立性，該當局必須與他國政府相區別，不從屬於任何他國政權。

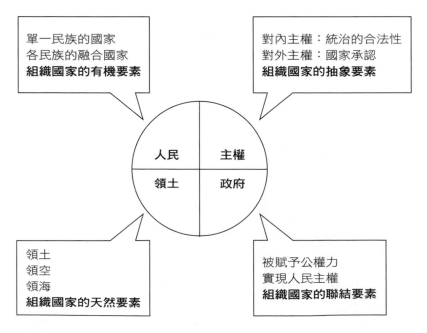

圖2　現代國家組成的4項要素

（四）主權

主權有兩種意涵，其一是對外主權（external sovereignty），其二是對內主權（internal sovereignty）。對外主權是「國家承認」的重要元素，意指國家不容許外來勢力干預內政。一個國家的內政若是遭受到外力干預，就是國家主權遭到侵犯；如果是長期遭到侵犯，那麼這個國家就會逐漸失去「國家」的地位。對內主權則是建立「合法統治」的必要條件，意指國家內部存在著「最高的統治權威」，即主權者（sovereign）。主權者若是君主，即屬君主政體（monarchy）；若是人民集體，即屬民主政體（democracy）[22]。

二、中華民國國家承認問題

如前所述，「國家承認」是決定政治實體是否具備國際法下國家資格的要件。承認一個政治實體為國家，就是宣示該共同體已滿足國際法所要求的國家資格要件；而中華民國正面臨著國際間「國家承認」的麻煩問題。

在過去，新國家只要能夠針對一個人類共同體及其居住的領土行使有效的控制，就已十分充分。但是從1930年代，一些國家也開始要求新國家不得違反某些國際社會的基本標準，例如禁止發動違反國際公約或攻擊外國的戰爭，亦即國家「不得經由非法的行為產生」。這個新增的條件，被稱為合法原則（rule of legality）。也就是說，是否被國際社會承認，逐漸從「有效統治原則」（principle of effectiveness）到增加「合法統治原則」（principle of legality）為必要的條件。

如前所述，「人民」、「領土」是具體而且可以計數的；「主權」則是抽象的、主觀的承認或者主張。這就可能出現一種情況，也就是基於「主權承認與否」而衍生出來的「國家承認與否」的問題。一般來看承認與否，就看國家彼此之間是否簽訂「彼此承認」的「友邦合約」；

換個角度,也可以從一個國家有沒有「邦交國」,來判定其是否被承認為一個國家。

此外,聯合國許也會對一個國家做出「承認與否」的認定,但卻無法解決國家承認的爭議。聯合國可能「不承認」一個「國家」的存在,但無權「否定」一個「國家」的存在。

參考美國中央情報局(CIA)提供的調查數據顯示,至2009年7月,全世界共有194個獨立國家。但是,中華民國並沒有被列在194個獨立國家之中,而是被列在「其他項目」內。

目前與中華民國建交的國家有23個,而其他國家在「一個中國」政策下與中國大陸(中華人民共和國)建立正式外交關係,但是這些國家的大多數,仍然與中華民國保持半官方的文化經濟貿易聯繫關係。由於敏感的政治問題,很多國家駐在台灣的代表將簽證申請轉給臨近國家的大使館或領事館處理,而不是直接在台灣簽發。

目前與兩岸都沒有台灣邦交的有4個國家,分別是「不丹」、「撒拉威阿拉伯民主共和國」、「馬爾他騎士團」、「科索沃」。

不丹:與中華人民共和國未建交,但在聯合國大會2758號決議中投下贊成票,幫助中華人民共和國取代中華民國的席位,目前在香港設有總領事館。

撒拉威阿拉伯民主共和國:即西撒哈拉,目前流亡政府設於阿爾及利亞,獲47國承認。

馬爾他騎士團:有主權實體地位的國際慈善團體,已經與104國建交。

科索沃:2008年自塞爾維亞獨立出來的國家,已獲69國承認。科索沃境內由阿爾巴尼亞人控制的國民大會在1990年9月自行通過其本身的憲法,即「科索沃共和國憲法」(Constitution of the Republic of Kosovo),並且實質上建立一個科索沃政府。由於中華人民共和國並不承認其獨立,因此尚未建交;中華民國承認其獨立,但由於科索沃不

承認中華民國，故兩國亦未建交[23]。

三、中華民國是主權獨立的國家

從「蒙特維多國家權利義務公約」揭櫫的國家四項要素來看，中華民國是一個主權獨立的國家；從「有效統治原則」或者「合法統治原則」來看，中華民國是一個主權獨立的國家；從「邦交國承認」的角度來看，中華民國是一個主權獨立的國家；從國家表徵的國歌、國旗、國徽、憲法的使用來看，中華民國是一個主權獨立的國家。但是因為聯合國以及美國等大國，採取「一個中國」政策，並且支持「中華人民共和國」作為「一個中國」在聯合國的代表，中華民國因此陷入「國家承認與否」的爭議，也衍生出中華民國實施憲政的諸多問題。不但影響國家發展、國家建設，也造成國家內部政治意識形態的極大分歧。

若是將此一問題用另一個框架概括，其實就是「兩岸關係」所衍生的國家承認與憲政問題。由於兩岸關係影響實在鉅大，本書在以後各章節中，還會有相關探討。

第三節　國家的理想型態

「國家理型」乃是指一種國家理念的或理想的型態，用以表達一種國家圖像，概略地勾勒出國家活動的特色[24]。像是經常聽到的「福利國家」、「警察國家」、「自由法治國」、「社會法治國」或者「合作國家」等等，都是一種國家圖像的描述；這些國家理型反映著不同時空環境下國家職能的定位。

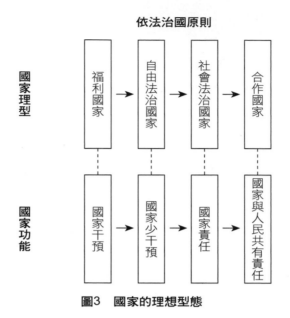

圖3　國家的理想型態

在圖3中，介紹了四種國家理型。在不可改變的「依法治國」原則下，國家功能略為不同。在福利國家概念下，國家採取「干預」的手段實現維持秩序的功能；在自由法治國家概念下，國家以「減少干預」的手段，提供社會經濟充份發展的功能；在社會法治國家概念下，國家擔負起更多社會責任的功能；而在合作國家的概念下，則出現國家與人民共同負擔責任的態勢。

一、福利國家

17世紀以前，歐洲諸國基本的統治型態是以依附於封建貴族的宗族為單位所形成的階級制度，還沒有出現獨立的國家權力，實質上是分散的統治團體。到了17、18世紀，城市興起淡化了宗族團體的界線，不同宗族日漸都能共同生活在同一領導者之下，於是統一的近代國家才漸漸形成[25]。此時出現的專制國家，由君王擁有全部國家權力，不受任何拘束。與此同時，市民社會尚未建立起相應的制衡或有效的回應機制，以

致於教會、城市、同業公會等在政治上尚處於無權力的狀態，君王管轄範圍幾乎擴及所有的社會生活[26]。國家行政廣泛地介入商業、經濟和社會生活的各個領域，君主會試圖透過控制行業追求經濟發展以此供應國家軍隊、外交與皇室的需求。基於教會傳統與家父長的思想，國家致力於透過干預及管理私人生活的手段，來為個人謀求幸福，並且追求公共福利[27]。在此一形勢下，由於國家「無所不管」，因此，福利國家也被稱為「警察國家」[28]。

二、自由法治國家

到了19世紀，由於洛克《政府論》、盧梭《社會契約論》、孟德斯鳩《論法的精神》等著作影響；以及1776年美國獨立運動、1789年法國大革命的具體實踐，促成自由主義思潮的勃興。人民對自主空間的需求日益強烈，市民階級紛紛起來反對君王及其公務員體系廣泛的社會管制與監督。為了有效節制君王的絕對權力，人民要求國家制訂憲法，以確立市民與君王的關係。

早期的憲法，是將執行權保留給君王，立法權則由代表人民的國會掌握，建立了權力分立的原則。從君主專制發展到君主立憲，雖然仍維持了君主制，但君王在人民自由的維護上卻不得不漸漸讓步，形成了君主與議會對立的二元憲政體制，反映了國家與社會的分立關係。這個時候基本權多屬於防禦權性質，用以防衛君王的侵害。此一意義下的國家被稱為「自由法治國」。在國家社會二元論理念下，國家對於社會領域的運行採取消極、不介入的態度。「最好政府，最少統治」的想法深植當時人心。

三、社會法治國家

20世紀，對自由放任思潮造成種種社會弊端展開了反省，又因為工業化的影響，人口大量集中於城市的狹小空間中，出現了貧窮或家庭解

體的社會問題，人民因而對國家行政服務依賴日益加深；人民開始要求國家必須提供社會安全制度以為保護。例如要求國家提供經濟、社會、文化等各種給付和設施。為回應時代及社會的需求，國家的職能遂由單純的秩序維護，轉為生存照顧的給付主體；社會性與法治國相結合，形成「社會法治國」[29]。

四、合作國家

社會法治國的任務繁重，大至整體經濟的發展，小至個人休閒內容、運動空間、文化環境的提供，國家都必須承擔許多責任。這一點從法律保留範圍的不斷擴張即可看出，因此遂有合作國家的出現。合作國家與法治國、社會國等理念並非對立的模式，而是以一種新的觀察視野來看待國家因應社會變革的整體脈絡[30]。

觀察當前的社會型態，「合作國家」對警察功能也別具啟示。今日警察經常說的「警力有限、民力無窮」。警察代表國家執法，但社會治安不能單靠警察，而需要與民力合作；「合作國家」的概念多少符合了這種趨勢。綜合而論，每一種國家理型在實務上，可能多多少少都混合了其它理型的一部份。

第四節　憲法與主權理論

憲法的精神除了穩定國家社會「秩序」與追求「更合理的秩序」以外，也在維護「正義」與「更正義的原則」。但是當代憲法在很大意義上已經不只是對國內宣示的一部最高法典而已，憲法也對外宣示一個國家的存在。和國旗、國歌、國花等等一樣，憲法成為國家的象徵之一，並且宣示了國家的主權範圍。

如前所述，主權（sovereignty）是為了維護國家權利之「最高性」，以作為統御其他勢力的論述。主權的觀念不只行之於國外，更多的時候，主權是行之於國內的。制定或頒布憲法通常發生在戰爭、政變、革命或國家獨立之後，在舊秩序瓦解或失靈之時，憲法遂成為建立新秩序的方法[31]。中華民國的憲法出現在辛亥革命建國之後，日本及德國的現行憲法出現在二次大戰戰敗後國家面臨重建之際，都足以說明這個現象。

大多數的憲政主義國家是在二次世界大戰結束後出現的，而全世界約有半數以上國家，是自1974年以後制定或修正的。這股「憲法狂飆」（Constitutional Frenzy）的風潮從南歐開始，先後席捲了拉丁美洲、東亞、東歐、蘇聯及南非[32]。

憲法宣示了國家主權的存在，但主權的觀念也歷經一段不算短的過程。主權觀念大致從17世紀歐洲開始醞釀、萌芽。

一、主權論的出現與演進

從主權演進的方向來看，歷經了君權神授、君主主權、人民主權到民權思想等不同階段，略如下圖所示。

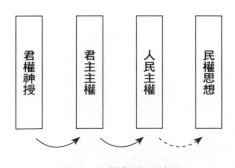

圖4 主權觀念的演進

在17、18世紀，歐洲進入君權專制時期，君王個人意志是為國家境內最高主權，「國王所欲，即法律所欲」；將國王的意志等同於法律，人民的身體自由與財產都沒有保障可言。在此背景下，政治思想先驅開始尋找主權概念的新基礎，他們多從人權的角度出發，以取代君權神授理論。

人權思想的萌芽是以自然法為核心，以天賦人權為基本精神。自然權主張「人權是人在自然狀態下與生俱有的，它依據自然法，天生具有」；人權是先於社會法規而出現的，反過來說，社會法規只是為了維護廣大自然權利而制訂的[33]。從倡議個人的人權到發展為國家的主權，其中的思想先驅包括布丹、霍布斯等人。

（一）布丹：以君主主權對抗「君權神授」

法國思想家布丹（Jean Bodin,1530-1596）最早提出體系化的「主權」論述，對於後來的「主權」觀念發展，具有啟發作用。

布丹主張以「君主主權」對抗「君權神授」，而他提出主權論述的動機，對內是為了削弱封建諸侯勢力，對外是為了抗衡羅馬教皇及神聖羅馬帝國；而終極目的則是在鞏固君權，試圖挽救臨分崩離析的法國王朝。

布丹所處的法國，正在由宗教戰爭中走出封建制度之際，君主面臨群雄挑戰王權的局面。布丹是一個天主教團體「政治派」（politiques）的一員，這個團體強調以容忍的態度，協助君主建立國家與社會的秩序。布丹指出，為了維持社會秩序、為了避免武裝衝突導致破壞民生秩序，必須維繫一個強大而且至高無上的權威來遂行統治權，這個統治權的最高點就是「主權」。

布丹在其《共和六章》（the Six Booksof a Commonwealth, 1576）提到，「主權是不受法律的限制，而得以管制其臣民的最高權力」；「主權是在一國家中進行指揮的絕對的、永久的權力」。

雖然布丹主張「君主主權」，但為了防止君王專制暴政之弊，他又在「君主主權」的上面再加上所謂的「上帝法」、「自然法」、「根本法」來加以限制。布丹曾說：「至於上帝法及自然法，則世上一切人主，皆受其束縛」、「人主無破壞上帝法及自然法之權力」。主權者之法令，不得與順乎理性之上帝法自然法相抵觸，因為其為永久性的正義表示，如「守信」一事，便是自然法中的一個基本義務，即使握有主權的君主，亦應遵行[34]。

（二）霍布斯：以社會契約說鞏固君主主權

英國思想家霍布斯（Thomas Hobbes，1588-1679）建立了一套「社會契約說」，對民主政治思想的發展有重要的貢獻。

霍布斯認為，國家起源是由社會契約而來，統治者之權力來自於人民之授權。國家是由生而自由平等的個人與個人之間，訂立契約而產生的；國家的目的則在於維護個人和平與安全[35]。他在著作《利維坦》（Leviathan, 1651）中，提出了關於「主權」的論述。

《利維坦》或譯《巨獸》、《巨靈》，「利維坦」原是聖經故事中的「海怪」角色，在《利維坦》中，這個海怪被用來借題發揮，並且對於一個國家的所有成份做了比擬。例如，「它是個頭戴王冠的巨人，身體由無數較小的人體所組成，它具有靈魂（主權）、骨骼（官吏）、賞罰（精神）、財富（體力），和維護安寧（事業）的能力。它有記憶、理性，也會生病（民怨）、也會消亡（內亂）」。這是將國家機器以「擬人化」加以描述，這是霍布斯理論獨到之處。在否定「神權」的部份，他提出：「這個國家並非上帝所創，亦非歷史所造；它其實是人、意志所組織；國家之外別無宗教領域」[36]。

霍布斯所處的英國，正面臨清教徒革命內戰動亂的局面。他主張要鞏固「君主主權」，君主應該要以絕對統治的權力來結束不正常的「自然狀態」，也就是「戰爭狀態」。他堅持君主的「主權」是不可分割

的，因為「大多數的人皆無法被信任會遵守法律，除非有一個比他們更強的力量存在讓他們懼怕被懲罰。僅只是對上帝的敬畏是不夠的，君主擁有強大的主權，才是和平與安全的唯一保障」。

霍布斯和布丹都相信，法律制度必須在穩定、持久基礎上才能運作，只有將政府機構的各種功能集於一身，才有可能達到這樣的效果。但霍布斯也有和布丹一樣的憂慮，耽心發生君主獨裁暴政的流弊。因此，他認為「一旦主權者嚴重威脅到人民的生活或是基本利益，甚至無法善盡保護之責的時候，子民對主權者的義務關係即可宣告終止」[37]。

霍布斯的理論具有強烈的個人主義因素，其社會契約理論經洛克、盧梭等人充實與發揚，成為民主革命的原動力，也奠定了現代民主政治「個人主義」與「自由主義」之基礎。

（三）洛克：以契約論主張人民主權

洛克（John Locke, 1632-1704）的思想，深刻影響了他所處的時代，也為近代民主政治思想奠定基石。美國的《獨立宣言》，以及法國大革命時的《人權宣言》，都援引了洛克作品的原文[38]。洛克的「天賦人權」及「社會契約」論，提供美國獨立革命的合理基礎；其「有限政府」及「分權制衡」的概念，則成為美國憲政權力架構的藍圖。

洛克認為在自然狀態中，根據自然法，人人都有其自然存在的權利（natural rights）[39]。他將政治體之最高權力，歸諸為「社會契約所產生之集合體」，此集合體即為人民所組成之社會[40]。當人民成為主權者而不是君主獨享主權之時，人民即開始擁有革命權或抵抗權。

洛克認為，如果人人都用各自認為適當的方式來保障自己的權益，將會導致混亂和不安。雖然說政府是基於契約所建立的，但是此一契約並不像霍布斯所言，係「無條件和無限的」。政府的權力是每個人所交出的在自然狀態中的權力。而且在保護社會成員的生命、權利和財產之外，政府不能再擁有別的目的和權力[41]。

洛克認為一個文明政府，必定是一個受限制的政府，然後人民的權利才能得到保障。政府是人民所託信的機構，只要政府持續提供對人民的保護，每個人均應遵守法律規定；但是，如果政府濫用其所被託付的力量，這個政府將失去合法性，然後人民可以使用武力抵抗它。儘管洛克的著述中，並未曾直接討論主權的問題，然而這個理論無形中包含了人民主權（Popular sovereignty）的觀念[42]。

（四）盧梭：以公共意志說鞏固人民主權

盧梭（Jean-Jacques Rousseau, 1712-1778）倡議的「主權」，實際上就是「公共意志」的別名，他認為「主權不過是公共意志的運用」。

盧梭認為主權並不存在於任何統治者，包括個人或者集體；而是存在於社會成員的「公共意志」（general will）。他認為「社會契約」並不是霍布斯所稱的「被統治者對統治者的誓言」，而是每個人將其判斷、權利及力量服從於社團整體的需要與判斷的一項協議。當一個人接受團體法律保護時起，即默示其已簽訂該項契約。

盧梭在其《社會契約論》說：「主權是不能被代表的，同理它是不能轉讓的；人民的代表不是並且也不能是他的代表；他們僅僅是他的代理人。任何不是人民批准的法律都是無效的；因為它根本就不是法律」[43]。

盧梭認為「公共意志」並不應該是「全體意志」，因為它可能與某些社會成員的意志衝突。而且「公共意志」不僅屬於目前活著的公民而已，它同時屬於已死者或尚未出生者。

盧梭認為，主權存在於「公共意志」，法律就是公共意志的表現。假若法律能夠表達公共意志，就要全力維護法律的神聖性。在公民社會中，惟有透過法律的途徑，個人才有免於侵犯、竊盜、迫害、毀謗以及其他惡意騷擾之自由。因此，強制個人服從法律，事實上就是社會「強制他享有自由」；因為「服從我們自己制訂的法律就是自由」[44]。

（五）孟德斯鳩：以三權分立說確保人民主權

孟德斯鳩（Charles Louis de Secondat Montesquieu，1689-1755）的三權分立理論乃是根據洛克的學說，參考當時英國的政治制度，再進一步補正完善。他在1748年出版了《法意》（The Spirit of the Laws）一書，倡說國家權力應該劃分為立法權（Legislative）、行政權（Executive）與司法權（Judicial）的觀點；成為近代民主政治三權分立理論的宗主[45]。他認為惟有在三權之間呈現「分立又制衡，且相互協調」的狀態，才能確實保障人權，進而確保人民主權。

孟德斯鳩推測「凡掌權者，必擴張濫用其權威至極限」[46]。因此他力主三權分立，認為三權必須分別由三個國家機關獨立行使。立法權是制定法律之權（應由貴族及平民二院掌理），行政權是積極執行立法之權，司法權是消極執行立法之權。在行使的過程中，各權不但應各有其獨立決策之能力，各權也應擁有對其他權決策之同意權，同時各權亦應有阻止其他權不當決策之能力；也就是說，此三機關除了互相配合，亦必須保持相互制衡的關係。孟德斯鳩三權分立的制衡觀點，對於當今民主國家權力制度設計，有著深遠影響。

從以上的介紹來看，主權的觀念是從君權神授、君主主權到人民主權的民權思想，進而到以憲法來制定國家主權；這是一段人類政治思想演變的過程。政治思想家的許多觀點，至今仍然影響著當代的政治思維。憲政體制的民主國家紛紛成立後，人們持續維持著追求民主與鞏固民主的需求。

國民主權的內涵，需要透過一部有效的、被遵守的憲法，才有可能得到保證。但是即便是有憲法的國家，仍然不能保證經過人民選舉產生的統治者，不會濫權。因此，想要確保國民主權的實現，還必須建立憲法主權的觀念。

二、國民主權與憲法主權

（一）國民主權

近代主權思想的興起，開始時是用來賦予君主絕對的統治權威，然而，人民主權思想的興起，卻也是用來瓦解君主統治的制度。主權思想與君主統治制度相結合，強化了君主的統治權威，然而主權思想與人民集體的權威相結合，卻開創不了「人民統治」的統治制度[47]。

在實務上，由於人民主權有其理想與實際的差距，故國民主權之說因而興起。國民主權需藉由憲政主義加以確認。因此，「憲政主義乃堅實反映人民對自由的欲求，透過對政府權力的牽制，以達成一套共同的政治價值與願望」[48]。

雖說人民主權是指由「人民集體」來行使國家社會中的最高統治權威；但是在實際運作上，所謂「人民集體」並未包括未成年的人民、心神喪失的成年人以及因犯罪而被褫奪公權的人民在內。因此，「人民主權」也可以用「公民主權」相稱，或許更為妥適。根據此說，各個公民的統治意見難免會是不一樣的，於是「公民集體中的多數人意志」自然成為最高統治權威，這就形成了多數統治的民主原則（majority rule）[49]。而此一原則，也被納入當代憲政體制之中，成為民主制度的重要準繩。

民主最簡明的定義就是「由人民治理的政府」（government by the people）。國民主權從盧梭之後的諸多理論中，逐漸變成普世接受的憲政體制。但仍有少數國家儘管是十足的民主政體，法制上卻並未採納國民主權，例如英國仍然標榜議會主權（parliamentary sovereignty）即是[50]。

法國第四及第五共和憲法第3條規定「國民主權屬於人民」，我國憲法第2條規定「中華民國之主權屬於國民全體」，都是「國民主權」的宣示；然而要如何實現此一「國民主權」是一個技術問題。最初是採

取了「代表制」，由透過選舉產生的民意代表來執行國民主權意志，現在則增加了「公民投票」的直接民主途徑，來展現國民主權意志。

（二）憲法主權

學者莊輝濤提出關於憲法主權（constitutional sovereignty）的闡釋，認為「憲法主權」意指在現代國家中，「憲法」具有最高的統治權威；所謂「憲法」則是指現代政治文明憲政民主（constitutional democracy）意義的憲法。

所謂「憲法具有最高的統治權威」，應包含三種意涵：

(1) 憲法是國家社會中各種「統治權威」與「監督權威」的最終來源。各種統治權威或監督權威或許有它的直接來源，例如「某法律的施行細則」，「某法律」即是該施行細則的直接來源；而憲法則是該施行細則的最終來源，因為是透過憲法賦予了立法機關立法的權威。

(2) 國家社會中的任何個人、組織、團體，甚至是人民集體（「人民集體」在政治運作上的意義其實是「公民集體」）都必須遵守憲法的規約，或者說，都不可以將意志或權威凌駕於憲法之上。

(3) 憲法是解決國家社會中一切衝突的最後且最高的仲裁依據；換言之，各種法令規章都可以做為仲裁依據，但是憲法是「最後且最高的仲裁依據」。

依據「憲法主權」統治制度的理想來看，此種制度下存在著最高統治權威，有能力維護政治社會秩序，但卻不會有「主權者」濫權腐化的可能。

憲法主權使得憲法具備了最高的統治權威，也詮釋了法治社會的基本意涵，即全體國民所服從的是「法」的權威，而不是服從「人」的權威。不以「人」的主觀意志來統治社會，而是以「法」的客觀真理來統治社會，就是法治社會的價值[51]。

　　由於憲法主權使得憲法具備了最高的統治權威，因此，在一個憲政國家內，如果有再制定新憲法的主張，法理上，就是推翻現有國家建立新國家的手段。我國憲法增修條文第5條後段：「政黨之目的或其行為，危害中華民國之存在或自由民主之憲政秩序者為違憲」。因此，在現行憲政體制下，想要制定台灣新憲法或中華民國新憲法幾乎都不可能。除非是既有的憲政秩序已經崩潰，或憲政遭遇重大危機，即將崩潰；或憲法秩序實質上已遭多數國民唾棄，社會陷於混亂；否則制定新憲若無正當理由，至為危險[52]。輕易發動制定新憲，勢必引發國家動盪，這是因為既存憲政國家，全體國民皆有遵守憲政的義務與責任。

第五節　全球化與去國家化

　　20世紀80年代後期，當主要工業國家的跨國企業及流行文化開始大量滲透並影響到他國時，全球化（globalization）的名詞便開始出現。跨入21世紀，這個情況並未稍歇，反而因為電腦網際網路（internet）的推波助瀾，讓地球各地成為一個可以「雞犬相聞」的村落（village）。一個人在家裡，就可即時向世界各角落溝通連絡，國與國之間猶如「零距離」。面對這個情況，一直有人提出諸如「民族國家消逝」的論點，認為全球化正在導引「去國家化」的趨勢，「全球化」最終將帶來解除個人束縛的福音。然而，反對「全球化」者則認為，「全球化」不過是資本帝國主義入侵他國的掩飾名詞，因此，必須以「全球在地化」來因應。

　　透過「全球化」或「全球在地化」的辯論，回頭來看當前的國家目的與國家角色，確實也掀起一些漣漪。在當前世界大勢下，國家職能因為外在因素，也有加以調整的需要[53]。

一、全球化與全球在地化

（一）全球化

　　Malcolm Waters 將全球化界定為「一種社會過程，使地理對社會和文化安排的束縛降低」，其中包括安全、強制、權威、力量、監督等政治交換的國際化；以及出版、教學、宣傳、廣告、資料等符號交換的全球化。這種過程促使西方文化和資本主義社會的擴散，使得各種超國家主義（supranationlism）和次國家主義（infranationalism）不斷的興起[54]。

　　全球化帶來新的世界政治、經濟和價值秩序，衝擊著每一個國家，帶給每一個國家新的機會、新的挑戰；也帶來了新的權利和新的責任。公共領域的行動者，面臨全球化、資訊化和網路化的社會，應當有所因應[55]。

　　全球化是全球往來聯繫的擴張、深入與迅速化。其中包括國家經濟與社會領域的國際介入程度，以及互賴程度的大量增加。由於時間、空間的壓縮，使得人與人距離縮短，交往更為頻繁，也使得各種社會關係與組織都隨之轉變[56]。

　　全球化也使得世界上的國家、社群、國際組織等，彼此之間強化了跨區域網路的交流，這種轉型使得個人主義被群體合作所取代，並且逐漸降低「公與私」，「工作與家庭」等區分的模糊；使各種團體或社群、國家的關係更加密切；但也可能造成摩擦與競爭的增加，風險與危機也頻繁出現。

　　「全球化」使國與國、組織與組織、企業和企業間的界線逐漸撤除，而形成一個生命的共同體或地球村的雛形，其中又以「歐盟」的整合最具代表性。歐盟從貿易著手，漸進到統一歐元，目前更推出「單一空域計劃」。

　　歐洲單一空域整合計劃於1950年代提出構想，2009年則提出整併32國空域為9大區塊的計劃。此計畫之目的在實現「一個歐洲天空」，未來的目標是將39個歐洲空域整合在一個航管單位之下。這意味著「國家主權」之一的「領空」即將失去個別國家的意義；廣義的「領土」意涵，已經在歐盟看到正在去國家化的發展。

　　乍看之下，「全球化」似乎讓國家的界線消失了，也一直都有「民族國家消逝」的說法，但是「全球在地化」的觀點，使得「國家」仍然足以替當今的世界公民，提供一個公民身份的出處。

（二）全球在地化

　　全球在地化的英文是Glocalisation或Glocalization，也有譯為「在地全球化」者，是全球化（globalization）與在地化（localization）兩字的結合。

　　全球在地化意指個人、團體、公司、組織、單位與社群同時擁有「思考全球化，行動在地化」的意願與能力。

　　「全球化」對民族國家出現了挑釁的意味，因此「全球在地化」還能安撫耽憂民族國家因此消逝的疑慮。回顧歷史，民族國家（nation-state）的建立在19世紀以後蔚為風潮，在20世紀達到高峰。建立一個主權獨立的民族國家雖是很多民族的夢想，但在當今國際社會中，多元民族國家才是常態。尼爾森（Gunnar P. Nielsson）於1985年統計了國際社會164個國家，表示只有45個國家可稱為單一民族國家（單一民族擁有超過95%人口），因此全球國家制度成員中，只有四分之一的國家符合傳統民族國家的觀念，其他四分之三的國家都是多元民族國家[57]。無論是單一民族或者多元民族國家，全球化的出現確實形成了對於傳統主權觀念的挑戰。

　　「全球在地化」的提出，使得「全球化」的說法不致過於獨斷，本質上是融合了全球化後的在地化。這個字辭隱含著降低對於「全球化」的敵意或不滿，因為並不是所有的人都願意放棄自我與本土情感，去迎

接一個以強權大國所主導的所謂「全球化」。對此，「國家主權」是否因為跨國企業肆無忌憚的高唱「全球化」而導致損害的可能？

二、全球化損害傳統國家主權觀念？

匹茲堡大學學者羅伯森（Rolond Robertson）在1980年以「民族-國家」作為分析單位進行研究，他指出「因為認知與價值觀的不同，全球化會導致宗教、文化、法律、外交及工業的分裂」。但是他在1992年修正了原先的概念，認為全球化會使得世界「形成了一個整體意識，增強了全球的軍事、貿易及文化等的互相依賴，這種總體的相對化，使世界朝向單一體系整合」[58]。

如果是單一體系，確實會對傳統國家的統治模式提出了挑戰。

傳統國家統治的模式所面臨的挑戰，不僅是因為全球化所帶來的影響，在更多程度上是人民對國家的要求與標準也大不相同。學者福山（Fukuyama）認為：在上一代的人們，其政治的主流趨勢是批評「大政府」，試圖把國家部門的活動轉移到私部門或交由市場來解決。但是，數年後，許多經濟學家得出結論，影響發展的一些最重要的變數不是經濟，而是「制度和政治」。尤其在發展中國家裡，虛弱無能的政權造成了許多嚴重問題，諸如貧窮、愛滋病、毒品、恐怖主義等，都可被視為是缺乏效能且欠缺魄力的政府所引發的問題。

因此，福山在其《強國論》一書中提出，必須正視建構國家體制的重要性。他指出，1980年代與1990年代政治的特徵，就是自由主義試圖遏止國家擴張理念；然而，儘管國家部門在某些領域應該收斂，但國家仍有其功能；而沒有保護功能的國家，其實正是政府無能造成的[59]。

Reich也指出，在全球資本家不斷要求國家解除管制（deregulation）後，公部門最終將會縮減到只賸下「防衛國土」而已，這是全球化帶來的惡果；整個世界也被極端的貧富差距所撕裂。因此，國家應該肩負調和貧富差距的重責大任[60]。

也有論者指出,除了懷疑學派認為所謂的全球化只是一個「迷思」(myth)以外,新左派及新自由派都同意全球化將導致「民族國家的弱化及衰亡」。而轉型學派即使不認同全球化導致民族國家的衰亡,也承認民族國家之下的傳統主權觀念,將轉型為已不再具有絕對性、排他性、不可分割性及零和性的新主權觀念[61]。

傳播科技的發展,也是主權型式可能轉型的原因之一。全球化的特色之一,就是網際網路的普遍發展與使用,網際網路使得人類社會的溝通再也沒有時間和地理的隔閡,促使公共治理產生了無可逆轉的改變。這些改變包括「主權觀念的改變與弱化」;在新制度論下,新型態的政府官員究竟要扮演什麼樣的角色,而他們的價值觀、工作環境、行為準則、權利義務身分地位如何,都有待重新建立[62]。

當然,全球化促使主權轉型,也可能使國家界線模糊化;但是將國家主權放在日常生活中檢視,又是另外一個局面。試看全球化發展到今天,每四年一次的「世界盃足球賽」(FIFA World Cup)一旦開賽,透過比賽實況轉播,觀眾為本國選手加油的場景,以及球賽勝負之間的激烈計較,根本不亞於各國之間打了一場「不取人命」的世界大戰。有些戰敗的選手或教練被本國人諷為「賣國賊」、「叛徒」,例如2010年戰敗的北韓隊;而戰勝的選手、教練,都能得到國家英雄的禮遇,例如2010年的西班牙、荷蘭。當國家之間還存在競爭時,當一國人民的愛國心還普遍存在時,即使全球化如火如荼的在衝擊著國家主權觀念,但是要談「國家因此消逝」,可能還不能驟然成為定論。

第六節　本章小結

理論上,只要一個國家的獨立地位被其他國家所承認,這個國家便能踏入國際的領域,而這也是證明其國家主權的重要關鍵。

　　但是，一個國家的內部政治與國際政治間往往有密不可分的關係。第二次世界大戰以來的世局似乎一次又一次地證實了這種觀察。1945年以後，由於美國與蘇聯的對立形成了國際政治的二元體系戰略格局。世界因此紛擾不安。西歐與東歐各自形成北大西洋公約組織及華沙公約組織相互對抗；東西德，南北韓，南北越，大陸與台灣都陷入分裂與對抗的局面。時至今日東西德及南北越雖然已完成統一；但是南北韓及台海兩岸，則仍在探索未來。

　　1946年12月6日聯合國大會通過《國家權利義務宣言草案》第1條規定：「各國有獨立權，因而有權自由行使一切合法權力，包括其政體之選擇，不接受其他任何國家之命令」。

　　1970年10月24日，聯合國大會通過的《關於各國依聯合國憲章建立友好關係及合作之國際法原則之宣言》指出：各國一律享有主權平等，包括各國法律地位平等；每一國均享有充分主權之應有權利；國家之領土完整及政治獨立不得侵犯；每一國均有權利自由選擇並發展其政治、社會、經濟及文化制度等。

　　1985年後，戈巴契夫對蘇聯的改革引發了東歐各國的連鎖反應，當時，各個社會主義國家因無法對抗而開始進行政治、經濟的大改造，蘇聯瓦解，許多原蘇聯加盟共和國紛紛獨立。形勢所及，東、西歐的對抗也隨之煙消雲散，美蘇的對立已大部化解，西德與東德更在世人驚訝的注視下快速地完成了統一。進入21世紀，南北韓之間已經有數次國家統一的討論。很自然的，兩岸是否會展開統一的討論，也是國際政治關注的焦點[63]。

　　統一或獨立的問題，不是本書所要討論的。在作者的認識來看，中華民國毫無疑問是一個擁有現實主權的獨立國家。但是在世界政治體系中，中華民國至今仍然不能享有國際法上平等對待的權利；這是一個特殊的現象，也導致中華民國憲政發展與國家發展的阻力。形成這個情勢的主要原因是「兩岸關係」，兩岸關係錯綜複雜，既有合作也有對立；

既有妥協也有堅持；中華民國未來應尋求何種形式「統一」，或者被承認「獨立於中國之外」，還會繼續成為國內社會爭辯不盡的議題。

第一章　學習回饋

 關鍵詞

憲政主義（Constitutionalism）

主權（sovereignty）

📖 請回答以下問題

1. 近代意義之憲政主義至少應該具備那三項原則？

2. 1933年「蒙特維多國家權利義務公約」（Montevideo Conventionon Rights and Duties of States）規定，國家應具備那些條件？

✎ 試作以下測驗題

1. 我國憲法第2條規定：「中華民國之主權屬於國民全體」，係基於下列何原則而來？（98基層警察）
   (A) 法治國原則　　　　　(B) 共和國原則
   (C) 民主國原則　　　　　(D) 聯邦國原則

2. 依據司法院大法官釋字第499號解釋，何者不具有本質之重要性，且非憲法整體基本原則之所在？（97基層行政警察四等）
   (A) 權力分立與制衡　　　(B) 民主共和國原則
   (C) 國民主權原則　　　　(D) 總統任期

3. 立法、行政、司法三權分立係由下列那一位思想家完成具體的理
　　論？（96第二次警察四特）
　　(A) 洛克（J. Locke）　　　　(B) 孟德斯鳩（Montesquieu）
　　(C) 盧梭（Rousseau）　　　　(D) 孫中山
4. 何人首先提倡三權分立？（96第一次警察四特）
　　(A) 霍布斯（Hobbes）　　　　(B) 盧梭（Rousseau）
　　(C) 斯賓塞（Spencer）　　　　(D) 孟德斯鳩（Montesquieu）
5. 下列何者並非立憲主義的平等理念？（95警察三特）
　　(A) 現代的平等應該是實質的平等，而非形式的平等
　　(B) 平等與自由面臨必須相互調整的狀態
　　(C) 為落實實質平等，國家權力不應介入私人間的權利義務關係
　　(D) 為落實平等理念，國家應保障包含生存權在內的社會權

註釋：

1. 周陽山，《學術與政治的對話》，（台北：正中書局。1992）pp.3-6.
2. 劉慶瑞、劉憶如，《中華民國憲法要義》，（台北：自刊，1999）p.1.
3. 陳滄海，〈憲法的作用與本質〉，《立法院院聞》24卷5期，1996，p.28.
4. 許志雄，《憲法之基礎理論》，（台北：稻禾，1993）p.67.
5. 以上引用的原文出自《民權主義》第一講，參考周世輔、周陽山，《中山思想新詮：民權主義與中華民國憲法》，（台北：三民，2000），pp.2-4.
6. 中世紀係從古代到文藝復興，即公元476年至1453年的歐洲歷史時期。
7. 教會的權力，係指公國國君（prince）需要教會的統治祈福（blessing to rule）。可參見P. K. Menon, The Law of Recognition in International Law: Basic Principles, (New York: The Edwin Mellen Press, 1994) p.1.
8. 袁傳偉譯，《西洋中古史》，（台北：五南圖書，1997）p.510.
9. 張君勱，〈英國大憲章提要〉，《再生》第5期，1971年12月，pp.27-28.
10. 張學明，〈大憲章與英國的自由傳統〉，《歷史月刊》第5期，1988年6月，pp.43-45
11. 幼獅文化公司編譯，《法國大革命與英國》，（台北：幼獅文化，1995），p.24.
12. 參考張世熒，《中華民國憲法與憲政》，台北：五南，2000，p.1
13. 在古典社會理論中，社會秩序的討論一般會使用兩種傳統理論，其中一個稱為工具主義或利己主義，另一個傳統則是合法性或共識的理論。這兩種理論既衝突又互補。參見王佳煌譯，《現代社會的法律》，（台北：商周出版，2000）pp.24-30.
14. 陳介玄、翟本瑞、張維安編著，《韋伯論西方社會的合理化》，（台北：巨流圖書，1989）p.93.
15. 參照胡祖慶，《西洋政治外交史》，（台北：五南，1994）pp.193-224.。劉慶瑞、劉憶如，《中華民國憲法要義》，（台北：自刊，1999）pp.1-3.
16. 李念祖，〈憲政主義在台灣的發展與政治影響〉，《法令月刊》51卷10期，2000，p.162.
17. 張明貴譯，《憲政主義》，（台北：國民大會憲政研討會，1986）p.289.。許志雄，《憲法之基礎理論》，（台北：稻禾，1993）p.10.
18. 「九二共識」是在1992年兩岸各派代表，在香港就「一個中國」問題進行討論後出現的名詞。所謂的共識，僅有口頭協商而沒有正式文件。所謂「一個中國」，大陸認為是指中華人民共和國；台灣則認為「一中」是指中華民國。兩岸彼此互相承認對方為政治實體，並願意擱置主權爭議進行交流。在2000至2008年民進黨執政期間，不承認有所謂的「九二共識、一中各表」；2008年5月國民黨重返中央執政後，再度宣示其存在。
19. Malcolm N. Shaw, International Law 5th ed. (New York：Cambridge University Press, 2003) p.138.
20. Oppenheim, L., International Law: A Treatise, vol. 1, ed. by H. Lauterpacht, 8th ed., （London: Longman, 1955.）pp.118-119.
21. Jancie E. Thomson, "State Sovereignty in International Relations: Bridging the Gap between Theory and Empirical Practice," International Studies Quarterly, Vol. 39, No.2(1995),pp.227-228.
22. 莊輝濤，《重建民主理論》，（台北：韋伯，1998），pp.92-93.

23. 資料參考：維基百科「中華民國外交」，網址如下：
http://zh.wikipedia.org/zh-tw/%E4%B8%AD%E8%8F%AF%E6%B0%91%E5%9C%8B%E5
%A4%96%E4%BA%A4。下載日期：2010年7月1日。

24. 張桐銳，〈合作國家〉，《當代公法新論（中）》，（台北：元照，2002）p.552.

25. 李建良，〈環境議題的形成與國家任務的變遷：「環境國家」理念的初步研究〉收於《憲法體制與法治行政（一）》，（台北：三民，1998）p.287.

26. 黃錦堂，〈行政法的概念、性質、起源與發展〉，收於翁岳生編《行政法》，（編者自印，1998）p.58.

27. 高家偉譯，《行政法學總論》，（台北：元照，2002）p.15.

28. 「福利國家」這個詞源自1870年俾斯麥的「國家社會主義」政策，其目的在於創造一個「福利國家」（Wohlfahrtsstaat）。關於「福利國家」或者「福利社會」名詞上有時出現混淆的爭議，有人以為將俾斯麥的警察國家政策稱為「福利國家」僅是片段的特定經驗，「福利國家」應另做解釋，而不應該與「警察國家」混為一談。

29. 高家偉譯，《行政法學總論》，（台北：元照，2002）p.16.

30. 張桐銳，〈合作國家〉，《當代公法新論（中）》初版，（台北：元照，2002）p.563.

31. 楊日清等譯，《政治學新論》，（台北：韋伯，1999）pp.458-465.

32. 湯德宗，《權力分立新論》，（台北：元照，2000）p.76.

33. 常健，《人權的理想、爭論與現實》，（台北，洛克出版社，1997）p.14.

34. 逯扶東，《西洋政治思想史》，（台北：三民，2001）pp.230-231.

35. 引自張明貴，《民主理論》，（台北：五南，2003）p.6.

36. 黎思復、黎廷弼譯，《利維坦》，（台北：商務印書館，1996）。

37. 李培元譯，《政治思想史》，（台北：韋伯，2004）pp.300-303.

38. 國立編譯館編著，《西洋政治思想史》，(台北：正中，1988)p.157.

39. 彭淮棟譯，《西洋政治思想史》，（台北：商業周刊，2000）p.273.

40. 張明貴，《民主理論》，（台北：五南，2003）p.7.

41. 謝啟武，《洛克》，（台北：東大圖書，1997）p.27.

42. 逯扶東，《西洋政治思想史》，（台北：三民，2001）p.267.

43. 何兆武譯，《社會契約論》，（台北：唐山出版社，1987）p.147.

44. 幼獅文化公司編譯，《盧梭與法國》，（台北：幼獅文化，1995）pp.291-293.

45. 程全生，《憲法與政府論》，（台北：植根，1995）p.38.

46. 轉引自程全生，《憲法與政府論》，（台北：植根，1995）p.35.

47 莊輝濤，《重建民主理論》，（台北：韋伯，1998），p.91.

48. 楊日清等譯，《政治學新論》，（台北：韋伯，1999）p.465.

49. 莊輝濤，《重建民主理論》，（台北：韋伯，1998），p.98.

50. 吳庚，《憲法的解釋與適用》，（台北：三民，2004）p.40.

51. 莊輝濤，《重建民主理論》，（台北：韋伯，1998）pp.112-113.

52. 參考劉漢廷，〈制憲與修憲之法理及相關問題研析〉，收於立法院法制局編印，《憲政制度與陽光法案之研究》，（台北：立法院，2004）pp.5-10.

53. 即使國家沒有消失，歐洲聯盟27個會員國也在致力推動《歐盟憲法》的實現，意在使其成為歐盟全體成員國統一採用的憲法。歐盟成員國於2007年6月23日達成《歐盟憲法條約》草案協議，即後來的里斯本條約，並於2009年12月1日正式生效。可見國家的職能可能在全球

化因素下需要調整，但憲法作為共同規範，仍然被實踐著。

54. 徐偉傑譯，《全球化》，（台北：弘智，2000）pp.4-15.

55. 李宗勳，〈從全球化觀點看政府公共安全治理模式〉，收於陳志民、劉淑惠編，《全球化與政府治理》，（台北：韋伯，2005）p.6.

56. 沈宗瑞等譯，《全球化大轉變》，（台北：韋伯，2001）Pp.19-21.

57. Gunnar P. Nielsson,"States and Nation-Groups：a Global Taxonomy," in Edward A. Tiryakian and Ronald Rogowski ed., New Nationalisms of the Developed West （Boston：Allen & Unwin,1985）p.32.

58. 徐偉傑譯，《全球化》，（台北：弘智，2000），p.60、66.

59. 閻紀予譯，《強國論》，（台北：時報文化，2005）p.31.

60. Reich, Robert B. 1992 "As I Predicted, Only Worse".The American Prospect, Vol. 16, No. 6, pp.28.

61. 桂宏誠，〈經濟全球化對民族國家主權的挑戰 〉，2001年11月26日。http://old.npf.org.tw/PUBLICATION/IA/090/IA-C-090-212.htm下載日期：2010年7月30日。

62. 彭錦鵬，〈行政學的未來與挑戰〉，張潤書主編，《行政管理論文選輯》第17輯，（台北：銓敘部，2003）p.1.

63. 明居正，〈兩岸關係與大陸政策〉，黃中天‧張五岳主編，《中國統一的理論建構：「國家統一綱領」的背景及理論意涵》，（台北：五南圖書，1993）p.49.

第二章　憲法的產生與變遷

學習地圖

　　本章介紹憲法的優位原則，以及其分類的方式。此外，也選擇性介紹具有特色的各國憲法。從憲法變遷的過程，讓學習者可以透過比較的方式，更了解憲政主義對於國民的意義。並且探討學者關於「憲法變遷」的解釋內涵。本章所提及的相關課題，可參考以下的學習地圖。

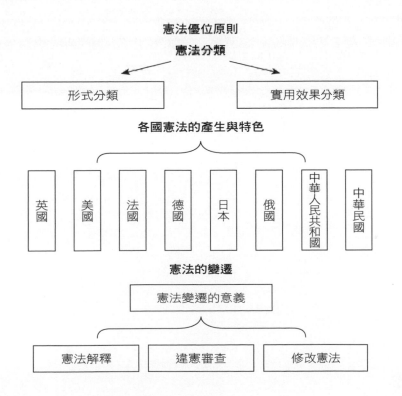

第一節　憲法的地位

一、憲法優位概念

　　憲法是「所有規範的規範」，也就是所有法律的「母法」（mother law）。在國際社會往來頻繁的當前世界，憲法賦予一個國家對內、對外的主權（sovereignty）意涵，或者說主權象徵（symbol）。憲法也是國家任何「法律」在被建構時、完成後，都必須遵守的「規範」。大部份國家的憲法內容必須是「中立的」（content-neutral）[1]；但也有例外的情況。

　　憲法優位的概念，在18世紀末立憲運動開展之際就已突顯。Alexander Hamilton（漢彌爾頓）指出：法院原本的任務是解釋法律，憲法本質是一種根本大法（fundamental law），此種特性應由法院予以確認。是以，法律應探求憲法的意旨，就如同法院應探求所有由立法者所制定的

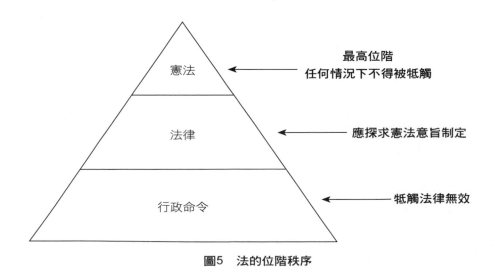

圖5　法的位階秩序

法律意旨一樣。如果法律與憲法的意旨有所扞格，則具有廣泛拘束力與效力的憲法應享有優先性[2]。換言之，憲法的位階應高於通常的法律。

奧地利學者凱爾生（Hans Kelsen）首創純粹法學（pure theory of law），他認為「法」是人類行為的規範，且是強制性規範。法學是上下規範階層關係的科學，「規範」（norm）乃是純粹法學的核心概念[3]。

憲法、法律與命令共同形成一個法的金字塔，稱為法的位階（hierarchy of law），憲法位於最高位階，任何法規都不得違反或牴觸憲法[4]。

凱爾生闡釋法位階觀點認為，法律體系並非地位完全平等的體系，而是由上位、下位不同「法」形成法位階秩序。上位與下位兩者的聯結，是依據法規範相互間之「妥當性」（validity）而定。下位法規範的妥當性，則必須以上位法規範的妥當性為依據。依據此一原則，追溯到最高、最後的規範，並且此一規範實則已不能再議論其妥當性時，即稱為「基本規範」（basic norm）或「基本前提」。就凱爾生的模型而言，基礎規範指的就是憲法。

凱爾生假設國家和法律秩序是個別單一但相同的實體，國家的每一個決定，都必須有某個規則；依此規則授予某人或某些人決定權，則決定才具有效力，此即「合法性原則」。此一規則之效力，是以另一個規則作為前提；也就是說，是有另一個規則授權給國家，才能頒布規則。這個論證可以一步一步推到最後的一個基礎規範，此基礎規範便是制定法律的起點。憲法提供了基礎規範的作用，讓其他的法律、規則得以一層層制定，此即「上位法」（lex superior）概念[5]。一般而言，憲政國家的法律體系包括了「基本法規範」與「一般法規範」兩級秩序，基本法規範具有法律效力最高性與統一性，係為法的最高價值與最終之淵源[6]。

二、憲法與其它法律的位階

憲法作為一般法規範之基本規定，可決定一般法規範之創立方式並決定一般規範之內容；基於規範效力之上下層關係，下位規範不能牴觸上位規範，牴觸者將導致無效。

至於法律則屬於一般規範，包括各種實體法、程序法、以及公、私法系統等。法律下位之規範，稱之為行政命令，地位次於法律。我國實務上以「法令」稱之，例如各種法規命令、職權命令，及各種行政行為與司法行為等。

憲法、法律、命令均視為規範之一環，上位規範決定下位規範產生的條件，而下位規範則為上位規範之原則具體化之規定。依據法律之命令或規章，對於社會亦產生規範之效力。

而憲法成為最高規範，另有其實質意義，因其內容最主要在於規範保障人民的自由權利不受國家公權力的侵犯[7]。基於憲法為最高規範，因此發展出憲法「基本決定」理論，成為檢驗國家機關行為的檢驗標準[8]。

第二節　憲法的分類

一、憲法形式分類

直到19世紀，憲法的分類通常被區分為成文（written）或不成文（unwritten）兩類，此一分類方法原本是在區別憲法係自然生成發展（natural growths）或人為的產物（works of conscious art）。但是，布埃斯（Bryce）則認為，以剛性的（rigid）或柔性的（flexible）來區分憲法或許更為貼切。之後的學者將分類擴充至6種之多，即成文或不成文、剛性或柔性、優越型或從屬型、聯邦型或單一國型、權力分立型或

權力融合型、共和制型或君主制型[9]。以下所介紹的則是目前較為通用
的憲法分類。

（一）依法律文本分類：成文憲法與不成文憲法

1. 成文憲法（written constitution）

　　係以國家之基本統治原理及組織構造，規定於一部法典之中，有單
一而且獨有的文本形式。例如我國憲法即是；美國、日本憲法亦屬之。

2. 不成文憲法（unwritten constitution）

　　是指國家之基本統治原理及組織構造之規範，散見於重要憲章、
法律、習慣、或判例中；例如英國憲法即此類典型。但是關於「成
文」或「不成文」，另有一說。

　　美國政治學者海伍（Andrew Heywood）認為，沒有一部憲法是完
全成文的，也沒有一部憲法是完全不成文的[10]。他認為，號稱「成文憲
法」者，不表示無不成文之憲法規範存在；號稱「不成文憲法」者，亦
不表示不存在成文憲法規範。例如，早期美國總統有不「三連任」的習
慣；總統的內閣閣員不列席國會等，皆為其慣例，而這些都是成文憲法
國家「不成文」的部份。又如英國1679年「人身保護法」，「大憲章」
都是成文的，亦構成其「不成文憲法」的一部分。

（二）以修改難易分類：剛性憲法與柔性憲法

1. 剛性憲法（rigid constitution）

　　是指修改憲法的門檻極高，修憲過程嚴格而且困難。例如，美國修
憲案須經國會參眾兩院各有三分之二議員人數投票同意，再經各州四分
之三之州議會批准時，始可通過。

2. 柔性憲法（flexible constitution）

是指憲法之修正與一般法律之修正相同，較為簡易，例如英國的憲法就是柔性憲法。

（三）以制憲主體分類：欽定憲法、協定憲法與民定憲法

1. 欽定憲法

是指在君主主權下，由君主單獨制定之憲法。例如，1814年的法國憲法、1817年的德國俾斯麥憲法、1889年的日本明治憲法。

2. 協定憲法

係指由君主與人民或與代表人民的機關協議制定的憲法，係君主主權與國民主權混合妥協而制定的。例如，1830年的法國憲法、1805年的德國普魯士憲法等都是。

3. 民定憲法

是指基於國民主權，由國民直接或透過代表間接制定的憲法，例如我國憲法或美國聯邦憲法都是。隨著民主政治的發展，欽定憲法與協定憲法大多已成為歷史陳跡，現今代多數國家都依循民主程序，由人民制定憲法[11]。

二、憲法實用效果分類

羅文斯坦（Karl Loewenstein）以憲法效果為準，將憲法分為三類[12]：

（一）規範性憲法（normative constitution）

憲法如何規定，憲政就如何運作，即屬於「規範性憲法」；例如我國和英國、美國的憲法。憲法本身就是憲政的規範，即所謂的「活憲

法」（Living Constitution）。羅氏曾經以一件衣服來比喻，指規範性憲法對該國憲政而言，「猶如一套合身且事實上已開始穿著的衣裳」。

（二）名目性憲法（nominal constitution）

指憲法規範雖然相當體系完備，但由於現實環境條件或政治文化不成熟，導致憲法暫時無法實行，因此，統治者通常會向人民宣稱，俟條件具足時，才能落實憲法規範；有些開發中國家的憲法，多屬於名目性憲法[13]。

（三）語意性憲法（semantic constitution）

即憲法只具有「語意」的作用，是不會被實行也不會被統治菁英遵守的文字符號而已，反而統治菁英卻可以左右或改變憲法之運作。這類憲法即使有任何規範，也不敵統治菁英的獨斷獨行，憲法形同向世人交待的「宣傳品」而已。西方觀點認為包括中共在內，各共產主義國家的憲法都屬於此一類型。

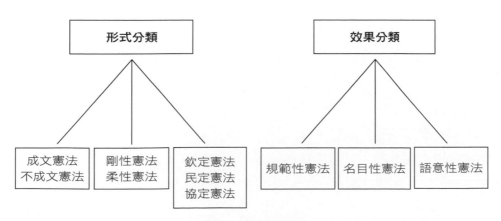

圖6　憲法的分類

第三節　世界各國憲法產生、變遷與特色

一、英國

　　英國憲法具有「不成文憲法」、「柔性憲法」的特色，一般認為，英國憲法內容包括了1215年的大憲章、1628年的權利請願書、1689年的權利法案、1701年的王位繼承法、1911與1949年的修訂議會法、1995年的法官特免權，以及2005年的憲制改革法；加上其它的憲政慣例而共同構成英國憲法內容。

（一）英國憲法內容的演進

1. 大憲章：1215年

　　「大憲章」是英國建立憲法政治長遠歷史過程的開始，意義重大。西元1215年，英王約翰頒佈大憲章（拉丁文Magna Carta，英文Grand Charter），原意在於限制王權。訂立大憲章的主要原因是教皇、英王約翰及封建貴族對王室權力出現分歧的意見。大憲章要求王室放棄部分權力，並且要尊重司法過程。「國王不得任意徵稅，不得非法拘捕人民」的憲章規定，使得王權不再是無上權威，必須遵守根本法的約束；大憲章開啟了「法治國家」憲政思想的濫觴。

　　「大憲章」中對後世影響最深的，是其第39條：「除非經由普通法官進行的法律審判，或是根據法律行事；否則任何自由的人，不應被拘留或囚禁、或被奪去財產、被放逐或被殺害」。根據這項規定，國王若要審判任何一個人，只能依據法律，而不能以他的私人喜好來進行。王權因而受到了限制，也衍生出來「人身保護」的概念：邁出了憲法人權

保障的第一步。

2. 權利請願書：1628年

西元1628年，英國國王查理一世（Charles I）與人民代表組成的國會（Parliament）達成協定，簽署「權利請願書」（the Petition of Right），規定「國王非經國會同意，不得徵收租稅，不得隨意拘捕人民」。由於是國王與人民的協定而非受迫簽署，因此在內涵上，權利請願書對人民的保障比「大憲章」更顯進步。

3. 權利法案：1689年

17世紀中葉，國王與國會因爭奪國家最高權力而引發內戰，國王查理一世被送上斷頭臺，這場革命在1688年以不流血的「光榮革命」（the Glorious Revolution）結束，國會與國王之間達成了某種妥協。「光榮革命」後建立了國會至上的原則，建立了契約政府的雛型；國會在立法方面成為最高的權威。1689年，英國國會通過「權利法案」（the Bill of Rights），規定「國王非經國會同意，不得增加租稅或徵召兵丁；國會議員不得因言論而剝奪其自由；犯罪之人必須以公正的陪審審判；人民有請願的權利」。國王權力受到更大的限制，保障人民自由權利的規範，向前跨進了一大步，「權利法案」也成為基本大法[14]。

4. 王位繼承法：1701年

這部法律是當年英國議會、基督教會和英國王室權力鬥爭的結果，這部法律禁止羅馬天主教徒繼承英國王位，王室成員即使和天主教徒結婚，也會喪失王位繼承權。這一法律切斷了信仰天主教的王室在英國的統治權，王室的遠親漢諾威王室隨後統治了英國，並一直延續到了目前的英國女王伊麗莎白二世。

王位繼承法中還規定了「鑒於英國法律是英國人民與生俱來的權

利，因此，凡得登上英國王位的國王和女王，都應依照英國法律的規定管理政務，他們所屬的官吏和大臣也都應按照同樣的法律為皇帝效力」。「一切保障國教及人民權利和自由的法律，和現行的其他法律和法令，得予批准和確認，並由國王陛下商得貴族院和平民院議員的同意，以他的權力加以批准和確認」。

5. 議會法：1911年和1949年

1911年和1949年議會法容許某些議案，無需經由上議院同意即可成為法律，同時將上議院延遲其他議案的權力限定為一年。

6. 憲制改革法：2005年

2005年的憲制改革法規定，將上議院的司法職能從議會中分離出來，並改變首席大法官（Lord Chancellor）的職責，結束了其作為法官以及上議院議長的職責。2006年上議院舉行了首次上議院議長的選舉。2009年上議院的司法職能結束，並轉交給新的最高法院。現任的上議院高等法官成為最高法院的最高法官。

（二）英國的國會的組成

英國是民主政治的發源地，在政治權力運作的過程之中，英國國會擁有極大的權力，幾乎無所不能。曾有人戲謔英國國會是「除了把男人變女人，女人變成男人這回事做不到以外，其他的事統統可以做到」[15]。討論英國憲政時，「議會至上」原則成為其特色。英國國會（Parliament）歷史悠久，由三個部份組成，它們分別是君主、上議院以及下議院，當中又以下議院的影響力最大。

1. 英國下議院

英國國會的下議院（House of Commons），也稱「平民院」或「庶

民院」。下議院是一個透過民主選舉產生的機構，共有646名成員，稱為國會議員，常用的英文簡寫則是 "MP"（Members of Parliament）。下院議員是經由「得票最多者當選投票制」選出，每屆國會不得超過5年，每5年之內就要宣佈解散；而國會解散之時，也就是下院議員任期的終結。每一位下院議員都經由選區的選民選出，議員當選後，也就在議會代表該選區。現今英國政府的內閣閣臣，絕大部份皆來自下院，而自1902年起，歷任的英國首相也同樣是下院議員。英國政府需要向下議院負責，首相果失去了下院的支持，就要下野。

2. 英國上議院

上議院（House of Lords）與下議院的議員不同，上議院的議員不是經由選舉產生的，而且也沒有薪俸，只能領取出席費津貼，而出席也是自願的。對於議員的總數沒有最高限定，目前大約有750名，其中大多數是終身貴族。議員包括有根據1999年上議院法之條款的26名大主教和主教，以及92名世襲貴族。

在議場內，三大主要黨派（保守黨、工黨和自由民主黨）都有一位領導人，負責安排上議院事務的黨務幹事，以及坐在前排的政府部門發言人。中立議員們有一位召集人，但是沒有黨務幹事體系。他們的獨立性是英國上議院的特點。

（三）英國憲政體制的特色

英國的憲政制度是容易改變的，而且也的確經常在變。英國憲政制度之所以最容易變，主要原因在於憲法是柔性的，或說憲法和普通法律在制定程序上是沒有甚麼區別的。照一般情況，英國的立法機關是「英王在國會」（King or Queen in Parliament）。凡經國會通過而英王批准的立法，都是最高的法律：由於自1707年以來，英王從未拒絕批准國會已經通過的法律，所以國會成了事實上的最高立法機關；而自1949年國會法成立

以來，上院在立法上最多只有一年的停止權，下院幾乎可以為所欲為。依下院的議事程序，任何立法，只需簡單多數贊成，即算表決通過[16]。

二、美國

（一）美國憲法演進

　　世界最早出現的成文憲法是1789年的美國聯邦憲法，憲法條文從最初的7條，歷經200餘年，增訂發展到了34條。雖然僅僅只有短短34條的條文，但是原理原則表達明顯，兼具實用性與解釋彈性，被譽為成文憲法之典範。

1. 獨立革命與制憲

　　1775年，美國革命爆發；1776年美國宣布獨立，發表獨立宣言；1787年舉行制憲會議；1789年3月憲法生效。1791年「十項權利法案」生效。之後包括宣布廢除奴隸制度、法律平等保障、選舉權、反歧視等都出現在後來的憲法修正案中。再加上聯邦最高法院解釋憲法形成慣例，構成今日的美國憲法。

　　美國聯邦憲法之開始，是於1789年於費城所召開之制憲會議，由會議起草憲法草案，並在1789年經由各州批准而生效，並實施至今。

　　眾議院議員由各州按人口比例選舉，作為人民的代表，以照顧大州的利益；參議院議員則由每州選舉兩名，作為州權的代表，以照顧小州的利益[17]。

　　美國憲法的誕生，過程並不順利，如果沒有「卓越領袖」的堅持，也不一定能實現憲法的民主制度。1789年當選美國第一任總統的喬治華盛頓（George Washington），居功厥偉，成為世界民主領袖的典範。

2. 卓越領袖導入憲法

　　華盛頓本人在戰爭中建立了崇高威望，美國獨立戰爭的後期，華盛頓不僅掌握著最高軍事指揮權，大陸會議還將其它民政權力也交給他，以便統一指揮爭取戰爭勝利。但由於長期戰事不歇，軍隊早就欠下巨額軍費債務，即使戰爭獲得最終勝利，軍人也得一貧如洗的遣散回家。因此金融家、投機者、軍人都希望華盛頓能攫取更大的權力，以保證他們債權的實現。

　　華盛頓當時若是當起國王，是水到渠成的選擇；若不當國王，則可能面臨軍事反叛的困境。但是在決定美國未來的關鍵時刻，華盛頓沒有動搖其民主的信念。華盛頓說服了騷動的軍人，拒絕了當國王的請求，毅然決然地選擇了民主憲政制度。在擔任兩任總統後，華盛頓拒絕第三次連任回到家鄉過起隱居生活，華盛頓的這些作法對美國憲政產生典範作用。因此，也有人稱，美國憲法的締造，是由「卓越領袖」導入憲法的立憲模式[18]。

3. 憲法及修正案

　　目前美國憲法共有27個修正案。其中，最初的10個修正案關係到人民權利的保障以及對政府權力的限制，在1791年12月15日一次通過，因此也被統稱為「十項權利法案」。此後的17條修正案，則是在200多年之間，在不同的時空背景下完成修正的[19]。

表1　美國憲法修正案簡明表

修正案	法案批准日期	主旨
1	1791年12月	國會不得立法限制信仰、出版、集會、示威自由
2	1791年12月	人民有攜帶武器的自由
3	1791年12月	軍隊不得進入民房
4	1791年12月	免於不合理的搜查與扣押
5	1791年12月	正當審判程序、無罪推定、徵用私產需賠償

6	1791年12月	刑事案件接受陪審團審判的權利
7	1791年12月	民事案件接受陪審團審判的權利
8	1791年12月	禁止過度嚴厲的刑罰和罰款
9	1791年12月	憲法未列明的權利同樣受保護
10	1791年12月	憲法未賦予政府的權利都屬於各州和人民
11	1795年2月	限制聯邦法院對各州的管轄權
12	1804年6月	總統選舉辦法
13	1865年12月	廢除奴隸制度
14	1868年7月	國籍、處罰程序、眾議員選舉、叛國罪、國債,所有公民享有平等被保護權
15	1870年2月	公民不得由於膚色、種族的區別或曾為奴隸而受到選舉權的限制
16	1913年2月	國會對所得稅的徵收權
17	1913年4月	代表各州的聯邦參議員必須直接選舉
18	1919年1月	禁止在美國國內製造、運輸酒類(後被第21條廢止)
19	1920年8月	公民的選舉權不因性別而受限,賦予女性選舉權。
20	1933年1月	規定總統任期、國會議事程序
21	1933年12月	廢除第18條修正案
22	1951年2月	總統最多連任一次
23	1961年3月	首都華盛頓哥倫比亞特區指派總統選舉人的辦法
24	1964年1月	選舉權不受稅收限制
25	1967年2月	總統與副總統的繼任規則
26	1971年7月	保護18歲以上公民選舉權
27	1992年5月	禁止隨意改動議員薪酬

資料來源:本研究製表

(二)美國憲法特色

1. 政府三權制衡

　　憲法應具備有效性、妥適性;美國成為世界強權,和其政治運作有關,也有賴於權力配置的方式。美國是一個以三權分立創立總統制的國家,1789年通過的美國聯邦憲法,其憲政體制設計,採取有限政府(Limited Government)、權力分立(Separation of Powers)、相互制衡(Check and Balance)等原則,設立這些原則的原因,是希望在聯邦體制下,能夠創造出一個強而穩固的政府,藉以維持新興國家的穩定

性。立憲者相信，單靠一人或是一群代議士來主宰及支配全體民眾是不可靠的。

　　制憲者在立法、行政、司法三者之間彼此設限，使政府這三項權力分散，並讓它們彼此相互制衡。在這種體制下，每個部門都有其獨特的權限，沒有任何一個部門有權可以指揮命令其他部門[20]。

2. 剛性憲法不易修改

　　美國《聯邦憲法》最大的特色，在於它是一部「剛性憲法」（rigid constitution）；這與所謂「柔性憲法」（flexible constitution）是相對的概念，指的是其條文不易修改。美國憲法規定，提出憲法修正案，必須國會兩院三分之二議員，或者三分之二的州議會同意；而在這兩種情況下提出的修正案，都必須得到全國四分之三的州議會，或者四分之三的州制憲會議的批准，才能成為具備法律效力的條文。自美國憲法在1788年得到批准以來，以各種方式提出的修正案，一共有5000件左右，而最終獲得通過的，至今只有27件，這部憲法的「剛性」，由此可見一斑[21]。

　　美國憲法的全部內容，集中在兩個點與兩個面之上，第一點是聯邦與各州之安排；第二點是修改憲法程序的設計。第一個面是聯邦政府的組織結構、產生方式、職權範圍以及運作程序的規劃；第二個面則是人民各種自由權利的列舉和保障[22]。

（三）美國總統與國會

1. 美國總統

　　美國實行總統制，總統選舉每4年舉行一次。美國總統選舉制度複雜，過程漫長。選舉的主要程序包括預選、各黨召開全國代表大會確定總統候選人、總統候選人競選、全國選民投票、選舉人團投票表決和當選總統就職。

根據美國憲法第2條第1款：「行政權屬於美利堅合眾國總統。總統任期4年，副總統的任期相同」。在二次大戰後，美國總統成為西方領袖，至今影響世界事務極大。有人說美國總統為世界權力最大、花錢最多的總統，這並不誇張。他的權力與聲望，非一般人所能想像[23]。

美國總統獨享行政權，行政部門由總統籌組，官員由總統任命，不須經國會同意，國會也沒有解散政府的權力。總統領導政府各部，有權任命政府高級官員以及聯邦法院法官；有權締結外交條約，派遣和接受外交使節；總統還是全國武裝力量總司令，統率正規軍和民兵。做為聯邦最高的行政長官，總統最基本的權力，就是執行憲法的有關規定，以及國會制定的各種法律。為了使聯邦政府的整個行政機構，能夠貫徹和執行總統的意志和命令，美國總統擁有的第一個職權，即是官員的任免權。

2. 美國國會

美國採用Congress一詞來代表「國會」，有別於英國的Parliament。國會實行兩院制，即參議院（Senate）和眾議院（House of Representative）。參議院議員100名，第一屆國會將參議員分為三組，第一組任期2年，第二組任期4年，第三組任期6年，每2年選舉一次；眾議院議員435名，任期2年。

根據憲法規定，國會每兩年為一屆，國會兩院分別為參議院和眾議院。眾議院議員任期與國會任期相同，每兩年全部改選。參議員任期6年，每屆國會屆滿時改選三分之一。眾議院名額按各州人口的比例分配，1787年制定的憲法規定每3萬人選出1名眾議員，根據每10年一次的人口普查結果確定各州的議席，但每州至少須有1名眾議員。根據國會在1929年通過的法律，眾議員的總人數被固定為435名，根據每10年一次的人口統計結果於各州之間調整。參議院的名額分配，各州不論大小，都有2名國會參議員，現在美國有50個州，全國現共有100名國會參議員。

參議員和眾議員在國會會議期間不受逮捕，此項特權只適用於民事犯罪；叛國罪、重罪和妨害治安罪則不能享有此項特權；參議員和眾議員在國會會議上的發言免受起訴，享有言論免責權。

憲法規定國會行使立法權，以總統為首的政府行使行政權，法院行使司法權；在地方，州和縣、市議會行使地方立法權。國會是最高立法機構，憲法所授予的立法權均屬於由參議院和眾議院所組成的國會，國會制定執行憲法授予國會及政府或政府中任何機關或官員之一切權力時所必需的法律。

國會有權對以總統為首的政府官員進行彈劾和監督；有權拒絕撥款；有權否決總統的人事提名，有權否決政府締結的外交條約；有權中止總統的不宣而戰；有權從總統處獲得資訊（即總統有義務經常向國會遞交國情咨文）。總統可以對國會提出立法建議，有權否決國會通過的法案；有權任命聯邦法院法官，有權決定特赦。

3. 美國總統與國會角力

美國憲政制度雖令人稱羨，但也曾在20世紀對外事務上，出現數次因為總統與國會意見不一，相互角力而導缺乏效能的案例。

美國在國會多數同意下參加第一次大戰，但卻未參加總統所協助建立的國際聯盟。美國不加入國際聯盟，並不是因為多數人反對，而是憲政制度讓少數杯葛多數意見所造成的。

另一個例子是在越南，美國輸掉建國後的第一場戰爭就是越戰，因為沒有團結的共識便開戰；到了後期，也沒有共識要撤兵，以致進退維谷。越戰之後，美國總統與國會衝突一再使得美國政策降低效能，在80年代尤為顯著。以尼加拉瓜為例，不論總統打算推翻桑定政府的政策，或是與其相反的政策，都無法堅定貫徹。

此外，回顧過去，美國清楚地贊同社會安全、失業補助、醫療照顧、却未能兌現提升教育、居住品質，並致力減少貧窮。但是在雷根主

政時期，國家對上述領域的承諾已經減低，但矛盾的是卻幾乎沒有一樣被剔除掉。這個現象讓福利國家的結構雖然存在，但顯然已不見福利國家制度。再者，民權法案拖了幾十年，一直等到電視新聞播出執法人員用警犬和水龍頭對付和平示威者時，這些阻礙才破除。這些案例說明，總統與國會角力起因於憲法制度[24]。

三、德國

（一）威瑪憲法

1. 威瑪憲法的出現與結束

第一次世界大戰結束後，德意志帝國瓦解，臨時政府於1919年召開制憲國民會議，成立民主共和政體。由於新政府是在德國小城威瑪（Weimer）成立，史稱「威瑪共和」，新憲法也被稱為威瑪憲法（1919-1945）[25]。

威瑪憲法在人權保障上開創了諸多創見，成為論述人權保障時的重要參考，也影響了我國憲法中的人權保障內容[26]。然而《威瑪憲法》實施的經驗卻不盡理想，威瑪共和維持了14年，經歷兩任總統，但在此期間卻有9次的國會改選以及21任政府的更迭[27]。

2. 威瑪憲法的社會照顧概念

威瑪憲法關於社會照顧的概念，出現在第2篇第2章「共同生活」，及第5章的「經濟生活」以下的規定，該部憲法明確列舉了人民的基本權利。例如，國家應特別保障婚姻、家庭以及母性；非婚生子女應視同婚生子女來予以保障；國校學費全免；國家應資助中等以下收入者能夠就讀中等以上學校；國民經濟制度應保障每個人獲得健康之住宅及生活空間；國家應特別保障勞工權利；國民有獲得工作及失業救濟權等等。

這些被稱作是「社會權利」條款，主要目的是希望人民能獲得一個符合「人性尊嚴」的生活[28]。立法者企圖將所有人民享有的權利以及國家應盡的任務，透過憲法來予以規範，經由憲法來完成由國家保障人民權利的義務。

（二）國家統一前後的德國基本法

1. 基本法的誕生

德國基本法於1949年5月24日實施，開始時只在西方佔領區生效，並沒有打算作為長期適用的憲法。當時由西方佔領區11個州的州長組成的國會參議院認為，蘇聯佔領區很快會和西方佔領區合併，因此要等到統一之後，才要制定正式的憲法；所以沒有採用德語中Verfassung（意為「憲法」）一詞。

1990年10月3日兩德統一後，德國基本法成為整個德國的憲法。2006年8月為其最近一次修訂。

德國基本法關於基本權利之體系，重心在於社會團體內，「人類之人格及其尊嚴自由發展」。此不僅關係及導源於人類人格之多元自由，也在於所有人類原則上具有相同之尊嚴，並有同等價值，任何人皆不得被歧視；人性尊嚴之保障乃為其他基本權利之理念的發軔。人性尊嚴之保障，亦立於整部憲法之尖端，即「國家為了個人，而非個人為了國家」之基礎規範[29]。

德國基本法並不是由人民公投通過的，但其合法性並未受到質疑。基本法確定國家的基本政治原則為「民主、共和、社會福利國家、聯邦國家，以及實質的法治國原則」。此外，由於二次大戰期間，納粹德國侵害人權的教訓慘痛深刻，因此基本法中關於人權保障的條款，被特別凸顯出來。

2. 基本法將保障人權列為帝王條款

　　威瑪憲法把基本權利看作是「國家的目標」，但基本法則將基本權利視為「永恆的保證」。基本法中有兩條出現「永恆的保證」的承諾，甚至憲法修正時也不可改變。包括第1條：「人之尊嚴不可侵犯，尊重及保護此項尊嚴為所有國家機關之義務」；第20條：「所有國家權力來自人民。國家權力，由人民以選舉及公民投票，並由彼此分立之立法、行政及司法機關行使之。立法權應受憲法之限制，行政權與司法權應受立法權與法律之限制。凡從事排除上述秩序者，如別無其他救濟方法，任何德國人皆有權反抗之」。

　　德國基本法第1條關於「人性尊嚴維護」的規定，與納粹德國發動戰爭後的「贖罪」心態有關；基本法第1條也被稱為「帝王條款」。

四、法國

（一）法國憲法演進

　　法國第一部憲法是法國大革命的產物，大革命前的舊制度，就其本質而言是合法的貴族政治和某種程度的封建制度。但是，隨著經濟的發展與人民權利觀念的滋長，社會階級制度逐漸被廢棄，當舊制度明顯阻礙了社會發展的時候，就不可避免的成為被革命的對象。

　　1789年到1791年間，勝利的溫和派經由立憲委員會（Constituent Assembly）著手進行規模龐大的改革。這次革命大部分制度性的成就都源於這一時期，例如統一度量衡和對猶太人的解放，就都在此一時期完成。立憲會議享有自由發揮的機會，它的主要政策是圈圍公地和鼓勵農村企業家；工人政策是禁止公會；小手工業政策是廢除行會和同業工會。它對普通人很少給予具體的滿足。例外的是，從1790年起，因為教會世俗化及逃亡貴族所遺土地的出售，造成教權主義被削弱；地方和農

民企業家實力大增，並對大部份農民參與革命運動提供了回報[30]。

　　大革命之後，隨著政治形勢的變化，陸續制定過多部憲法。其中，具有代表性的是1793年憲法、1848年憲法、1875年憲法和1958年憲法。

1. 1793年憲法：

　　1793年憲法又稱「雅各賓憲法」，是法國第一部共和制的民主憲法。這部憲法因為持續不斷的戰爭而未能付諸實施。但它所包含的民主原則，對許多國家產生了深遠影響。雅各賓憲法規定法國實行三權分立，確立議會共和制，最高立法機構為一院制的立法會議，最高權力機構是執行會議。人民對於對侵犯人權的政府可以使用「起義權」。

2. 1848年憲法：

　　1848年憲法是巴黎工人六月起義失敗後制定的憲法。憲法規定，總統是國家元首並且領導政府，由普選產生，任期4年，掌握軍政大權。有權任免總理和政府成員。但總統權力受到一定限制，如簽訂條約須經議會批准。議會為一院制的國民議會，擁有較大權力；不受監督亦不可解散。

3. 1875年第三共和憲法：

　　1875年7月，第三共和憲法通過，由參議院組織法、國家權力組織法和國家權力關係法三部分組成，只有34條。這樣勉強妥協產生的憲法，內容和形式都很不完善，但這樣一個不完善的憲法卻是法國歷史上最長壽的憲法。

4. 第五共和憲法：1958年至今

　　1958年憲法即現行憲法，又稱「第五共和憲法」。這部憲法在1960、1962、1963、1974和1976年先後作了部份修改。第五共和憲法大

大削弱了議會的權力，擴大了總統的權力，使法國現行制度兼具議會制和總統制的特色。法國憲法共計15章92條。憲法第2條規定：「共和國的口號是自由、平等、博愛。它的原則是：民有、民治、民享的政府」[31]。

（二）法國憲政特色

法國是英國的近鄰，飽受專制之苦的法國人對英國的憲政至為羨慕。然而，從一個非憲政國家過渡為憲政制度通常要經過社會革命，乃至暴力革命，原因在於這些非憲政國家有著與憲政難以共存的政治傳統和社會結構，早期的法國即為其中一例。由於憲政無法在專制傳統的社會結構上建立起來；人們也無法等待國家通過漸進手段來實現這一過渡；於是法國只好不斷透過革命來實現憲政，然而大革命的時代，只能建立憲政體制，卻不能使憲政很好地運行下去。

1. 第五共和的半總統制

法國第五共和是半總統制中，一個運作堪稱穩定的實例。1962年修憲以後，法國總統已改由全國人民直接選出，取代過去由選舉人團選出的制度。依據憲法規定，總統可以任命總理，理論上並不須要顧及國會的意見。但是在實際上，如果國會多數黨與總統屬於不同政黨時，總統就必須任命國會多數黨所支持的人選出任總理，此時及形成左右共治（cohabitation）。

2. 總理與閣員任命權

憲法第8條規定：「共和國總統任命總理，並在總理提出內閣總辭後免除其職務。共和國總統基於總理之提議，任免政府部長」。明文賦予總統絕對的人事任用權。在形式上，並沒有總理副署的規定，而且總理人選也不經國會同意，是為法國總統的主動權力之一。不過在實際憲政運作下，一則因為憲法規定，國會可以對總理或內閣成員提出不信任

案，這也使得總統不太可能任命國會多數黨無法接受的人選；二則總理為強化其聲望及民意基礎，通常都會以向國會提出施政報告來爭取國會之信任與支持[32]。因此法國總統的憲政慣例是尊重國會多數的生態，任命國會多數黨所能接受的人選為總理，因此實際上也就等於是給了國會關於總理人選的同意權[33]。

3. 解散國會權

憲法第12條規定，總統可於諮詢總理及國會兩院議長後解散國民議會，不須啟動不信任案及倒閣機制。憲法僅規範因解散而改選的國會，在一年之內不能再予以解散之外，別無其他任何限制。換言之，總統解散國會不需要任何副署。法國國民議會任期與總統任期並不一致，改選時間不同，故當新總統上任時國會並未相對改選，即有可能形成左右共治之局[34]。

4. 左右共治

法國第五共和自1958年至今總共發生三次左右共治。

1981年左派的密特朗首次當選總統，為了避免左右共治的發生，他當選之後立即解散國會重新改選，左派因此取得國會多次席次。四年之後，1986年國會改選，右派在國會重新贏得多數，密特朗先與席哈克商議之後，於3月20日宣布任命席哈克為總理，開啟第一次的「左右共治」，也是法國憲政史的新頁[35]。

1993年國會改選，右派又重新獲得國會多數。密特朗在健康不佳且年事已高的情況下無意連任，接受第二次左右共治，任命右派的巴拉杜（Edouard Balladur）為總理，組織新政府。

1995年席哈克當選總統，當時國會還有三年任期，席氏想趁勝贏得下一屆的國會多數，故於1997年提前解散國會重新改選，結果卻出乎意料由左派贏得國會多數。席哈克弄巧成拙之餘，也只能依憲政慣例接受

第三次的左右共治，提名喬斯班（Lionel Jopin）為總理組閣，還當眾宣布這次的共治時間將會長達五年[36]。檢視三次左右共治，雖然意義各有不同，總統的實質權力在遭遇國會多數權力的箝制之下，確實受到許多侷限，不過總統的角色卻並未因此而淡化[37]。

五、俄國

「蘇維埃社會主義共和國聯盟」簡稱「蘇聯」，從1922年成立到1991年解體，在二次大戰後的冷戰時期，蘇聯與美國並為世界兩大強權。蘇聯在最多的時候，共有15個加盟共和國，但這不是在一天之內成立的。加入蘇維埃聯盟的國家，有些是志願的，有些則是在遭侵略後被強迫加入的。1991年蘇聯解體之後，由俄羅斯聯邦做為蘇聯的繼承國。

（一）俄國憲法演進

俄國的前兩部憲法，都出現在列寧時代。包括1918年憲法和1924年憲法。

1. 1918年憲法

1917年俄國十月革命，建立了世界上第一個社會主義國家。為了鞏固蘇維埃政權，蘇維埃代表大會通過《告工人、士兵和農民書》、《和平法令》、《土地法令》、《關於建立工農政府的法令》；以及由列寧起草的《被剝削勞動人民權利宣言》，此一宣言將前述文件內容概括性成憲法性質的法令。

1918年7月10日，第5次俄羅斯蘇維埃代表大會通過《俄羅斯蘇維埃聯邦社會主義共和國憲法》，「被剝削勞動人民權利宣言」列入憲法第一篇。這部憲法確認了國家制度和社會制度的基本原則，規定了勞動者的權利和自由，規定了國家機關體系。列寧評價此部憲法為「第一部宣佈國家政權是勞動者的政權、剝奪剝削者權利的憲法」。

2. 1924年憲法

　　1924年1月31日蘇維埃社會主義共和國聯盟中央執行委員會宣布實施新的《蘇維埃社會主義共和國聯盟憲法》。由於內戰期間，烏克蘭、白俄羅斯及外高加索，也分別成立了蘇維埃社會主義共和國，1922年和俄羅斯組成聯盟，於12月30日全蘇維埃第一次代表大會通過聯盟條約，並成立蘇維埃社會主義共和國聯盟。

3. 1936年憲法

　　1936年12月5日非常第八次蘇維埃代表大會通過「蘇維埃社會主義共和國聯盟憲法」。確定國家的性質是「工農社會主義國家」；政體是以勞動者代表為蘇維埃為政治基礎的「無產階級專政」；經濟基礎為「社會主義經濟體系及社會主義生產工具與生產資料所有制」。

4. 1977年憲法

　　1964年10月赫魯雪夫垮臺，由布里茲涅夫繼任憲委主席，領導修憲工作。到1977年10月7日，蘇聯最高蘇維埃兩院（聯盟院、民族院）聯席會議，一致通過新憲法。這是蘇聯的第四部憲法。憲法序言提到：「在蘇聯，業已建成一個發達的社會主義社會。現階段，正值社會主義在其固有的基礎上發展之時，在新制度之創造力、社會主義生活方式的優越性愈益彰顯之時，勞動者也愈益廣泛的享受偉大革命果實」。

　　評論蘇聯憲法，應先釐清共黨理論及其本質。依據其黨的綱領，憲法只是把共產主義發展的各個階段，以及黨的構造加以說明而已。共黨的憲法，特點在於，第一，憲法和其他的法律，都屬於「上層建築」，要為社會基礎服務；其實就是無產階級專政的憲法。憲法和法律都為無產階級服務，因此國家只是一個壓迫工具。第二，共黨的憲法是反映當

前事實，沒有也不可能有永久性。第三，共黨的憲法旨在說明共黨如何統治國家，而不是如何保障人民權利[38]。

5. 蘇聯解體後的俄羅斯聯邦憲法

(1) 蘇聯解體

1991年8月24日，俄羅斯蘇維埃聯邦共和國最高蘇維埃宣布俄羅斯脫離蘇聯獨立，蘇聯解體。解體後的蘇聯，由最大的加盟國。俄羅斯繼承蘇聯，成為聯合國安全理事會常任理事國，對議案擁有否決權。

1991年8月29日，蘇聯最高蘇維埃通過決議，決定暫時停止蘇共在全國範圍內的活動。反共浪潮蔓延到各加盟共和國，擁有1500萬黨員的蘇聯共產黨土崩瓦解，各加盟共和國紛紛宣佈獨立。

(2) 俄羅斯聯邦憲法

1993年12月，俄羅斯舉行公民投票確認總統版的新憲法，該憲法除了將總統權力極大化之外，並將國會的正式名稱定為聯邦會議，分為上下兩院。

俄羅斯聯邦現行憲法的制定，經歷了兩個階段；即蘇聯解體前階段和解體後階段。前階段的憲法改變了俄羅斯蘇維埃聯邦社會主義共和國的國家性質，宣佈要建立三權分立的總統制共和國。後階段的憲法即1993年通過的俄羅斯聯邦憲法。則確認了蘇聯劇變、俄羅斯獨立的事實[39]。

（二）總統與聯邦議會

1. 總統

俄羅斯聯邦實行的是聯邦民主制，以俄羅斯聯邦憲法和法律為基礎，根據立法、司法、行政三權分立又相互作用、相互制約、相互平衡的原則行使職能。總統是國家元首，任期4年，2008年修憲將總統任期改為6年，由人民直選產生。

總統擁有相當大的行政權力，有權任命總理與高級官員，但任命須經議會同意。總統同時也是武裝部隊的統帥，以及國家安全會議的主席。並可以不經議會通過直接頒布法令。總統不可以連任超過2屆。

2. 聯邦議會

根據憲法，俄羅斯聯邦議會是俄羅斯聯邦的代表與立法機關。聯邦議會採用兩院制，下議院稱「國家杜馬」（State Duma，代表聯邦各主體），上議院則稱為聯邦委員會（Federal Council，代表聯邦）。聯邦委員會（上議院）由俄羅斯各邦派出兩名代表組成：一名來自權力代表機關，一名來自權力執行機關，主要的職能是批准聯邦法律、聯邦主體邊界變更、總統關於戰爭狀態和緊急狀態的命令，決定境外駐軍、總統選舉及彈劾，中央與地方關係等。

（三）俄羅斯聯邦憲法特色

1. 國家不能強制人民接受共產主義意識形態

前蘇聯和中華人民共和國都是社會主義國家，其法律都屬於社會主義類型的法律，也都是在馬克思主義理論指導下制定的憲法，但是在1993年的俄羅斯憲法中，已經載明放棄唯一信奉共產主義的內容。

俄羅斯憲法第13條：「國家承認意識形態的多樣性，任何意識形態都不能作為國家強制的意識形態」。以憲法形式訂定此一國家根本制度，意義非凡；因為此舉表明，國家再也不能強制人民接受共產主義。

根據俄羅斯聯邦憲法規定，若要修改憲法根本制度，必須成立新的制憲會議，制定新的憲法之後，還需要進行全民公決。

2. 保障思想自由、言論自由

俄羅斯憲法第29條：「保障每個人的思想和言論自由。不許鼓動社

會、種族、民族或；禁止宣傳社會、種族、民族、宗教或語言的優越論。任何人不得被迫放棄表達自己意見和信念的權利。每個人都有合法搜集、獲取、轉交、生產和傳播資訊的權利。構成國家秘密的資訊清單由聯邦法律規定。保障輿論自由。禁止新聞檢查」。

六、日本

（一）日本憲法演進

1.大日本帝國憲法（明治憲法）

　　大日本帝國憲法，又稱「明治憲法」，於1889年（明治22年）2月頒佈，1890年（明治23年）11月施行。這部憲法是以1850年「普魯士憲法」為藍本的欽定憲法，內容包括天皇、臣民權利和義務、帝國議會、國務大臣及樞密顧問、司法、會計和補則等，計7章、76條。

　　這套欽定憲法的制定過程如下：1875年4月日本明治政府發佈詔書，承諾建立立憲政體。1882年，伊藤博文等人出使西歐考察各國憲政。1885年設立內閣，由伊藤博文任首任總理大臣。1886年明治天皇命伊藤博文、井上毅等人秘密起草憲法。同年5月，成立樞密院以審議和修改憲法草案及其附屬法律草案。1890年11月由明治天皇宣告明治憲法正式生效。

　　明治憲法的主要內容包括：憲法確立天皇制度、確立天皇主權原則、確立天皇居於國家統治權的中心地位、確認天皇擁有獨立的統帥權。此外也規定了若干人民享有的自由權利。

　　明治憲法是日本歷史上第一部憲法，也是明治維新的產物和學習西方法制的結果，對於進一步破除封建制度與促進政治現代化極有影響。但是，在明治憲法體制下，天皇擁有絕對的大權；民主、自由十分有限。這套憲法也為日後走上軍國主義道路，發動侵略戰爭提供了滋育的

溫床。

　　二次大戰前期天皇穩坐「至尊」的地位，天皇也是軍人精神和堅定團結信念的核心。天皇不僅是國家的最高象徵，在排斥外人的日本文化中，天皇具有半神聖的家父長形象[40]。因為具有這種極高的地位，使得天皇領導的日本軍國主義發動了侵略戰，即使其罪行罄竹難書，但是天皇在戰後不但逃過追究的責任，還繼續在憲法中擔任國家的精神象徵。

2. 日本國憲法（昭和憲法）

(1) 憲法誕生

　　現行日本憲法制定於第二次世界大戰日本投降、盟軍佔領（Allied Occupation）時期；是由盟軍遵照《波茨坦宣言》精神起草的。這部憲法是讓日本在戰敗後獲得再生的基本法，民主制度取代了大日本帝國制度。於1946年（昭和21年）11月3日公佈，1947年5月3日實施。

　　這部憲法又被稱作「和平憲法」，因為憲法明定「放棄發動戰爭的權利」。根據憲法，天皇是國家名義上的主人，但天皇是「純粹儀式上的角色」，只能是國家精神領袖，而沒有實權。

(2) 日本戰後的和平政策

　　1952年韓戰結束後，美國為了防堵共產黨在亞洲赤化，曾經建議日本政府「修改憲法」，重新裝備日本陸軍。但是，美國的想法遭到了日本政府（吉田、池田）的拒絕，民意也反對修改和平憲法。日本透過麥克亞瑟將軍從中斡旋，最終完成妥協，就是由日本提供國土作為「美軍軍事基地」，在「不修改憲法」的情況下逐步增強防衛力量。在《日美安保條約》的框架下，加強日本的「自衛力量」。1960年，日本掀起反對「安保國會」和保衛「民主主義與和平」的抗議活動。此後，在不修改「和平憲法」的前提下，日本採取「輕武裝、重經濟」和平政策，讓戰後凋敝衰敗的日本步上經濟復興的大道。日本在沒有戰爭威脅，也無需大規模從事軍備的前題下，國力迅速恢復，成功的躋身世界經濟

強權[41]。

(3) 近期推動修憲

2005年11月22日，日本執政的自民黨公佈「憲法修改草案」，核心內容是拋棄憲法「和平原則」，主張將日本自衛隊升格為「自衛軍」，並規定自衛軍可以為「確保國際和平而展開國際合作活動」，但並未取得國內共識。

（二）現行日本憲法權力運作

日本在戰後成為內閣制的國家，其制度係以英國為藍本[42]。日本天皇是形式上的國家元首，且依據憲法相關規定，天皇僅被承認有若干「國事行為」，其範圍也十分有限。憲法規定「行政權屬於內閣」，所以內閣是行政權的中心；與戰前由天皇獨佔行政權有很大的不同，而內閣對議會負責，也非如同戰前向天皇負責。

憲法規定，國家實行以立法、司法和行政三權分立為基礎的議會內閣制。議會泛稱國會，由眾、參兩院組成，為最高權力機關和唯一立法機關。眾議院定員480名，任期4年。國會可通過內閣不信任案，首相有權提前解散眾議院重新選舉。參議院定員242名，任期6年，每3年改選半數，不得中途解散。

內閣為國家最高行政機關，對國會負責，由內閣總理大臣（首相）和分管各省廳（部委）的大臣組成。首相由國會提名，天皇任命，其他內閣成員由首相任免，天皇認證。

日本憲法第66條第1項規定：「內閣依法律之規定，以其首長之內閣總理大臣及其他國務大臣組織之」。實行內閣制的日本，其內閣總理大臣必定是國會議員，且總理大臣有權任命其他國務大臣，且內閣必須就其施政對國會負責。而眾議院除以議決一般的法律、預算案等方式監督內閣外，更可透過不信任案來達到解散內閣的目的，並重新改選新的眾議院。

（三）日本憲法特色：和平憲法

1. 日本軍國主義的猖狂與結束

日本憲法強調「和平」，是基於慘痛經驗而獲得的教訓；其侵略他國的始作俑者，則是窮兵黷武的軍國主義思想。該思想源自武士道精神和對於天皇的迷信膜拜。在軍國主義支配下，對內成為塑造國民意識形態的工具，對外則成為侵略各國的野心號召。亞洲各國人民，深受其武力荼毒，受害至深且鉅。但是軍國主義最終將災難招回日本國土，讓日本人民也飽嘗苦果。

1945年的兩顆原子彈結束了漫長的二次世界大戰，日本平民則因原子彈傷亡慘重；在幾近亡國之後，才深覺「和平」之重要。

參考二次世界大戰史錄，有如下記載，足以作為發動戰爭侵略者之殷鑑[43]。

　　1945年8月6日早晨，天氣晴朗，氣候悶熱。7時9分，美國飛機數架飛到廣島上空，盤旋幾周，即行離去，並未轟炸。這是氣象觀察機。

　　8時整，美機B-29兩架又從高空進入廣島上空。廣島市民有很多人並未進入防空洞，而是在外面仰看飛機。

　　8時15分，一架美機投下降落傘後，立即發生令人眼花目眩的強烈的白色閃光，廣島市中心隨即發聲震耳欲聾的大爆炸。爆炸高度離地面660碼，形成一個直徑為110碼的大火球。火球發射出來的熱只延續幾分之一秒，但熱度高達攝氏30萬度，使爆心（即直接在爆炸下面的地方）半徑1000碼內的花崗岩都融化了。屋頂上的瓦也都軟化，從黑色變成橄欖色或棕色。

　　頃刻之間，城市一面突然捲起巨大的蘑菇狀烟雲，全市立

即被黑暗的烟雲所淹沒，可怕的衝擊波也隨之出現，2哩內所有的建築物幾乎全被摧毀，只有幾棟特別堅固的、防地震的建築物仍安然無恙。這時廣島人口為34.4萬人，靠近爆炸中心的大多死亡。當日死者計為78,150人，負傷和失蹤者為5,108人。全市建築物總數是76,327幢，全毀者4.8萬幢，半毀者22,178幢，受災人數為176,987人。

8月9日上午10時30分，最高戰爭指導會議在皇宮舉行。正當與會者在皇宮進行激烈討論時，11時30分，美國空軍又在長崎投下第二顆原子彈。這時長崎人口約為27萬，當日死者為23,753人，傷者為43,020人。另據1992年8月9日哀悼長崎被炸死難者會議宣布，美國原子彈炸死人數為95,845。

1945年8月15日中午，日本天皇裕仁向全國廣播日本投降的「終戰詔書」；各地的日本軍人都就地解除武裝，紛紛投降。中國戰區，則由我國陸軍總司令何應欽上將簽署受降書，接受日本投降。

台灣、澎湖地區在1945年10月25日於台北公會堂（現名中山堂）舉行受降。由日本總督兼第10方面軍司令官，向台灣省行政長官兼警備總司令陳儀簽署投降書。

縱觀日本侵略之罪惡，是先確立和鞏固天皇為中心的中央集權政府，以經濟基礎建立起軍國主義，然後實施侵略。從甲午戰爭後的1895年至軍國主義敗亡的1945年之間，日本軍國主義幾乎是每5年就對外用兵一次，直到徹底敗亡為止。雖然不知日本民族是否從此大徹大悟，但至少在二次大戰之後，終於有了日本「和平憲法」的出現。

2. 日本憲法的和平原則

發動第二次世界大戰，犯下侵略與屠殺罪行的德國、日本都在投降之後，出現劇烈變化，也反應在戰後的新憲法內容之中。德國、日本都

在戰後的新憲法中確立「和平原則」，但是以日本憲法的「和平原則」最為徹底。

日本憲法的和平原則體現在其序言與憲法本文第9條。序言曰：「日本國民期望永久和平」。第9條：「日本國民衷心謀求基於正義與秩序的國際和平，永遠放棄發動戰爭的權力、使用武力或武力威脅作為解決國際爭端的手段。為達到前項目的，不保持陸海空軍及其他戰爭力量，不承認國家的交戰權」。

上述條文條表達了兩項基本意圖，即（1）放棄任何戰爭；（2）廢除軍備。並且在時間上是「永遠」，而不是暫時措施。

第四節　兩岸關係與兩岸憲法

一、中華人民共和國

（一）中共憲法演進

1949年10月中華人民共和國成立後，第一屆、第四屆和第五屆全國人民代表大會分別於1954年、1975、1978、1982制定頒布不同的《中華人民共和國憲法》。這四部共產黨人主導的憲法，旨在描述其統治方式與前景目標，雖然也提及人權保障，但基本上並未被實現。軍、警、司法系統對一般人權的壓制，和對異議人士的迫害，情況一直十分嚴重。

1. 第一部憲法：1954年

1954年第一屆全國人大一次會議通過《中華人民共和國憲法》，除序言以外，包括總綱，國家機構，公民的基本權利和義務，國旗、國徽、首都等4章106條。這是中華人民共和國的第一部憲法，是參考全國

政協通過的《共同綱領》修改制定的。憲法規範了以中國共產黨提出的「黨在過渡時期的總路線」作為國家的總任務，並把黨的基本方針和重要政策予以憲法化。

2. 第二部憲法：1975年

1975年第四屆全國人大第一次會議通過第二部憲法，計4章30條。這部憲法誕生在「文化大革命」後期，是在「左」的思想指導下形成的，以「四個存在」、「階級鬥爭必須年年講，月月講，天天講」的基本路線，以及「無產階級專政下繼續革命學說」為理論指導。這部憲法不但談不上立法邏輯，內容多在鼓吹鬥爭、奪權、革命、專政等等；沒有任何人權保障可言。

3. 第三部憲法：1978年

1978年第五屆全國人大通過頒布了第三部憲法，計4章60條。這部憲法把中共十一屆全國代表大會定出的「堅持無產階級專政下的繼續革命，開展階級鬥爭、生產鬥爭和科學實驗三大革命運動」列入。這部憲法有許多缺陷，尤其是肯定了「文化大革命」和「無產階級專政下繼續革命」理論，內容對所謂「階級敵人」的人權多所侵害。

4. 第四部憲法：1982年

現行憲法在1982年通過，這部憲法分為序言、總綱、公民的基本權利和義務、國家機構、國旗國徽首都等五個部分，計4章138條。

這部憲法繼承和發展1954年憲法的基本原則，以中國社會主義發展的經驗，及採納國際經驗制定，是中共宣稱「有中國特色、適應中國社會主義現代化建設需要」的根本大法。憲法規定了中華人民共和國的政治制度、經濟制度、公民的權利和義務、國家機構的設置和職責範圍、國家基本任務等。這部憲法在1988、1993、1999和2004年曾經進行部份

條文增修。

　　2004年十屆全國人大通過對憲法的第四次修正案，首次將「人權」概念引入憲法，明確規定「國家尊重和保障人權」。其第33條規定：「凡具有中華人民共和國國籍的人都是中華人民共和國公民。中華人民共和國公民在法律面前一律平等。國家尊重和保障人權。任何公民享有憲法和法律規定的權利，同時必須履行憲法和法律規定的義務」。然而，事實上並非如此。

（二）中共憲法特色

1. 鞏固共產黨領導

　　(1) 憲法確立共產黨領導的正確性

　　中共憲法序言稱，「1911年孫中山先生領導的辛亥革命，廢除了封建帝制，創立了中華民國。但是，中國人民反對帝國主義和封建主義的歷史任務還沒有完成。1949年，以毛澤東主席為領袖的中國共產黨領導中國各族人民，在經歷了長期的艱難曲折的武裝鬥爭和其他形式的鬥爭以後，終於推翻了帝國主義、封建主義和官僚資本主義的統治，取得了新民主主義革命的偉大勝利，建立了中華人民共和國。從此，中國人民掌握了國家的權力，成為國家的主人」。

　　(2) 共產黨宣示自己是「三個代表」

　　2002年11月15日中共十六大通過黨章修正案，擴大對各階層社會菁英吸納，確定中國共產黨的性質，「除了是工人階級先鋒隊，也是中國人民和中華民族的先鋒隊」。十六大黨章修正案，主要有三個重點：重點一，側重政黨再定位。修正後的黨章開宗明義：「中國共產黨是工人階級的先鋒隊，同時是中國人民和中華民族的先鋒隊，代表中國先進生產力的發展要求，代表中國先進文化的前進方向，代表中國最廣大人民的根本利益」。「三個代表」後來也被列入憲法序言中。

由於開放讓資本家入黨，共產黨不再是無產階級領導的黨[44]。「有中國特色的社會主義」其實只是「有中國特色的資本主義」；統治菁英及他們的家人，都成為「黨國資本主義」制度下，受惠最多的既得利益階級。

2. 人民民主專政

中共憲法強調「人民民主專政」，在序言和憲法第1條中，都有明訂。

序言：「中華人民共和國成立以後，我國社會逐步實現了由新民主主義到社會主義的過渡。生產資料私有制的社會主義改造已經完成，人剝削人的制度已經消滅，社會主義制度已經確立。工人階級領導的、以工農聯盟為基礎的人民民主專政，實質上即無產階級專政，得到鞏固和發展」。

憲法第1條：「中華人民共和國是工人階級領導的、以工農聯盟為基礎的人民民主專政的社會主義國家。社會主義制度是中華人民共和國的根本制度。禁止任何組織或者個人破壞社會主義制度」。

3. 憲法規範與實際不符

中國大陸的憲法雖然也列有人權保障，但卻都不能提供確實的保障。若以「名目性憲法」（nominal constitution）來看，可視為「體系完備，但現實環境條件或政治文化之不成熟」，因此暫時無法實行。若以「語意性憲法」（semantic constitution）來看，憲法只具有文本「語意」的作用，是不會被實行也不會被統治菁英遵守的文本符號而已，反而統治菁英卻可以左右或改變憲法的運作。

(1) 人民民主專政的矛盾

憲法規範實施「人民民主專政」即「無產階級專政」，這兩句都是特殊文字符號，輕易即可透露出其間的矛盾。其一是現在執政的共產黨

菁英都不屬於「無產階級」，何來「無產階級專政」可言？

其二是「專政對象」是誰？一國之內還有「反革命」、還有「反社會主義」的敵人有待「被專政」，毋寧怪事。而且「反革命」的意涵廣泛無邊，由統治者任意認定，這其實只是「人治大於法治」的社會。

(2) 保障思想表達自由的矛盾

憲法第35條：「中華人民共和國公民有言論、出版、集會、結社、遊行、示威的自由」。用一般的理解，言論、出版、集會、結社、遊行、示威的目的都是在表達意見、思想或者主張。然而各種出版品包括報刊、廣播電視、電影都是黨國經營的事業，而且都需要事先審查出版內容。最近受人矚目的例子是2008年由北京作家劉曉波等撰寫，有上千位知識份子連署的「08憲章」，訴求執政的中國共產黨「修改憲法以奠立中國民主化的法權基礎，實行立法、司法、行政三權分立體制」等等。但是一提出來就惹惱了共產黨，而將參與此事的一干人等秘密傳訊或關押起來。中共中央宣傳部也禁止媒體採訪與報導任何有關「08憲章」的消息[45]。

(3) 宗教信仰自由的矛盾

憲法第36條：「中華人民共和國公民有宗教信仰自由。任何國家機關、社會團體和個人不得強制公民信仰宗教或者不信仰宗教，不得歧視信仰宗教的公民和不信仰宗教的公民。國家保護正常的宗教活動。任何人不得利用宗教進行破壞社會秩序、損害公民身體健康、妨礙國家教育制度的活動。宗教團體和宗教事務不受外國勢力的支配」。但是中共宣布「法輪功」成員「意圖顛覆政府」。軍警、司法，對於打擊、取締、逮捕「法輪功」成員的手段十分殘暴。此外，在中國大陸傳播宗教信仰，包括佛教、道教、伊斯蘭教都要經過政府的許可並且列管，根本沒有自由可言。

(4) 保障人身自由的矛盾

憲法第37條規定:「中華人民共和國公民的人身自由不受侵犯。任何公民,非經人民檢察院批准或者人民法院裁定,並由公安機關執行,不受逮捕。禁止非法拘禁和以其他方法非法剝奪或者限制公民的人身自由,禁止非法搜查公民的身體」。但是中共警察並不是這樣的,天天都在「侵犯人身自由」。

最近受到海內外矚目的案例是2008年7月1日,北京28歲青年楊佳闖入上海市閘北區政法辦公大樓,持刀連續刺殺9名警察和1名保安,造成6死4傷慘案。楊佳作案後束手就逮,在2008年11月26日被以注射藥物的方式執行死刑。而楊佳作案的原因是行凶前8個月,楊佳從北京到上海旅遊,騎著租來的一輛無牌無證的自行車,受到巡邏民警盤查。楊佳對於盤查的民警抗議自己擁有「人身自由」,卻無故遭到迫害。楊佳被帶回警局後遭到關押、問訊、毆打。被放回北京後他多次申訴都無結果,才種下後來的殺機[46]。

(四)憲法與台灣的關係

1. 憲法規範兩岸關係

中共憲法序言有一段文字是:「台灣是中華人民共和國的神聖領土的一部份。完成統一祖國的大業是包括台灣同胞在內的全中國人民的神聖職責」。

2005年3月14日,中華人民共和國第十屆全國人民代表大會第三次會議的最後一項議程就是對《反分裂國家法》進行表決,最後表決結果2,896票贊成、0票反對、2票棄權、3人未按表決器通過。國家主席胡錦濤在當天簽署第34號主席令,正式頒佈該法。

2. 反分裂國家法

　　《反分裂國家法》共10條，該法第2條：「世界上只有一個中國，大陸和臺灣同屬『一個中國』，中國的主權和領土完整不容分割。維護主權和領土完整，是包括臺灣同胞在內的全體中國人民的共同義務」。該法第3條將臺灣問題定義為是「中國內戰的遺留問題」，因此兩岸問題是中國內部事務，「不受外國勢力干涉」。

　　第5條提出「一個中國」原則是和平統一的基礎，並許諾「和平統一」後，臺灣可以實行不同於大陸的制度，維持高度自治。

　　第6條則要求政府推進兩岸人員的交往，鼓勵和推進經濟合作和直接三通，鼓勵和推進教育、科技、文化等各項事業的交流，並要保護台商的利益。

　　第7條表明主張通過協商，和平解決兩岸問題，並提出兩岸可在包括結束敵對狀態、臺灣政治地位、臺灣的國際空間等方面進行協商談判。

　　最受矚目的第8條則列明在三種情況下，政府得採取「非和平方式」及其他必要措施，捍衛國家主權和領土完整。而所謂「非和平方式」其實就是發動戰爭。這三種情況是：

(1) 臺灣從中國分裂形成事實

(2) 將發生可能導致臺灣從中國分裂的重大事變

(3) 和平統一的可能性完全喪失

　　三項條件中的最後一項，即「和平統一的可能性完全喪失」，這被認為是一項掌握在中共手上，可以主動靈活解釋的條件。

　　另外第8條也允許國務院在必要時先採取行動，隨後再向全國最高權力機關人民代表大會通報，等於授權政府及解放軍對台動武是可以「先斬後奏」的。

二、中華民國

（一）國家的誕生與頻繁的戰亂

1. 中華民國的誕生

　　1894年，孫中山先生從中日甲午戰爭的戰敗中認識到，只有推翻滿清政府，才是救國的唯一出路。10月，孫中山先生懷著救國的理想，遠去檀香山建立革命團體興中會。1895年1月，孫中山在香港成立了興中會總部。不久，在廣州建立興中會組織。1905年8月20日，中國同盟會在東京成立，其綱領是：「驅除韃虜，恢復中華，建立民國，平均地權」。1911年爆發辛亥革命，武昌起義後全國響應，推翻滿清王朝和數千年來的中國專制君主制度。武昌起義後，孫中山從美國回到上海。1912年1月1日，中華民國臨時政府在南京成立，孫中山被推選為臨時大總統。1912年2月12日，孫中山把臨時大總統讓位給袁世凱。

2. 日本侵略中華民國與世界大戰

　　雖然在1912創建了中華民國，但是國內各種政治、軍事勢力仍在競逐權力及利益，導致國家處於地方勢力割據一方，分裂而治的情況。1931年日本軍人在中國東北製造918事變侵佔瀋陽，之後擴及到東北三省全境；中國軍民並無實力反抗，飽受日本侵略者蹂躪。直到1937年7月7日，才由軍事委員會委員長蔣中正宣布全面對日抗戰，開始了堅苦的對日戰爭。直到8年之後，才將侵略者趕出中國。

　　日軍侵華犯下的戰爭罪，罄竹難書。最令人髮指的是，侵華日軍松井石根所部於1937年12月13日攻陷南京後，進行瘋狂殺戮，使30萬以上的南京市民和放下武器的中國軍人喪命。受害者或者被斬首，或者被活埋，或者被刺刀挑腹，連稚子幼童也不放過；日軍還在南京城內強姦2

萬名以上中國女性，史稱「南京大屠殺」。

南京大屠殺期間，日本軍人恣意強姦中國婦女，受害人在被調戲、洩慾污辱之後，還是無法逃脫被殺害的悲慘命運。被日本侵略者先姦後殺的中國女性不分年齡，無一倖免。從懵然無知的9歲幼童，到年過七旬雞皮鶴髮的老婦，日本軍人都不放過；日本軍人在中國境內犯下了人類最野蠻、最殘暴、禽獸不如的滔天暴行[47]。

從1937年至1945年之間，僅晉綏、晉察冀、冀熱遼、晉冀魯豫、山東、蘇皖、中原7個抗日根據地，中國軍民就被日軍殺害了318萬人。

更甚者，日本軍人違反國際法，由其第731部隊、第100部隊抓捕中國人民進行活體實驗、活體解剖，秘密研製細菌武器；因此而死亡的中國人達2萬以上。整個8年抗戰期間，還有難以計數的中國婦女被日軍強徵做「慰安婦」，即「軍妓」；遭受非人的虐待。在8年之間，日本軍國主義對中國人民犯下的滔天罪行，還不止上述這些案例。

雖然中國人民飽受苦難，但是全國軍民仍堅苦卓絕、浴血抗日。最終贏得戰爭的勝利，但是美好江山已是滿目瘡痍、殘破不堪。

二次大戰結束後，中華民國軍民以鉅大的犧牲換來最終勝利，民族自尊也得到恢復。蔣中正作為二戰期間中國戰區的最高統帥，個人聲望達到巔峰；中華民國與美國、英國、法國、蘇俄共倡成立聯合國，中華民國並成為五個常任理事國之一。

3. 大戰之後加劇的國共內戰

但是1945年抗戰結束後，國民黨與共產黨的內戰卻開始擴大到全國，持續不斷的內戰，造成中國平民更多而無法結束的苦難。

1949年國共內戰勝負已定，中華民國政府被迫遷往台灣。

1949年10月1日下午，中華人民共和國開國大典在北京天安門廣場舉行，領導共產黨奪取江山的毛澤東，在天安門城樓上向廣場群眾宣布了兩件事：

「中華人民共和國,中央人民政府,今天成立了」。

「向各國政府宣布,本政府為代表中華人民共和國全國人民的唯一合法政府,凡願遵守平等互利及相互尊重領土主權等原則的任何外國政府,本政府均願與之締結外交關係」。

4. 中華民國退守台灣

1950年原本自行宣布退位的蔣中正總統,在台灣重新視事,領導政府運作。除了「建設台灣為三民主義模範省」之外,也力圖反攻大陸之可能;「反共復國」成為當時的建設國家的目標。

1971年聯合國通過聯合國大會2758號決議,中華人民共和國取代中華民國成為聯合國成員,並繼承為常任理事國。「反攻大陸」或「以三民主義統一中國」的復國使命,逐步褪色,如今已不再是中華民國官方的正式主張。

(二)中華民國憲法演進

1. 憲法的制頒

國父孫中山先生領導國民革命,推翻滿清,建立民國,他所訂的革命程序,分為軍政時期、訓政時期、憲政時期三個階段。民國16年4月國民政府定都南京,先實行軍政;20年6月,公佈《訓政時期約法》,大力推行訓政;25年5月5日,公布憲法草案(即所謂《五五憲草》),積極準備實施憲政。民國26年日本大舉侵犯我國,制憲工作因而停頓。到抗戰勝利之後,國民政府遂於35年1月召開各黨各派政治協商會議。其間關於修改《五五憲草》問題,經各黨派代表反覆之折衝協商後,始對所有修改憲草的重要原則,有所決定。隨即組織起草小組,根據決定原則,起草憲法修正案草案;同年11月初,制定了全部草案。此項草案,先經國防最高委員會通過,再由國民政府送交立法院審議。此時,由於

全體立委一致主張對該草案不必討論或修改，遂將該草案迅速通過，逕呈國民政府轉送制憲國民大會。制憲國民大會於12月25日通過了《中華民國憲法》，並決定自民國36年12月25日開始施行[48]。

　　中華民國憲法除前言外，全文計14章175條。憲法揭櫫主權在民的理念，明定人民自由權利的保障，規定五權分立的中央政府體制及地方自治制度，明示中央與地方權限劃分採取均權制度，並明列基本國策等。憲法前言「中華民國國民大會受全體國民之付託，依據孫中山先生創立中華民國之遺教，為鞏固國權，保障民權，奠定社會安寧，增進人民福利，制定本憲法，頒行全國，永矢咸遵」。其中，有關「依據孫中山先生創立中華民國之遺教」之內涵，應是我國制憲的主要依據。中山先生思想中，其有關憲政思想，主要者乃是權能區分、五權分立、均權制度[49]。

2. 動員戡亂時期臨時條款的施行及廢止

　　我國憲法的制定施行，正值國內戰亂連連，為了使行憲與戡亂並行兼顧，第一屆國民大會第一次會議經由修憲程序，在民國37年4月18日議決通過「動員戡亂時期臨時條款」，同年5月10日由國民政府公布施行，並且優於憲法而適用，此一條款之後歷經四次修訂。

　　臨時條款的內容要點為規定總統在動員戡亂時期，得為緊急處分、設置動員戡亂機構、調整中央政府的行政機構及人事機構、訂頒辦法充實中央民意機構等。此外，並規定總統、副總統連選連任不受憲法連任一次的限制。

　　隨著國家情勢與社會環境快速變遷，以及海峽兩岸關係的緩和，為謀求國家憲政體制的長遠發展，第一屆國民大會第二次臨時會以修憲程序，在民國80年4月22日議決廢止動員戡亂時期臨時條款，5月1日由總統公布自即日起，終止動員戡亂時期。

3. 憲法增修

　　動員戡亂時期雖已宣告終止，但因國家尚未統一，原有憲法條文仍有窒礙難行之處，為因應國家統一前的憲政運作，第一屆國民大會第二次臨時會在不修改憲法本文、不變更五權憲法架構的原則下，於民國80年4月22日議決通過《中華民國憲法增修條文》第1至第10條，同年5月1日公布，是憲法第一次增修，又在其後歷經6次增修。歷經7次修憲後，如今的憲法增修條文計有12條，於2005年增修。回顧7次憲法增修，日期及會期如下：

　　(1) 第一次修憲

　　民國80年4月22日制定10條；第1屆國民大會第2次臨時會通過。

　　(2) 第二次修憲

　　民國81年5月27日增訂第11至18條；第2屆國民大會臨時會通過。

　　(3) 第三次修憲

　　民國83年7月28日修正全文10條。第2屆國民大會第4次臨時會通過。

　　(4) 第四次修憲

　　民國86年7月18日修正全文11條。第3屆國民大會第2次會議通過。

　　(5) 第五次修憲

　　民國88年9月3日第3屆國民大會第4次會議通過。

　　(6) 第六次修憲

　　民國89年4月24日第3屆國民大會第5次會議通過。

　　(7) 第七次修憲

　　民國93年8月23日立法院第5屆第5會期第1次臨時會通過修正。

（二）憲法增修條文基於現實的作用

　　中華民國原領有絕大部分之中國大陸，並在對日抗戰日本投降後實際領有台灣。中華民國於1949年國共內戰失利而失去大陸領土，中央政

府撤離，遷到台澎金馬；而大陸則由中國共產黨建立的中華人民共和國佔領。

中華民國至今實際管轄區域為台澎金馬、東沙群島以及附屬於南沙群島的太平島和中洲島等地。1971年由於聯合國大會第2758號決議，中華民國失去聯合國的中國席位，由中華人民共和國取代。中華民國在該決議表決前已宣布退出聯合國，故中華民國一直主張「此決議對中華民國無約束」。但即使如此，也不能阻止國際社會多數承認中華人民共和國，並普遍認其為中國合法代表之現實。

依據憲法固有疆域的概念，中華民國的領域原本應該涵蓋目前中華民國（台澎金馬）、中華人民共和國（大陸）與蒙古人民共和國三國。但是在現實情況下，這個架構是不存在的。

支持台灣應該獨立者，認為應該透過「修憲」程序，將現行實質「有效管轄」的區域，轉化為「主權獨立」的範圍，亦即變成「中華民國在台灣」，或「台灣中華民國」[50]。

司法院大法官釋憲案釋字第328號要旨：中華民國領土，憲法第4條不採列舉方式，而為「依其固有之疆域」之概括規定，並設領土變更之程序，以為限制，有其政治上及歷史上之理由。其所稱固有疆域範圍之界定，為「重大之政治問題」，不應由行使司法權之釋憲機關予以解釋。

換言之，憲法增修條文解決的是目前統治主權的合理性，但對於領土主權中的「固有疆域」的解釋，則予以忽略而不處理。

（三）憲法與中國大陸的關係

1. 承認原有國土業已分裂

憲法增修條文開宗明義：「為因應國家統一需要，依照憲法第27條第1項第3款及第174條第1款之規定，增修本憲法條文如左」字樣，表示

在台灣的中華民國，並不會因為憲法作了增修，就會與傳統中國，或中國大陸割裂，另外成立一個新的、獨立的國家。但學者許宗力卻認為，這種字樣的標示，是表示憲法本身終於不再迷戀於法理上的大一統，從此正式並承認了原有國土業已分裂的事實[51]。憲法本文有關於國家的疆域還有其它問題，舉例來說，憲法本文還有涉及蒙古各旗代表產生的規定，事實上蒙古早已不在中華民國的治權範內，而且蒙古早已是世界各國公認的國家，也是聯合國的會員國，不再是中華民國的一省。所以如果分裂國家使用國家尚未分裂時的憲法，會面臨各種問題。

2. 分裂國家

　　從「分裂國家」的觀點來看，中華民國是由原本統一的國家，而分裂為與另一個政治體制（1949年後成立的中華人民共和國）不同的所謂「分裂國家」（divided nation）。但在台灣的中華民國，與在大陸的中華人民共和國，都源自相同的種族、歷史、語言以及文化。所以，國家分裂後，在國家認同上，分裂國家出現不同程度的「雙重認同」；亦即認同自己現有的政治體制，但也程度不等的認同另一個分裂的政治體制，這在分裂國家中是相當普遍的現象。

　　既然是「分裂國家」，仍需要一部憲法來規定國家的運作，但是分裂國家在憲法上普遍會有無法良性運轉的窘境。分裂國家的憲法，正由於有著統一的過去，在憲法的自我定位上，就出現「過去統一的大我，或現在分裂的小我」這兩種選擇。但分裂國家的憲法也可能一方面肯定大我的繼續存在，使大我的國家仍潛在於憲法規範之內，另一方面又正視國家已經分裂的現實，使其規範只適用於治權所及的政治秩序，僅保留未來擴及適用於潛在大我的範圍。以德國憲法學的概念來看，這就是有了「主權」與「治權」之分，而憲法則涵蓋了「未來法」與「現實法」兩種面向[52]。

3. 台灣獨立制定台灣新憲法者的主張

　　台灣現有一定人數主張「台灣應該建立新國家新憲法」，即台灣與中國大陸切割，完成台灣獨立。根據此一主張，論者認為依據國際法，國家主權以外對外行使為主，「主權在國內制度上歸屬於人民，但對外的主權實體是國家」。到目前為止，台灣在國際上並沒有國家身份。若有，充其量也只是「準國家」主體的存在。有人認為中華民國就是台灣人的「國家」，但在戰後50多年的台灣歷史中，中華民國在台灣的前半是與中華人民共和國互爭「國家主權」體制，甚至與中華人民共和國構成「一個中國」，並隱約成為台灣的「精神母國」。因此，「中華民國已喪失國家主權，成為中台關係在台灣的幽魂」；台灣人民正逐漸成為國際上的實體存在。是故，「以台灣為主權領域，運用社會契約的人民主權觀點，依民主憲政的原則，徹底脫離與中國的牽扯關聯，拋棄他國性質的中華民國憲法，制定與台灣主體相關的憲法，應是台灣人民發動人民主權的權利」[53]。這是主張台獨的觀點

　　另有台獨建國的支持者認為，國民主權也分為兩種，其一是超越憲法而存在的國民主權，是自然法下的國民主權；據此，國民可以革命、改變、推翻政府、改變憲法體制，行使抵抗權。其二是憲法體制內的國民主權，亦即修憲最終必須經由全體國民投票決定。而台灣要建立憲法秩序，「一定要在建國之後以制憲方式制定新憲法。因為新的國家沒有舊憲法可修改，當然不可能主張修憲」；這是台獨建國派主張制憲的原因[54]。但是這種主張並未得到多數國民的支持。

4. 兩岸特殊的關係

　　憲法增修條文第11條：「自由地區與大陸地區間人民權利義務關係及其他事務之處理，得以法律為特別之規定」，而根據此增修條文制定了「台灣地區與大陸地區人民關係條例」。

在「台灣地區與大陸地區人民關係條例」中,第1條:「國家統一前,為確保台灣地區安全與民眾福祉,規範台灣地區與大陸地區人民之往來,並處理衍生之法律事件,特制定本條例。本條例未規定者,適用其他有關法令之規定。」之類的文字,其中很明確的指出了「國家統一前」,這代表,法律承認國家目前是處於分裂的狀況,並不是統一的。

以現實情況來看,兩岸目前雖然實際上是「國與國」的關係,但一定會特別強調此種國與國的關係是「特殊的」,這是因為兩岸間的這種國與國關係,與一般國際關係上的國與國關係不同[55]。

5. 美國對兩岸關係發展的態度

(1) 反分裂法通過後

2005年中共通過「反分裂法」後,美國國務院發言人表態認為,「美國對法案的通過感到不幸(unfortunate)」,並認為該法案對兩岸形勢沒有助益。由於反分裂法是中共第一次明文指出可能使用「非和平手段」解決台海歧見,美國再重申鼓勵兩岸對話,支持和平解決台海議題,並反對任何一方的莽動。

由於美國支持「一個中國」的政策,遵守三個聯合公報,不支持台灣獨立。而且,美國反對任何一方單邊更動現狀的任何企圖,美國的態度是「繼續敦促雙方避免使緊張升級的行動」,以避免出現「反制-再反制」的循環。美國始終堅持,「兩岸各自通過法律或試圖界定事物並不是問題的解決辦法;雙方互相接近、進行對話才是解決之道」[56]。

(2) 經濟合作架構協議簽署前

2010年6月29日,兩岸簽署「經濟合作架構協議」(ECFA)後,美國國務院發言人表示,「新的協定代表中華人民共和國與台灣增加對話及互動,美國歡迎」。他並指出,兩岸關係近來不斷改善,「我們感到鼓舞;我們也希望這樣的關係能夠繼續擴大與開展」。綜合而言,美國官方的立場基本上是維持「兩岸擴大貿易可以增進和平,既可增進亞洲穩

定，也能增進東南亞的穩定，美國贊成這樣的發展」[57]。

第五節　憲法的變遷

一、憲法變遷的意涵

從上述各國憲法介紹中，可以看到各國憲法的變遷，然而，學理上又如何看待「憲法變遷」，是值得探討的課題。憲法變遷論為憲法變動論的重要一環，國外有關研究相當豐富；我國在這方面也有諸多的論著。學者林紀東即指出，憲法變遷可分三義：

(1) 指世界各國憲法，或某一國憲法發生或發展之經過而言。

(2) 指某一國憲法修改之經過而言。

(3) 指某一國之成文憲法，並未修改，由於解釋與慣例之變更，或國會之制定法律，使其實質上之含義變易而言。

第一意義之變遷，實為憲法之沿革之意，第二意義之變遷，則為憲法之修改之意。因此真正所謂憲法變遷，應指第三意義而言[58]。惟國內其他學者使用憲法變遷一語時，界定範圍未必與林紀東教授相同。

劉慶瑞將習慣、憲法解釋及憲法修改置於「憲法的變遷」一節中討論，認為三者都是憲法變遷的因素[59]。

此外，馬起華認為，憲法變遷的情況有二：第一是由於情事的變遷，帶動了憲法意義的變化，而憲法的文字並無改變；第二是由於情事的變遷，使憲法經由修正、解釋、慣例等方式而變遷[60]。謝瑞智認為，憲法變遷者，即透過習慣或政府公權力之解釋的運用，逐漸使憲法之正文或憲法之原意內容產生變化之情形[61]。

葉俊榮、張文貞則認為，民主轉型國家的憲法變遷，有四種主要的模式：轉型初期一次制憲、轉型初期一次大幅修憲、階段式制憲、多次

漸進修憲等等。他們認為，可以從主權因素、政權更迭、憲政傳統、國際干預的面向，探討憲法變遷。

憲法變遷不必然與民主轉型「路徑相依」（path-dependent），而可以是一個集體的制度選擇（collective institutional choice）。路徑相依的看法認為，民主轉型的路徑（path），不但與先前威權政體的結構有關，也會影響到後續民主鞏固（consolidation）的成敗[62]。

綜上所論，憲法變遷的意義不一，因學者而異。狹義的憲法變遷，專指憲法修改、解釋與補充。而廣義的憲法變遷則泛指憲法所生之一切變化，除憲法的修改外，憲法的廢棄、廢止、破毀及停止亦皆包含在內。本文則以憲法解釋、憲法修改來說明憲法變遷。

二、憲法解釋

（一）憲法解釋的可能

當制憲者通過立憲程序選擇了適當的行為模式，並賦予其國家最高意志的特徵之後，制憲作為一個過程便告結束。但是從動態上來看，法的「完整性只是永久不斷的對完整性的接近而已」[63]。

作為法律規範物質載體的語言文字，本身具有很大的侷限性，世界上的事務比用來描述它們的語詞要多得多，用有限的文字符號來表達無限豐富的客觀世界，是不可能做到一一對應精確表達的。正如洛克所言：「當我們用詞這樣形成的抽象觀念固定下來的時候，我們就有發生錯誤的危險。『詞』不應該看作是事物的準確圖畫，它們不過是某些觀念的任意規定的符號而已，不過是憑藉歷史偶然性選擇的符號而已，隨時都有改變的可能」[64]。

既然「字」或「詞」的含意可以在語言使用過程之中加以表現，便亦可以成為制定法律時必須接受的一種選擇。同樣，憲法的適用也只能透過解釋憲法的語言來實現。然而由於憲法具有高度的政治性和原則

性，憲法有時會出現有意或無意的模稜兩可，造成規範的模糊性[65]。

「憲法乃是制定憲法當時，運作不息之政治、經濟、社會諸力，所形成之平行四邊形諸力綜合的反映」[66]。所以憲法吸納許多亙古以來追求的價值；然而無可避免的，憲法又必須面對時代變遷而為因應調整。因此一部穩定的憲法必須體察民意的脈動，藉由高瞻遠矚的核心價值，透過憲法解釋賦予時代變遷的新意義，以落實國民主權原理。

（二）憲法解釋的理論

立憲原意、憲法規範的字面語意、釋憲者的意圖，這三項是最終解釋憲法的外部因素。憲法解釋學理上則有歷史解釋說、共時解釋說兩個觀點。

1. 歷史解釋說

歷史解釋說（theory of historical interpretation）強調的是嚴格根據制憲者的真實意圖而對憲法的規定進行闡釋和說明，即使憲法的含意不清時，也應根據制憲時的歷史資料、背景、條件來解釋憲法，否則就違背了制憲者的初衷。其理論基礎在於，制憲權是先於國家權力而存在的一種「始原的創造性權力」，是國家政治生活中的最高決定權，唯有國民才能擁有制憲權，它創造了那些分配並限制政府權力的最高法律規則，並最早把自由、平等的人權賦予給了那些長期以來處於無權地位的人數眾多的社會成員。因此憲法解釋必須嚴格按照制憲者的意圖進行；否則，不僅會侵犯人民的制憲權，也與憲政主義的原理不符。

2. 共時解釋說

共時解釋說（theory of contemporaneous interpretation）強調要把社會利益、價值、歷史條件、環境變遷與政治目標等各種因素，以及相關的社會發展現象一併考量，界定出憲法條文的意義。也要隨著外在環境

變遷，賦予憲法超越其初生之源的生命力。釋憲主體應該擁有較大的自由裁量權，協調平衡各種價值與利益，充實憲法新的含義[67]。

3. 解釋憲法的路徑

司法審查制度下，憲法解釋理論的演變大體上遵循了一種從追問憲法解釋本身的民主合法性，到憲法解釋方式的民主合法性的轉變。在美國憲法解釋中，不同的學者或者法官具有不同的立場和解釋方式，大體上的兩大陣營是原旨主義（Originalism）和能動主義（Activisim）。儘管兩個陣營內部也有分歧，但是卻共用各自的前提，這種前提也是界定這兩種解釋方式的標識。在面對司法審查制度中的「反多數難題」（Counter majoritarian Problem）時，任何一種解釋方式都必須樹立自身的立場，原旨主義和能動主義也是如此。兩種解釋方式都選擇利用民主來為自身的合法性進行辯護，利用不同的民主觀來做理論根基，背後隱藏的問題實質是依據何種民主觀念，即堅持形式民主還是實質民主；或堅持過去民主還是當下民主，即其間之差異[68]。

（三）解釋憲法的原則

李惠宗教授之整理研究，根據德國聯邦憲法法院所為之判決，歸納憲法解釋及應用的「原則」如下[69]：

1. 憲法統一性原則

此亦可稱為「一體性原則」，係指對憲法之解釋不應僅考慮個別的、單一的規範條文或其組合，應該將其與總體的、體系的關聯系絡中加以考慮，避免發生規範間的矛盾。

2. 實踐的和諧原則

亦可稱之為「實踐的最大可能性」原則，係指當以憲法條文解決問

題時，對於憲法所保護的每一種法益皆應予以適當涵攝，不宜動輒以利益衝突衡量之方式取捨價值。

3. 功能的正確性基準

當憲法以特定形式安排國家公權組織之任務與關係時，各公權組織應僅能受憲法所定之功能範圍內運作，有權解釋憲法之機關亦然。此基準顯有受「權力分立」原則之影響。

4. 整合作用的基準

亦稱「整合理論」，乃德國憲法學家Rudolf Smend對威瑪共和憲法之反省所作出的理論。此說以為憲法規範乃融合國家之政治、法律與文化價值等所形成之規範體系，故解釋憲法應顧及政治共同體之存續，期能以解釋憲法發生之作用，來整併、融合並創造共同生活體的維繫作用。

5. 憲法的規範力基準

憲法是一種實踐的社會規範，然而其實現的歷史條件卻變異不羈，因此應將憲法解釋成使其於「當下能發揮最佳作用之結果」；換言之，應通過憲法解釋使憲法條文發生效用。

三、憲法修改

（一）憲法修改的含義

關於憲法修改的概念，有兩種主要觀點。一種觀點認為憲法修改是在憲法正式實施以後，發現部份或全部規定與實際需要不相適應，經過有權機關依特定的程序，對憲法部份條文所做的重訂、修訂或者增刪。另一種觀點認為，憲法的修改除了直接變動憲法本文以外，還包括對憲法的「無形修改」；即未經修憲程序，對憲法未作任何文字變動，透過

憲法解釋、憲法判例、憲法慣例等方式，突破憲法的界限，而導致憲法的含義發生實質的變化。前一種觀點可稱為狹義的憲法修改，後一種觀點則為廣義的憲法修改[70]。

在憲法能否被修改的問題上，在憲法學理論和憲政實踐中也有兩種不同的態度。早期的憲政理論認為，憲法頒布後即不能修改，其理論基礎是自然法中的「社會契約論」。雖然契約並非不可更改，但是憲法的締約者是全體人民，因此，如果要修改憲法必須取得全體人民的同意，然而獲得全體人民的同意是不可能實現的。這些實例包括有1791年的法國憲法為「永久憲法」，1970年阿拉伯葉門共和國憲法、1973年蘇丹共和國憲法都是以「永久憲法」名義頒布的。

然而，有些西方學者不承認憲法是一種契約，只承認憲法是根本法；制憲行為也不屬於立約行為，而是立法行為；因此，憲法和普通法一樣，是可以進行修改的。目前，幾乎所有的成文憲法都明確規範了修改憲法的有關要件及修改程序[71]。

（二）修憲與制憲

「修憲權」為修改既有憲法之權，「制憲權」為創制新憲法之權；一般認為修憲權與制憲權的差異如下：

(1) **權力主體不同**：制憲權力的唯一主體是「全體國民」；具有修憲權力者則為憲法下的國家機關。

(2) **權力本質不同**：制憲權力為創造法秩序的力，不受實體法或程序法的拘束或限制，是外於憲法的國民主權之行使，也是一種政治行為；修憲權力既得自憲法，因此也是一種受到憲法規範的國家行為。

(3) **權力行使範圍不同**：制憲權力是至高無上的，原則上，不受任何限制，因此當然可以挑戰既有憲法的根本結構或內涵。修憲權力則是憲法下由憲法所創設的權力，因此，對於憲法的根本

內涵或重要的核心內容，不得修改。

然而，制憲與修憲如何區別，有時不必然以前述標準為判斷。對於主張「修憲無界限」者，制憲與修憲之區別，只在是否遵循憲法規定之修憲程序而已。依憲法規定所為之修憲程序即為修憲，未依憲法規定之修憲程序顛覆憲法者，即為制憲。另對於主張「修憲有界限者」而言，修憲若逾越界限，即使依修憲程序而為，亦應歸於制憲行為[72]。

第六節　本章小結

本章從憲法的分類以及憲法位階開始介紹，繼而選擇主要國家，介紹其憲法內容、產生背景以及變遷過程。在實際問題上，則對於實存的「兩岸兩憲」進行了初步探索；也點出當前我國憲政面臨的難題。

除了對於世界主要國家憲政有基本的認識之外，作者的目的在於使讀者能體會到憲政體制的設計對於人權保障的根本性與重要性。尤其讓讀者能認識到，中華民國建國百年後到今天所享有的民主成果，真的是一件得之不易的奮鬥歷程。但是，本章也客觀的提出了兩岸之間對於主權的歧異，不是靠著某種片面想法就可以解決的。

以「民主的中華民國」來比較「人民民主專政的中華人民共和國」；中華民國擁有多元表達的言論自由，對岸則否。顯現的是「人」與「國家」的優先次序問題。

在自由民主人權保障制度下的國家，信奉的是「人的本身即存在的目的；人先於國家存在」；在一黨專政下的國家，強調的則是「沒有國家那有個人；個人是國家大機器的小螺絲釘」，這是兩種截然不同、天差地遠的概念。真正的「民主」、「人權」也由此得到區別。

本章也藉由介紹中共憲法，來提醒當前國家安全最大的威脅，就是來自對岸的中共政權。

　　台灣社會自從解除戒嚴以後，來自於對岸的威脅並未消失，但是隨著時間的淡化，兩個地區的國民在非政府交流中，又創造了和平的新契機。不過關於中華民國與中華人民共和國的關係，這個政治問題，還有時間加以解決。

　　中華民國憲法增修條文前言，說明增修憲法的目的在於：「為因應國家統一前之需要」。那麼以此觀之，憲法既然是國民意志的產物，也是位階最高的法律，以法論法，現行的我國憲法應該是追求統一的憲法，用簡化的詞語來說，我國現行憲法應該是「一中憲法」；所謂的「一中」即以中華民國為中國的同義。但顯然，當前的政治領袖對於這個論斷都有所隱晦；主要原因在於「一中」這個名詞，讓人會以為指涉的是「中華人民共和國」。

　　若是透過理性分析，我們可以主張「一中」是指「一個代表中國的中華民國」，但這樣的說法在實務上要取得國民共識或者國際認同，尚有困難；於是執政者和國民都只能在「分裂的理念」中，各自表述；這是我國憲政實務上的一個難以解決的問題。

　　中華民國人民在政治意識形態上，很多都是透過數十年來的選舉過程而被塑造的。選舉足以使得台灣的民主化更向前邁進，但選舉競爭需要區別差異，才能突顯候選人與政黨，進而才能拿到選票贏得選舉。因此，為了突顯差異，許多政治主張不一定是在人民理性的前題下被政黨候選人提出；而是經過「民粹」的計算，而提出的。

　　台灣人民在充份「言論自由」保障下，經過歷次選舉的政治洗禮，大致被區分為「支持臺灣獨立」、「支持未來與中國統一」、「永遠維持現狀」等三種類型的意識形態；這使得國家不容易凝聚團結，憲法當然也不會被充份尊重。

　　要如何解決國家認同的紛歧，是中華民國目前的憲政困難問題。有人以為，「政治就像一群抱持不同國家角色概念的政治人物，彼此互相協商，以解決世界觀及國家角色定位歧見的過程；國家認同可以做為它

們全體的共識」。許多文化都富含多樣性，足以允許它在歷史上的不同時期，產生一個以上的國家定位概念。一個概念要在政治上變得有影響力，則必定要持有這種特定世界觀的政治人物出現[73]。

　　在政治領導人物還沒有辦法解決這個僵局之前，若從憲法生活化的角度來看，憲法的崇高地位或許需要被另一種國民精神來加以支持與保護；這種精神就是「愛國心」與「凝聚力」。現在台灣的「愛國心」很多時候是以國際性競賽場上的「中華民國國旗」作為代表。這也是在國家身份處境極為艱難下，國民為表達「愛國心」，所能找得到的一個「出口」。

第二章　學習回饋

規範性憲法（normative constitution）

名目性憲法（nominal constitution）

語意性憲法（semantic constitution）

憲法變遷（constitutional change）

📖 請回答以下問題

1. 憲法、法律與命令共同形成一個法的金字塔，稱為法的位階
（hierarchy of law），憲法位於最高位階，任何法規均不得違反憲
法，試加詳述其原理原則為何？
2. 試說明憲法的「形式分類」與「實施效果分類」。

✏️ 試作以下測驗題

1. 下述關於修改憲法的說明，何者錯誤？（98四等基層警察）

(A) 採剛性憲法之國家，修憲通常不能以國會的普通多數決議為之

(B) 修憲機關能否無限制修改憲法內容的討論，學理上稱為「修憲
界限論」

(C) 依我國司法院大法官解釋意旨，我國採取修憲無界限的立場

(D) 修憲應由修憲機關循正當修憲程序為之

2. 剛性憲法與柔性憲法的主要區別點為：（98四等基層警察）

(A) 是否具備單一法典　　(B) 憲法修改難易之程度

(C) 制定憲法的來源力量　(D) 憲法是否具有拘束力

3. 依司法院釋字第499號解釋之見解，下列有關修憲之敘述，何者正確？（98交通升資）

(A) 修憲仍有界限

(B) 修憲程序以秘密為原則

(C) 修憲行為如有重大瑕疵，仍得視情況補正

(D) 修憲乃直接體現統治者意志之行為

4. 奧地利著名的法學家凱爾生（Hans Kelsen）創立了下列那一種法學學說？（95警察三特）

(A) 自由法學　　　　　(B) 歷史法學

(C) 社會法學　　　　　(D) 純粹法學

5. 關於我國憲法在法令規範體系上的地位和性質，下列何者完全正確？（98交通升資）

(A) 公法、國內法、實體法、成文法

(B) 公法、國內法、訴訟法、成文法

(C) 私法、國內法、實體法、成文法

(D) 私法、國內法、訴訟法、成文法

註釋：

1. 雷飛龍譯，《比較憲政工程》，（台北：國立編譯館，1998）p.206.
2. 引自李建良，《憲法理論與實踐（一）》（台北：學林，1999）pp.196-197.
3. 吳庚，〈純粹法學與違憲審查制度〉，《當代法學名家論文集》（台北：法學叢刊雜誌社，1996）p.94.
4. Hans Kelsen, What is Justice, （California：University of California press,1960）
5. 楊智傑譯《憲法與政治理論》，（台北：韋伯文化國際，1982）pp.189-190.
6. 雷崧生譯，《法律與國家》，（台北：正中，1974）p.156.
7. 法治斌、董保城，《憲法新論》，（台北：三民，2003）p.5.
8. 李惠宗，《憲法要義》，（台北：元照，2001）p.59.
9. 陳豐榮譯，《比較憲法》，（台北：國民大會憲政研討委員會，1989）pp.4-7.
10. 林文斌、劉兆隆譯，《政治學》下冊，（台北：韋伯，1998）p.446.
11. 彭堅文等，《中華民國憲法概論》，（台北：今古文化，1998）pp.7-8.
12. 賀凌虛譯，〈認識憲法：憲法為管制權力的基本工具〉，《憲政思潮》第4期，1968年10月。
13. 任德厚，〈發展中之國家憲政問題〉，《憲政思潮》第43期，1978年9月，pp.120-125.
14. 王曾才，《西洋近世史》，（台北：正中，1996）p.149.
15. 雷賓南譯，《英憲精義》，（上海：商務書局，1930）p.137.
16. 雷飛龍，《英國政治制度論集》，（台北：台灣商務印書館，1977）p.2.
17. 唐士其，《美國政府與政治》，(台北：揚智，2001)p.88.
18. 王從聖，〈各國如何建立民主憲政制度？〉
    http://www.libertas2004.net/Article/ShowArticle.asp?ArticleID=325
    下載日期：2010年7月20日。
19. 製表參考王育三，《美國政府》，（台北：商務，1983）pp.27-54.以及林立樹，《美國通史》（台北：五南，2001）pp.92-93.
20. 王業立主編，韋洪武譯校，《最新美國政治》，（台北：韋伯，2004）pp.3-4.
21. 唐士其，《美國政府與政治》，(台北：揚智，2001)pp.60-61.
22. 荊知仁，《美國憲法與憲政》，（台北：三民，1991）p.2.
23. 王育三，《美國政府》，(台北：臺灣商務印書館，1998)p.145.
24. 高朗等譯，《美國憲政法改革論》，（台北：國民大會憲政研討委員會，1991）p.7.
25. 蔡宗珍，〈威瑪憲法與政黨政治〉，《當代》第140期，1999年4月），pp.72-79.
26. 我國憲法本文，仿照德國威瑪憲法之體系架構，包括了基本人權、基本政府與基本國策三個主要建構。見林騰鷂，《中華民國憲法概要》，（台北：三民，2009）。
27. 參閱賴麗琇，《德國史》下冊，（台北：五南，2003）p.609.
28. 參考陳新民，〈論「憲法委託」之理論〉，收於氏著《憲法基本權利之基本理論》上冊，（台北：元照，1999）p.37.
29. 陳敏、蔡志方譯《德國憲法學》，（台北：國民大會憲政研討委員會，1985）p.123.
30. 王章輝等譯，《革命的年代》，（台北：麥田，1993）p.96.
31. 薩孟武、劉慶瑞，《各國憲法及其政府》，（台北：三民，1985）pp.239-318.
32. 參見張台麟，《法國政府與政治》，（台北：五南，2003）pp.34-36.

33. 吳玉山，《俄羅斯轉型1992-1999：一個政治經濟學的分析》，（台北：五南，2000）p.139.
34. 張台麟，《法國政府與政治》，（台北：五南，2003）pp.117-127.
35. 劉家寧，《法國憲政共治之研究》，（台北：商務印刷，1980）p.101.
36. 陳瑞樺譯，《法國為何出現左右共治？歷史、政治、憲法的考察》，（台北：貓頭鷹出版社，2001）p.70.
37. 張台麟，《法國政府與政治》，（台北：五南，2003）pp.176 -177.
38. 畢英賢主編，《蘇聯》，（台北：國立政治大學國際關係研究中心，1983）pp.18-23.
39. 百度百科網頁「俄羅斯聯邦憲法」http://baike.baidu.com/view/1676993.htm下載日期：2010年7月1日。
40. 郭俊鉌譯，《日本軍國主義的社會基礎》，（台北：金禾出版社，1994）p.5.
41. 白巴根等譯，《日本憲法與公共哲學》，（北京：法律出版社，2009）。
42. 林金莖、陳水亮，《日本國憲法論》，（台北：中日關係研究發展基金會，1993）p.181.
43. 朱貴生著，《第二次世界大戰》，（台北：聯經，1995）pp.527-537.
44. 汪子錫，〈中共「三個代表」與文化霸權〉，《中共研究》第37卷第3期，2003年3月，pp.21-30.
45. 汪子錫，〈中共憲法人權保障與警察戕害人身自由的矛盾探析〉，《展望與探索》第7卷第10期，2009年10月，pp.87-107.
46. 汪子錫，〈中共警察「執法為民」的困境探析－從楊佳襲警殺人事件說起〉，《中共研究》第43卷第3期，2009年3月，pp.78-92.
47. 劉爾效譯，《德國與日本的省思》，（台北：絲路出版社，1997）pp.158-159.
48. 周道濟、蕭行易、馮滬祥編著，《國父思想理論與實踐》，（台北：大海文化事業，1988）pp.187-188.
49. 秦孝儀主編，《國父全集》第一冊，（台北：近代中國出版社，1989）p.623.
50. 黃昭元，〈兩國論的憲法分析：憲法的挑戰與突破〉，黃昭元主編，《兩國論與台灣國家定位》，（台北：學林，2000）pp.14-16.
51. 許宗力，〈兩岸關係法律定位百年來的演變與最新發展：台灣的角度出發〉，黃昭元主編，《兩國論與台灣國家定位》，（台北：學林，2000）p.131.
52. 參見蘇永欽著，〈從憲法的角度看兩岸政策〉，《歷史月刊》第166期，2001年11月5日，pp.60-61.
53. 李永熾，〈從人民主權看台灣制憲的正當性〉，黃昆輝總策劃，《台灣新憲法》，（台北：財團法人群策會，2005）pp.138-140.
54. 許慶雄，〈人民自決、制憲、公民投票與建國的關係〉，廖宜恩．林青昭編者，《台灣建國的理論基礎》，（台北：前衛，2000）pp.168-170.
55. 參見黃昭元等編著，《學林綜合小六法》，（台北：學林，2002）p.92.
56. 劉屏，〈反分裂法特別報導〉，《中國時報》第A4版，2005年3月9日。
57. 劉屏，〈兩岸簽ECFA美國主動表歡迎〉，《中國時報》第A1版，2010年7月1日。
58. 林紀東，《中華民國憲法釋論》，（台北：大中國圖書，1984）p.27.
59. 劉慶瑞，《中華民國憲法要義》（台北：三民，1975）p.17.
60. 馬起華，《憲法導論》，（台北：漢苑出版社，1983）p.84.
61. 謝瑞智，《憲法新論》，（台北：文笙書局，1999）p.787.

62. 葉俊榮、張文貞，〈路徑相依或制度選擇？論民主轉型與憲法變遷的模式〉，《問題與研究》第45卷第6期，2006年11、12月，pp.1-31.

63. 范揚等譯，《法哲學原理》，（北京：商務印書館，1961）p.225.

64. 引自李珩譯，《科學史》，（北京：商務印書館，1975）p.271.

65. 韓大元主編，《憲法學》，（北京：高等教育出版社，2006）pp.95-96.

66. K.C.Wheare，引自李鴻禧，〈改造憲政體制之若干憲法學見解：修憲與制憲之探索〉，收於《憲法與人權》，台北：台大法學叢書編輯委員會，1985）p.371.

67. 韓大元主編，《憲法學》，（北京：高等教育出版社，2006）pp.98-101.

68. 侯學賓，〈美國憲法解釋中的不同民主觀一原旨主義和能動主義之比較〉，http://www.d1lw.com/a/falvlunwen/xianfa/20100608/4052.html
下載日期2010年7月20日。

69. 李惠宗，《權力分立與基本權保障》，（台北：韋伯，1999）pp.40-54.

70. 韓大元主編，《憲法學》，（北京：高等教育出版社，2006）p.111.

71. 韓大元主編，《憲法學》，（北京：高等教育出版社，2006）pp.111-112.

72. 李念祖，〈從現行憲法規定論創制、複決之種類及其憲法基礎〉，《憲政時代》第27卷第2期，2001年10月，p.9.

73. 石之瑜，〈近代中國對外關係新論：政治文化與心理分析〉，《當代國際政治學中的戰爭迷思》，（台北：五南圖書，1995）pp.225-226.

第三章　民主與人民權利

學習地圖

　　本章介紹民主主義的起源以及意涵，並說明五種主要的民主理論類型。以闡明「自由」、「平等」為民主的內涵。在「民主化」成為全球化下的一個潮流時，本章特別介紹資本主義的民主觀與共產國家「特殊的民主觀」。本章所提及的相關課題，可參考以下的學習地圖。

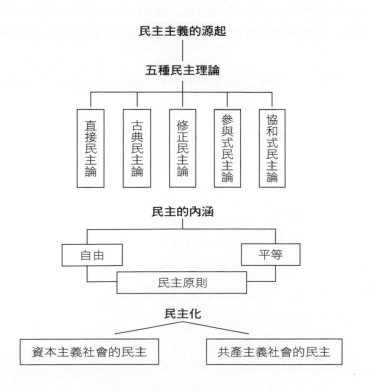

第一節　憲政主義與民主

一、民主的價值

　　現代民主國家依循憲政主義（constitutionalism），以憲法作為國家權力統治的基礎；憲法明定了權力制度與政府組織運作過程，形成一套國家政治模式與基本規範。憲法不但規定了政府各部門之間的職權，最終則實現在人民權利獲得有效的保障；憲政主義顯然必須出示某種「民主保證」。然而，「民主」是什麼，如何讓「民主」不只是政客的「口水」而已，經歷了漫長的爭辯過程。

　　雖然都自我宣稱是「民主國家」，但在不同的意識形態下，顯然出現了不一致的「民主風貌」。例如共產中國或者北韓，都是「民主共和國」，但其民主風貌與世界其它國家明顯不同。如果民主是一種「絕對價值」，那麼早就可以在這種絕對價值規範下，締造永恆的世界和平；但是真實世界並不是這樣。而如果民主只是一種「相對價值」，那麼它就必然包含了自我否定的可能性。歷史上的多次民主逆流，例如發動二次世界大戰的納粹（Nazi）也是滋生在「民主」的德國。這說明，想要弄清「民主」的真意，或許要從更多不同角度加以探討。

二、民主主義的源起

　　追溯民主主義的根源，要追溯到紀元前5世紀的雅典，或宗教改革時期的宗教平等主義，或17世紀英國的急進主義，或洛克的自然權利理論、盧梭的浪漫主義，甚至美國開國元勳的政治宣言等[1]。

　　從不同角度來看民主，會有許多不同的說法。有一種看法認為，民主政治是民意政治、法治政治、責任政治。也就是說，凡是政府的作

為合於以上標準，以法為治，並且對人民負責者，即符合民主政治的定義。另有一種看法，則以為民主政治是代議政治，所以選舉和議會有莫大的重要性，否則就不是民主了。又有一種看法，以為民主政治就是自由政治，此自由為言論、出版、集會、結社等自由，且必須是多黨制才有自由可言。還有一種看法認為民主政治就是多黨政治，因此要重視反對黨的言論自由，並以之作為測量是否達到民主的標準。以上各種說法各有所偏，而且並沒有全面的掌握到民主的根本[2]。

17世紀為近代民主思想觀念誕生時期，洛克著《政府論兩篇（Two Treaties of Government）奠定民主主義理論基礎，強調人民為最高權力者；彌爾頓（John Milton）著《自由的共和國論》，主張民主，並且強調人類自由的本性。

熊彼德（J. A. Schumpeter）對古典民主主義所下的定義是：「民主方法乃是為達成共同利益的決策安排，人民藉著選舉來決定共同利益以實現他們的願望」。熊彼德指出，古典理論是從小規模典型發展出來的18世紀理論，也可稱之為「功利主義者」[3]。

密爾（John Stuart Mill）師承邊沁（J.Bentham）的功利主義並加以發揮，主要觀點是反對「修道院式的道德」，而要追尋「最大多數的最大快樂」。一方面主張每個人應當謀最大多數人的最大幸福，一方面認為每個人都應該追求最大的快樂。而且「一個人對自身感情的改進是所有道德的基礎；自我教化並非理性知識，而是人的天性中不可或缺的」[4]。也就是說，追求最大多數人的最大幸福，才是真正的道德；也就是民主的目標。

密爾的主張與孫中山的「權能區分」理論具有相當關係。例如，在密爾的設計中，「人民議會」（popular house）因人數眾多而不需擔負立法功能，只要決定制定什麼樣的法律即可，再交由「立法委員會」來議定其內容，最後經「人民議會」通過即算完成。人民議會與孫中山設計的國民大會，屬性十分接近[5]。

1864年，林肯（Abraham Lincoln）發表蓋茲堡演說，頌揚「民有、民治與民享的政府」優點，就是「民主政治就是將政府與人民連結在一起」[6]。孫中山領導革命時期所宣稱的「要為四萬萬人謀幸福」，也多少就是這個意思。

而從政體來看，柏拉圖把政體分為三類，其中有一種屬於「民主」。他認為由一人統治的，是「君主政體」；由少數人統治的，是「貴族政體」；由多數人統治的，則是「民主政體」。因為君主只有一人，貴族實屬少數；惟有人民才是多數，所以民主政治又有「庶民政治」或「民眾政治」之稱[7]。

第二節　五種民主理論類型

雖然民主的定義分歧，思想家與學者各抒己見，但若以時間順序劃分出不同的「民主」理論類型，有助於探討「民主」的意義。參考李西潭教授之分類，民主理論有直接民主理論、古典民主理論、修正民主理論、參與民主理論等四種類型[8]。另外李菲特（Arend Lijphat）以荷蘭為研究對象，提出「協和民主」（consociational democracy）的類型。理論類型的說法並不代表彼此截然不同，只是勾勒出一個輪廓而已，彼此之間仍然具有互滲的部份。依據不同的主張，可能有多種民主闡釋，以下介紹五種民主理論的類型。

一、直接民主理論

最早的民主制度見於西元前5世紀，古希臘雅典城邦也被視為「直接民主」理論的實踐地點。希臘政體之所以堪稱「名符其實的民主政體」，主要是因為「統治權屬於大多數人而非少數人」[9]。但是由於其中的婦女和為數龐大的奴隸沒有政治參與權利，其實尚不能稱為「完整

「無誤」的民主；但其諸多作為之所以能夠影響至今，主要在於其政治運作架構的先進與完整。

雅典城邦政治運作中心乃是「公民大會」，在公民大會下而有「五百人會議」、「陪審法庭」「執行官」及「將軍團」。這些組成份子都是經由選舉、抽籤或者定期輪替等不同方式產生。

雅典城邦劃分為大約百餘個村社（demo），再按村社規模的粗略比例選舉候選人，在議事會或其他機構「代表」他們。候選人的初選由抽籤決定，這些當選者被推舉加入一場候選人的「競逐」。最後，透過抽籤的方式，挑選出實際從事政治服務的候選人。另外具有指導並向議事會出建議的「五十人委員會」是由議事會的人輪流組成，各擔任一年任期的十分之一。從各機關人員的產生方式來看，這種政治運作是以公民直接訴求為主，並由公民直接決定參與政府組織的人選，以便進行公共事務與服務。其相關政治機關及運作分別說明如下[10]：

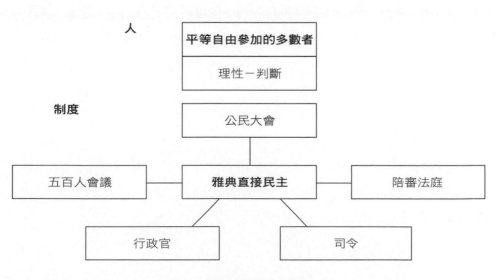

圖7　雅典直接民主運作示意

（一）公民大會

公民大會是雅典城邦的最高權力機關，原則上20歲以上雅典男子皆屬於其中的成員。公民大會一年召開40次以上，法定參加人數約有6千人；但是排除奴隸、外國人與婦女。在公民大會中參與者可以提案、討論、修改提案等。一般提案採舉手表決，有關選舉和放逐事項，則採抽籤或投票方式進行。

（二）五百人會議

五百人會議是實質的「雅典政府」，這是公民大會的常設機構，由30歲以上公民抽籤選出，不得連任。議會設有主席團，從雅典10個選區中各選50人輪流組成，即「五十人委員會」，每一區之任期各為一年的10%（約36天），幾乎每年會出現10屆的雅典政府。

（三）陪審法庭

陪審法庭也就是「人民法院」，是最高法庭。其職能在於審理訴訟案件，兼管官吏的資格審查，並且執行紀律檢查和投票表決法律。法官由30歲以上的公民抽籤產生，任期1年，不得連任，但婦女不得擔任。每個人約每隔3年就可以擔任一次法官。審理訴訟案件前，由抽籤方式決定何人至哪一庭，審哪一案。

（四）行政官

人數為10人，任期1年，經由抽籤方式產生，其執政成果須交人民法院審查，若是執政成果不佳，嚴重者將被判死刑。故行政官為免橫禍，皆能安分其位。

（五）司令

雅典每一區皆由人民選出一位司令，或也稱為「將軍」；由各區司令中選出一位總司令，總司令若在次屆能夠繼續連任，則人民法院對於其前一年的施政無庸審查。總司令所提正式法案皆須經公民全體通過，故總司令須以「雄辯」說服公民。一任總司令有可能任期長達30年之久。

綜觀雅典城邦的民主理論基礎有三：（1）多數人統治，（2）法律之前人人平等（專指有政治權利的人），（3）個人擁有參與政治生活的自由；而其理論基礎根源於信仰「人是理性的動物」[11]。

雅典民主制度有其貢獻的部份，但在很大程度上，是以它的「排他性」為基礎的，未必符合今日「平等原則」的標準。雅典城邦的直接民主參與者，是在嚴格限制公民權下展開的。雅典的政治文化可以說是「成年男子」的文化，只有20歲以上的雅典男子享有公民權。這種民主制度是家長式的民主制；婦女沒有政治權利，而且他們的公民權利也受到嚴格限制。雅典還有大批沒有資格參加正式活動的居民，這些人包括定居雅典已經數代的「移民」；還有一大群受政治排斥的奴隸，估計奴隸對自由人至少是3比2。幾乎所有的農業、工業、採礦業都利用奴隸。雅典直接民主在「政治平等」的概念上，與今日的標準還相去甚遠[12]。

二、古典民主理論

古典民主理論是指出現在17世紀至20世紀初的民主相關論述，其重點恰與希臘的直接民主不同，而是基於領土幅員與人口增加後，必須採行代表制的「代議制度」（representative system），才可能實現民主。古典民主理論的代表人物眾多，諸如洛克（John Locke）、孟德斯鳩（Montesquieu）、彌勒（John S.Mill）、麥迪遜（James Madison）等

等政治思想家[13]。古典民主理論有一脈相承的立論,也有個別獨到的見解。他們的共同點在於著重於啟發民主價值與民主的實踐,強調民主政治的道德目標,提供了一套民主的基本規範,因此古典民主理論也被稱為「規範的民主理論」[14]。

古典民主理論假設人是以「自利」為核心的理性動物,因此公民的政治行為是可以具備理性的、道德的,而不是盲動的。由於人們對於政治事務有濃厚的興趣,因此人人都會積極參加政治工作,當人人都願意積極參政的情況發生時,民主就能夠獲得充分的實踐[15]。古典民主理論的民主觀念大都是從自由、理性的「個人主義」出發,並對人性及社會特質的基本假定作為信念的基礎,由此而產生民主的理想。

古典民主理論揭櫫的道德目標是「公民的自我發展」,他們認為積極參與公共事務,可以使個人祛除自私,培育以公益為重的合作習慣,使人格更趨於完美。而惟有公民都具備這種善良的政治人格時,才能確保社會進步[16]。以下簡述其中幾位代表性的觀點[17]。

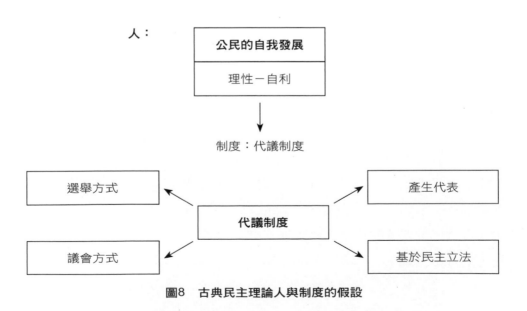

圖8　古典民主理論人與制度的假設

（一）孟德斯鳩

　　孟德斯鳩極力鼓吹「代表制」的可行性及實現民主的優點，他認為在直接民主制度下，有積極參與的公民獻身政治社會生活，而這些人又都能深刻體認公民義務的意識。不過，17-18世紀中歐，能夠繼續雅典城邦直接民主制度的主客觀條件，都已經不復存在，因此，他提出「代議政治」。孟德斯鳩指出：「雖然在一個自由的國家裡，一切被假定為自由行為者的人都應該是他自身的統治者，所以立法權力應當屬於人民全體。但是這種情形在大國是不可行的，而在小國又容易遭遇諸多丕變，因此人民應該透過他們的「代表」來處理他們自己所不能處理的事情」[18]。在孟德斯鳩看來，直接民主的某些部份是勝過代議政治的，但是基於現實環境的考量，要把直接民主轉換為間接民主，是必要的妥協與改進。

　　研究孟德斯鳩的當代義大利學者馬斯泰羅內（Salvo Mastellone）認為，孟德斯鳩關於民主的主要論點是：「沒有分權的政府應該被視為專制政府；立法權應該委託給議會，就是真正的民主」，此一定義實已成為歐洲民主演變過程進行系統研究的出發點[19]。

（二）麥迪遜

　　麥迪遜（James Madison）在《聯邦論》中則舉出直接民主的弊病，並極力鼓吹實施「代議政治」。他認為，純粹的直接民主制度，往往會產生偏狹的後果，其影響不只是不正義而已，而且也不能持續穩定的政局。採取直接民主的國家，由於多數公民容易被利益動員，導致不理性的政治判斷和行動[20]。因此，惟有實施代議制度，才能避免直接民主的弊病。

（三）彌勒

彌勒（John S.Mill）是古典民主理論的代表人物之一，他的觀點很大程度影響了現代代議制度的走向。他認為代議民主的民主政治，是「理想中最好的政府型態」。基於民主政府主要目的在於保障個人，因此必須提供每個人的人格發展機會。為此，民主政府的運作，需依賴公民的責任感、政治參與的高度興趣，與理性的政治行為等[21]。

三、修正民主理論

從1960年代以來，修正民主理論在歐美的政治學界取得重要地位，很多古典民主理論的思想，都被修正民主理論的觀點加以取代。修正民主理論的重要代表人物有熊彼德（J.Schumpeter）、薩托利（Giovanni Sartori）、道爾（Robert Dahl）等人。相對於古典民主論屬於「規範性理論」，而修正民主理論則又被稱為「實徵理論」[22]。

人：

人民是政府的生產者
靠票選決定統治者

制度：菁英政治的形成

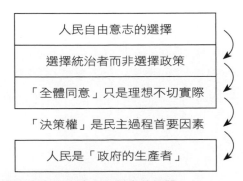

人民自由意志的選擇
選擇統治者而非選擇政策
「全體同意」只是理想不切實際
「決策權」是民主過程首要因素
人民是「政府的生產者」

圖9　熊彼德修正民主理論人與制度的假設

（一）熊彼德

熊彼德（Joseph Schumpeter 1883-1950年）是將「菁英理論」（elite theory）引進而對古典民主理論進行修正的第一人。他曾擔任過奧地利財政部長，在擔任哈佛大學教授期間，他出版了《資本主義、社會主義與民主》（Capitalism, Socialism,and Democracy）一書，提出他對民主嶄新的看法[23]。

他指出：民主並不意味著，也不可能意味著，老百姓可以確實按照「人民」和「統治」這兩詞語的明顯意義來進行。民主不過是意味著人民有機會接受或拒絕將要統治他們的人。因為「全體人民可以同意或可以透過理性討論而同意」的幸福概念，是不存在的。而且「無論人民參與民主的程度有多少，政治權力始終都是在菁英階層當中轉讓」。他認為，因為人民有不同的需求與價值，即使有，在實現的手段上，也會有極大的分歧；因此「全體同意」是不可能發生的，最多只是一種「理想」而已。反過來說，「決策權」才是民主過程的首要因素，人民不過是「政府的生產者」而已[24]。因此，民主政治只是人民選擇決策者的一種特殊程序，人民參政僅限於選擇領導者而已，超過此種限度的參政，實際上是不可能的。

（二）薩托利

薩托利（Sartori Giovanni）在《民主新論》書中認為，民主可以有「微觀民和「宏觀民主」（microdemocracy and macrodemocracy）之分；又可以用「縱向民主」和「橫向民主」（vertical and horizontal democracies）加以區分。前者指統治者和被統治者之間的縱向關係，即「代議制」的關係；後者是指社會輿論、群眾參政所構成的橫向政治，亦即全體政治的基礎。（參見圖4）。

薩托利稱「縱向民主」為規範性的民主論，是理想中的模式；「橫

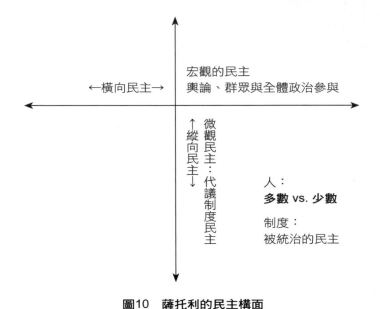

圖10　薩托利的民主構面

向民主」則是描述性的民主，是真實社會的現象。如果以前者追求民主，民主會像任何烏托邦一樣，難以實現。反之，如果僅僅滿足於現實中的民主，則民主會只剩下一堆沒有價值維繫的「權術」而已，它沒有能力提供進步的動力[25]。因此，要解決「人民主權」名義上掌權與實際行使權力的問題，應該取決於(1)有限的多數原則；(2)選舉程式；(3)代表權的轉移。他認為，這可以說是現代民主制度的寫照。他認為：在任何政治制度下，真正參與政策決定的都是少數，因此決定由誰來領導才是關鍵[26]。

　　薩托利論斷：現代民主只能說是「被統治的民主」。民主的關鍵並不在於被統治的多數能否親自掌握和行使政治權力，而在於多數能否有效制約統治的少數。而實現民主的目標，最基本的前提是確保公民的個人自由，其中又以「政治自由」最為優先。

（三）道爾

道爾（Robert A.Dahl）自1970年代開始發展如何「衡量民主」的指標，他認為民主政治必須符合「公開競爭」與「包容」兩項標準。「公開競爭」代表政體自由化的程度，「包容」則是平等原則普及化的表現。道爾以是否符合前項標準，來評定其是否屬於「多元政體」（polyarchy）。

道爾認為「多元政體」才是符合民主制度的政治體系，此一政體的評量指標包括「三項機會」與「八項制度保障」（參見圖5）。三項機會指的是人民可以形成偏好、人民可以自由的向他人或政府表達偏好、人民的偏好受到政府重視等。八項保障是結社與參加社團的自由、表達意見的自由、投票權、擔任公職的權利、政治領袖爭取支持或選票的權利、可選擇的資訊來源、自由而公正的選舉、政府決策須依賴選票與其它足以表達人民偏好的制度等[27]。

道爾認為認為，「權力屬於人民」的說法只能原則性的確定權力來源和權力合法性，但卻不能保證可以具體實踐。因為，在建構民主政體的過程中，既需要理想也需要考量現實，二者偏一不可。想要靠現實主義或理想主義，根本不可能建立任何民主政體。在新的政體建立之後，只能利用「代議制」的仲介原則，才能將一切權力屬於人民的理想，轉變為能實際可行的制度現實。

道爾以85歲高齡再度出版《論民主》（On Democracy）一書，這本書總結了他先前所倡議的「多元政體」模式，以有效參與、平等投票、充分資訊、控制議程、普遍公民資格等5項要素作為衡量民主政治的標準[28]。

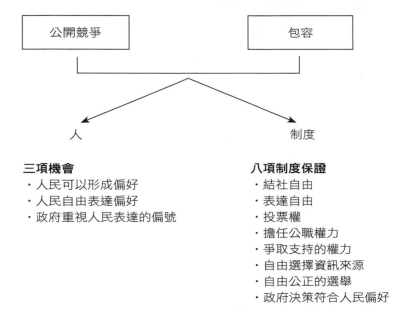

公開競爭	包容

人　　　　　　　　　　制度

三項機會
- 人民可以形成偏好
- 人民自由表達偏好
- 政府重視人民表達的偏號

八項制度保證
- 結社自由
- 表達自由
- 投票權
- 擔任公職權力
- 爭取支持的權力
- 自由選擇資訊來源
- 自由公正的選舉
- 政府決策符合人民偏好

圖11　道爾的多元政體構面

四、參與式民主理論

　　19世紀末、20世紀初在美國出現了進步運動（Progressive Movement）。其發展原因是當時美國各州及地方政府已為少數政黨領袖所宰制，他們以有利於自身權力慾望或其商業利益的方式，主導政治體系。為了改變這個弊端，有許多不同的人民直接參與政治的方式被提出，其中一項即是公民投票機制，其主要訴求是「治療民主之惡的藥方乃更多的民主」[29]。這是屬於「參與式民主」一類的實現方式。

　　「參與式民主」（participatory democracy）的基本理念接近「古典民主理論」，但它更具「行動綱領」的意味。此學派的人認為民主參與的場合，不應只限於政治組織如國會或政黨之類，應普及於其他一切影響人民日常生活的建制中，如工廠、學校、公司，因為這些建制內存有

權力關係，這種關係對社會成員的利益具有嚴重的影響。市民若要履行公民權責，他們必須具有「公民參與」（civic participation）的公民態度與價值觀，這樣才能達致「參與性公民」（participatory citizenship）的行動目標情操。參與式民主理論又被稱作「急進的民主理論」（radical deomcracy）。代表學者包括卡理爾（Henry Kariel）、保圖摩爾（T. B Bottomore）、巴契哈契（Peter Bachrach）等人[30]。

（一）卡理爾

卡理爾（Henry Kariel）針對傳統自由主義對於中央集權以及國有化與戰後多元論等觀點作一比較，發現財團與企業的私人利益已經過分的受到國家保護，而且他們在獲得利益後，沒有被要求任何相對的公共責任，這個現象顯示出國家的治理能力逐漸式微。而發展到最壞的情況，則是國家將權力拱手讓渡給私人企業與工會。卡理爾指出，社會上有相當一部分得不到「代表」或足以「充分代表」的利益主體，讓代議制度無法實現民主。例如消費者基金會、環境污染受害者聯盟等等，其利益即很難從代表制中得到解決。還有處於政治及經濟地位不利的群體、利益分散的群體，他們的訴求，既沒有制度提供進入政治討論的機會，也缺乏形成呼籲及抵制力量的能力。

卡理爾批判菁英論、代表論，認為：「在崇揚自由、公開和寬容的多元論背後，掩蓋的是社會決策中帶有的種族、性別和壓制分散利益的傾向」，他認為實際操縱著決策過程的，往往是那些真正有力量參加競爭的利益集團。[31]。

（二）保圖摩爾

保圖摩爾（T. Bottomore）是主張參與式民主的論者之一，他認為，國家給予公民身份與角色，以方便其行使社會群體中的權利，因此，公民是社會人，也是政治人。國家在法律上給予公民的地位及界定

```
┌─────────────────────────────────┐
│   人：社會人也是政治人            │
├─────────────────────────────────┤
│  制度：更多的參與管道            │
│        更多的參與機會            │
└─────────────────────────────────┘
```

圖12　參與式民主對人與制度的假設

其資格是「形式的公民權責」（formal citizenship）；公民因為這種身份的認同而履行其角色內的權利與義務，這便是「實在的公民權責」（substantive citizenship），而我們身處的社會既同時具有形式和實在的公民權責，因此需要提供更多實質上具有影響力的參與政治的方式，以及更多可以參與政治的管道[32]。

（三）巴契哈契

巴契哈契（Peter Bachrach）將社會分為「有權的少數與無權的大多數」，即「統治者」與「被統治者」。統治集團即菁英壟斷權力，大眾除接受菁英的安排以外，別無選擇。此一觀點即「民主菁英理論」（Democratic Elitist Theory）。依其看法，平等開放的多元主義理想由此淪為實際上「多元利益集團政治」所掌控，公共利益則淪落為菁英掌控的遊戲而已。因此需要以「政治參與」來加以改變。「政治參與」最重要的是從教育著手，透過教育來促成議題更加為人所通曉，公民從此更加自足；例如公民投票（Plebiscite）就是參與政治的方式之一。他認為「政治參與」在政治過程中增加了公共參與的機會，可以回歸真正的民主，也可以透過參與來達到政治的積極效果。從另一個角度來看，政治參與者並不需要涉及建構政治共識與否，只要能夠提供一種自我表達的機制與辯論的機會即可有助於「政治參與」[33]。

參與式民主的觀點啟發了日後公共事務管理的新思維，如社區自覺與自治、公眾參與，以至於公私部門協力關係。參與式民主相信，想要

落實真正的「主權在民」，必須有更多的參與管道。

五、協和式民主理論

李菲特（Arend Lijphat）提出「協和民主」（consociational democracy）的類型來描述荷蘭的民主政治實況。其所著《包容的政治：荷蘭的多元主義與民主》（The Politics of Accommodation: Pluralism and Democracy in the Netherlands），以荷蘭為協和式民主的原型，是另一種民主理論類型。

根據李菲特的研究，荷蘭在幾個世紀以來，已明顯的被區分為四個不同的「傳統基柱」（pillar），分別是天主教徒、基督新教徒、社會主義者和自由主義者。當這些南轅北轍的信仰與價值觀匯聚在一起，當然出現難以融合的麻煩。在真實的生活中，經常出現嚴重對立，其嚴重的程度甚至危及到民主政治的穩定。包括報紙、工會、俱樂部、婚姻、鄰居等等都會出現「多元而且對立」的局面。然而，從1917年之後，荷蘭發展出「協和式」的民主體系，有效化解對立並且維繫了荷蘭的民主政治。

李菲特指出「協和民主」的基本架構，包含四個因素：

1. 菁英組成聯盟（elites coalition）。

2. 相互否決權（mutual veto）。

3. 比例原則（proportionality）。

4. 社會分部自主性（segmental autonomy）。

「菁英組成聯盟」讓代表不同族群團體或集團的領袖們能夠常聚會議事，以此種方式儘可能包容各方面利益，也以此來促成不同集團間的相互合作。在中央政府制度決策，則採取「相互否決權」的設計，主要在於保障少數者的利益。因為棄而不用「多數決」（majority decision），降低了少數者的疑慮。透過協商、交換、溝通的過程，以最終能夠達成互惠的共識或協議為目標。協和民主與傳統民主最大的差異，就在於其不動用表決[34]。

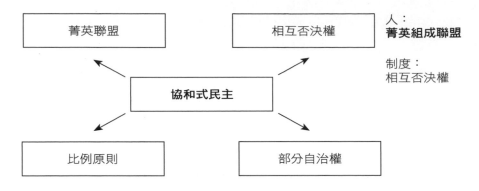

圖13　李菲特協和式民主的基本架構

第三節　民主的基本內涵：自由、平等

在上述諸多民主理論類型中，民主擁有基本的、共同的內涵，即要實現「主權在民」的理想。最基本的權利當屬自由權、平等權二者。數百年來，人們談論民主時，絕對不會忽略關於自由與平等的探討。而人類追求自由、平等的歷史，更展現了憲政主義的奮鬥歷程。

在自由權的政治作用部份，可以說立憲國家所奠立的自由，除了人民參與國家事務的積極面以外，還有消極的面向，就是「國家保證不能觸犯個人自由」。而人民自由的另一層意義則是「國家屬於全民」、「國家不能為所欲為」[35]。

在平等權的政治作用部份，可以說民主政治的基本精神就是要承認國民權利具有同質性，每個人的意見都具有同等價值，惟有如此，才可能建立「多數決」的民主機制[36]。可以說自由權與平等權二者是民主制度最重要的基石。

一、先哲關於自由權、平等權的觀點

　　自由主義（liberalism）思潮起源於17世紀，然而影響自由主義深邃的核心觀念：自由與平等，卻可以回溯到古希臘城邦政治時期。Democracy（民主）一詞是由兩個希臘字根所組成的：一個是demos（people/人民），另一個是kratos（rule/治理）。所以，民主的核心意涵是指「一種由人民治理的政府」（government ruled by the people）[37]。

　　亞里斯多德依據國家權力歸屬，將國家區分為君主政體、貴族統治與民主制度三種形式。國家形式類型所涉及的，不僅是依照國家權力擁有者的數量來劃分，而且參與統治的人數及其目的，也會產生實際政治上的結果。就整體而言，在君主政體中，國家權力的運作是由上而下，而在民主制度中，則是由下而上。並且君主政體是一個「他治」的的統治秩序，而民主制度是一個「自治」的統治秩序[38]。

　　孟德斯鳩曾說：「沒有一個字像自由被賦予如此複雜的意義，和在人心中引起更複雜的情緒」。英國Lord Acton說：關於自由這一個觀念，共有兩百個定義，由於解釋的不同，除了神學之外，比任何其他學說使人類流了更多的血[39]。

　　洛克以自然狀態來探討自由民主，他認為，自由、平等與獨立是一種自然狀態，是生而獲得的自然權力。任何人都不能去壓迫其他人，任何人亦無需受別人宰制。人類社會之所以成立國家，並受其統制，起因於在自然狀態之下之所需。如果各人都為了追求一己之自由、平等與獨立，則社會秩序不免發生紊亂紛爭。因此，為求在自然狀態下的和平秩序，人們同意放棄個人部分權利，將此部分權利讓渡出來，賦予國家權力來定亂止紛[40]。

二、自由主義的要素

倫敦政經學院教授葛瑞（John Gray）在1986年出版的一本小冊子中指出：「正確地理解自由主義，關鍵在於認識其歷史獨特性，它在某種確定的文化環境和政治環境中的起源，以及它在近代早期歐洲個人主義脈絡中的背景。因為，自由主義雖沒有單一的、一成不變的性質或本質，但卻有一組鮮明的特徵」。

葛瑞認為，這一組鮮明的「特徵」要從歷史危機來觀察。例如16和17世紀歐洲封建秩序的瓦解，18世紀最後出現的法國革命和美國革命；19世紀下半葉出現的社會主義群眾運動。在這些危機發生之前，極權主義已幾乎要侵蝕掉自由社會。以此看來，自由主義早在17世紀的英國萌發形成；當自由主義觀念在日後一再受到挑戰時，它們會經過重新塑造，但並沒有變得面目全非。

在這個基礎上，葛瑞追溯歷史發展，並且考察諸多思想家的觀點，歸納出自由主義傳統的四個基礎要素[41]。

1. 個人主義，即斷定個人相對於任何集體都具有道義上的首要性，可以說是自由主義化約到最後最重要的主張。

2. 平等主義，它賦與所有人相同的道德地位，否定人類的道德價值差異與法律秩序或政治秩序存有任何關聯。

3. 普遍主義，也就是肯定人類道德的統一性，認定特殊的歷史和文化形式都只具有次要的意義。自由主義相信，其追求目標與實踐方法，可以放諸四海而皆準，是所有具有理性的人類所能共同接受的。

4. 改良主義，認為所有的社會制度與政治安排都可以得到糾正和改善，只要經由理性的作用來「除魅」，人類未來的世界會一天比一天進步。正是這些構想，使自由主義得以跨越各種變體的巨大歧異，進而構成一個具有統一性的哲學傳統。

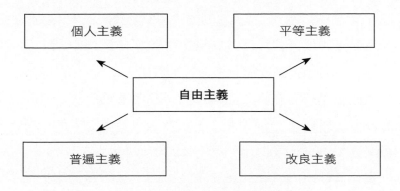

圖14　葛瑞自由主義的基本要素

第四節　民主與民主原則

民主是民治政府的一種表現形式，意指一個國家的人民，具有某種形式的的政治平等。然而，民主觀念的歷史相當複雜，而且充滿相互衝突的概念，因此有許多不同的見解。西方國家使用民主一詞，可能有幾種不同的用法，例如：

(1) 由全體公民經多數決制定決策，這是指直接民主；

(2) 選舉代表制訂決策，這是指代議民主；

(3) 憲法保障所有公民享有某些個人或集體權利，這是指自由或憲政民主；

(4) 縮小社會與經濟差距的政治或社會體制，這是指社會或經濟民主[42]。

一、民主的基本內涵

換一個說法，民主的基本原則，應該具備的內涵如下[43]：

(1) 議民主：國家的權力以人民為基礎。人民以直接民主的方式自

己作決定，或者以代議民主的方式選舉議員，代表人民作決定。

(2) 選舉制度：代議民主下的議會，必須根據選舉原則，以普通、平等、自由、直接及無記名方式被選出。

(3) 多黨制度：只有在真正有選擇的多黨制度情況下，選舉才是有意義的。所以，一個國家必須有多個有執政能力的政黨，透過可交互替代的計畫設計，來為執政做好準備。

(4) 民主正當性原則：在民主正當性原則下，所有國家機關與必須履行國家任務的公務員，都必須具有民主正當性基礎。其權力如果不是直接由人民委任，就是透過具有民主正當性的機關來聘任。

(5) 有期限的統治：重要憲政機關的職位任期，必須受到時間上的限制，亦即有期限的統治，以便在一定時間內，人民可以針對憲政機關的授權，重新作決定。

(6) 多數原則與少數保障：多數決是具決定性的，且必須被少數所接受。多數原則也包括保障少數。少數應該在決定的程序中，真正有機會去陳述其理由，並使其理由得以進入被討論的程序。

(7) 政治言論與活動自由的保障：為了對公共意見與國家的意見產生影響，民主原則要求國家應使所有的人民與團體，在政治社會領域與國家決定程序的準備階段中，有機會主張其意見與想法，並加以宣傳。

二、民主的多數決原則

民主政治中「多數決原則」是很核心的關鍵，因為民主既是以民意為依歸，政策取決於公意，「多數」自然顯得特別重要。少數服從多數，稱為多數決定（majority decision），也稱多數原則（majority principle），依此運作產生之多數統治（majority rule）為民主政治之精神。民主政治通常利用自由參與、自由討論及自由表決來展現民意。但

是個別差異、利害、立場及觀點仍有不同，因而對於同一政治情事，往往必須進行某些型式的表決。

多數是如何形成的？若以邊沁的觀點來看，形成「多數」的原因是出於「功利主義」而已。

功利主義是英國18世紀後半期的主要思潮，盛於19世紀前半期。邊沁（Bentham）反對契約論的說法，並斥社會契約為「荒唐」且充滿「幻想」；並且與2000多年歷史所解釋的人類起源相矛盾。邊沁雖然反對社會契約論，並不反對民主。

邊沁既批評社會契約論，又主張民主；其主張認為民主原則即為功利原則。邊沁以為人的本性是趨樂避苦，然而因為事物特性不同，便會產生利益、好處、愉快、善良、幸福等；或防止危害、痛苦、邪惡、災禍等結果。因此，對於國家和政府、政治和法律，從功利原則上觀之即可。邊沁的民主理論，作用在說明國家、政府及民主之作用，在於其合於或利於最大多數的最大幸福之要求[44]。

民主政治中民意表達固應依少數服從多數，但多數尊重少數亦是民主的精神，故而民主政治中特別強調少數亦應該有平等表達的機會。

熊彼德以為，政治菁英為了「功利」的理由，避免在選舉競爭中被制裁（sanctioned by utilitanian reason），必須追求政治的決策符合民意。熊彼德對多數統治與少數統治以經驗性、描述性方式再予詮釋，對民主傳統概念賦予新思維理解。多數決的類型如下：

(1) 相對多數：須有參與決定者之多數同意，但不一定要超過半數

(2) 絕對多數：須有參與決定者過半數以上同意

(3) 加重多數：須有參與決定者三分之二或四分之三以上同意

三、選舉代表原則

選舉代表制，在古典民主理論中即已出現。熊彼即認為民主方法乃是「為達成共同利益決策的制度安排，人民藉著選舉來決定共同利益以

實現他們的願望」；此一觀點視選舉為「功利主義」下的原則。

在盧梭、兩位彌爾（James and John Stuart Mill）和邊沁的民主政治理論中，也主張採行普選、秘密投票，和每年舉行一次的國會的方法來實現民主。對於透過選舉出線的人，應該被稱為「代表」（deputies）；而選民對於代表應該具有相當程度的控制權。因為「代表」二字即在強調一件事實，就是代表的「在位」與「不在位」。這也說明選民對大多數政策，有他們自己的意見，需要透過代表執行，而代表也應該投票支持選民所主張的政策。邊沁認為，公民的利益需透過反對「壞的政府」而得到保障，公民可以根據這個基礎來採取行動[45]。

在民主政治下藉由選舉制度選出「代表」，即「國會議員」，有下述幾項特色[46]：

1. 國會成員擁有資訊並經常參與政治活動，政府人員無法在國會大放厥詞。
2. 國會依一定的規則、程序進行審議；並享有言論免責權、不受逮捕特權，可確保國會合理審議的制度。
3. 國會之內形成不同意見的對立情況，有助於用支持與反對意見的論證方式，來進行討論。
4. 藉助輿論及定期改選的制度，可以監督國會議員職權的行使。

第五節　民主化

民主化，係專指公民權或公民地位恢復與擴張的歷程。民主化一方面指的是公民權或公民地位的恢復，使原先因其他統治方式（如脅迫統治或軍事管制）而失去的公民參政權得以恢復；另一方面，則是指將公民權擴張給原未享有這些權利的個人（如政治犯）或團體（如政黨及利益團體）。和自由化不同的是，民主化不僅止於使權利發生效能或擴增

其涵蓋對象，而且還包括了公開的選舉與競爭；藉由自由、公開、公正的選舉，決定政權誰來掌握[47]。

一、民主化的世界潮流

　　亞里斯多德（Aristotle）嘗謂：「民主政治是大眾政治，而大眾整體而言是貧窮的」。窮人和富人、特權階級和非特權階級，其利害關係顯然不會一樣。

　　民主化是隨著有沒有選舉制度，以及什麼樣的人有選舉權而加以判定的。雖然民主理論已經鼓吹許久，但一直到19世紀，關於選舉權的賦予與否還在逐步發展，最終才出現世界民主化的潮流。

　　19世紀的自由主義雖然主張憲法和選舉產生的獨立議會，但它卻沒有賦予大多數男性公民選舉權和被選舉權，遑論全部的女性居民了。1870年後，世界潮流已經越來越清楚，各國政治的民主化已是勢所難免。不論統治者喜歡不喜歡，民眾都會走上政治舞台。

　　1870年代，法國、德國（至少就全德國會而言）、瑞典和丹麥，已經實行了普遍投票權的選舉制度。

　　在英國，1867和1883的「改革法案」，讓有選舉權者人數增加幾近4倍，由占20歲以上男子的8％增加到29％。在一次為爭取選舉權民主化的改革而舉行總罷工後，比利時於1984年擴大其選民人數，從成年男性的3.9％增加到37.3％。挪威在1898年將選民人數增加了一倍，由16.6％增加到34.8％。

　　在20世紀，隨著1905年的革命，芬蘭更獨樹一幟地將其民主政治普及到76％的成年人都擁有選舉權。1908年，瑞典的選民也增加了一倍，以向挪威看齊。

　　1907年，哈布斯堡帝國中的奧地利那一半已實行普選權；義大利也在1913年跟進。在歐洲以外，美國、澳洲和紐西蘭當然已稱得上是民主國家；阿根廷也在1912年成為民主國家。以日後的標準來說，這種民主

化尚不完備；一般所謂的普選權，期選民人數都只介於30-40％之間。但是值得一提的是，婦女的投票權已不再是口號而已。1890年代，最早的婦女投票權出現在美國懷俄明州（Wyoming）、紐西蘭和澳大利亞南部。在1905到1913年間，民主的芬蘭和挪威也賦予婦女投票權[48]。

二、三波民主化浪潮

杭廷頓（S. Huntington）分析全世界民主化發展，整理出他獨到的「三波民主浪潮」見解，他認為，民主發展有其正常的波潮（wave）和回潮的逆波（reverse wave）。他認為民主化牽涉到：

(1) 威權政權的終結

(2) 民主政權的上台

(3) 民主政權的鞏固。

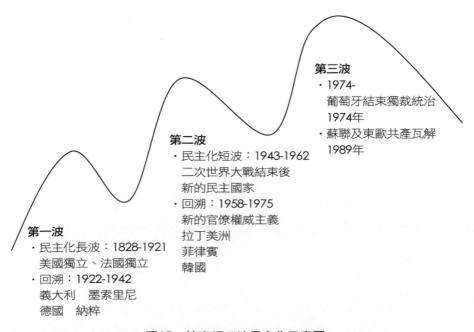

圖15　杭亭頓三波民主化示意圖

他認為，民主鞏固程度的一個標準是「雙流轉測驗」（two-turnover test），簡言之，經過兩次和平、成功的政黨輪替，就可以宣稱達到「民主鞏固」。三波民主化的發展過程大致如下[49]：

（一）第一波民主化長波：1828-1926

第一波民主化發源於美國獨立革命與法國大革命，促使民主政治體制的萌芽，點燃了19世紀的民主火花，此波民主化長達一世紀，屬於長期的民主波動，其發展達成兩項最基本的民主指標：

(1) 有50%的成年男性取得合格的選舉權。

(2) 負實際責任的行政體系必須得到國會的支持，還要有定期的大選。

第一次回潮：1922-1942

回潮始於1922年墨索里尼取得義大利政權，及其後法西斯和納粹主義在歐洲的蓬勃發展，最終引發了第二次世界大戰。

（二）第二波民主化短波：1943-1962

第二次世界大戰之後，比利時、法國、丹麥、義大利、日本等等許多國家紛紛制定新憲法，採取國際和平主義。具有重視基本人權、放棄戰爭、國家主權限制、違憲審查權發達等特色。第二次世界大戰前，基本人權保障多屬政治宣言，甚少獲得落實。戰後，聯合國成立，陸續通過「世界人權宣言」、「公民及政治權利公約」、「經濟、社會及文化權利公約」等等，人權保障逐漸從口號落實為法律規範的具體保障。

第二次回潮：1958-1975

開始於1950年代晚期，有強烈的威權主義傾向，尤其以拉丁美洲之變化最為明顯，形成一種新的政府統治型態官僚威權主義（bureaucratic authoritarianism）。例如在亞洲的南韓及菲律賓等的政治局勢，形成了新的、近似威權主義的統治形態。

（三）第三波民主化：1974-

始於1974年葡萄牙結束了長期的獨裁統治，近30個國家又從威權回到民主體制，尤其是1989蘇聯和東歐世界相繼開始瓦解，使第三波民主化達到高潮，而「蘇東波」風潮使整個世界像滾雪球一般產生連鎖反應，瀰漫著民主與法治的氣息。

第三波民主化形成的原因有內部、外部兩大因素。「內部因素」主要是指「經濟發展」以及「西方基督教精神」兩種主要條件，加上政治上具有意志的領導階層催生；即已具備某些特定的條件。「外部因素」是指滾雪球的風潮造成示範效應，帶動其他國家的民主化。杭廷頓認為第三波民主化是一個「全球化」的過程，影響範圍最廣，又最為深遠，比前兩波的幅度還要高。

從威權到民主之間的轉型不一定是直線或不可逆轉的，轉型事實上包括民主轉型與威權轉型這兩種可能性。例如1980年代後期的東歐變革，這些共產國家原先都是共黨專政的極權政體，但是從最早的波蘭團結工聯自1981年發動抗爭開始，至1989年到1991年的一段時間內，這些國家都歷經政權轉變的過程；其轉型的方式或有不同，不過都在轉型後舉辦公開與公平的總統與國會大選。以此推論，東歐共黨政權之轉型過程其實是包含自由化、民主化與民主轉型三個不同概念的展現[50]。

三、民主化與民主鞏固

「民主化」與「民主鞏固」這兩個名詞，都與選舉制度的實施與否、選舉品質的公平與否有密切關係。實施民主制的國家，為了避免民主敗壞，並且防止獨裁專制復辟，也為了追求更為穩定的、有保障的民主政治，必須藉由定期換屆選舉公職，才得以實現。

　　中華民國在台灣早期的選舉，充斥賄選、暴力或者「作票舞弊」等情況，還不能稱之為民主化，要一直到60年代，才漸漸邁出民主化的步伐。

　　台灣目前定期舉行選舉的直接民權制度，縱不能徹底杜絕賄選買票，但在媒體監督與法律規定下進行的選舉結果，仍然會被台灣社會接受與承認；可以說是日益朝向公平、公正選舉的方向邁進。

（一）中華民國民主化進程

　　中華民國民主化進程，出現的是「先經濟、後政治」的模式。歷經了40年代的經濟發展，使經濟步上坦途；50年代則成就了高成長、高穩定的黃金時期；60年代成為經濟升級的時期，但那也是威權統治的時期。

　　是在60年代，台灣政治力結構出現了轉變。政治異議人士與宗教界開始介入政治。民國62年12月，美國總統尼克森訪問中國大陸前夕，台灣基督長老教會發表「台灣基督教會對國是的聲明與建議」，宣稱台灣住民全是上帝所賜，台灣的主權屬於台灣全體住民。民國64年美國總統福特拜訪中國大陸之前，長老教會又發表「我們的呼籲」，再確認其在「對國是聲明與建議」中的主張，並促請政府「誠意地」推行民主政治。民國64年，美國務卿訪問中國大陸前夕，長老教會再度發表「人權宣言」，促請政府「於此國際情勢危急之際，面對現實，採取有效措施，使台灣成為一個新而獨立的國家」。這些事件的發生，不但是宗教介入政治，也具體的將「台獨」主張對社會公開。此時，一向採取威權統治的國民政府，開始受到社會一部份人的嚴厲挑戰與質疑。

　　民國66年2月發生抗議選舉作弊的中壢事件，68年12月發生美麗島事件，一連串的反政府事件，造成大批異議人士入獄，促使國內政治氣氛陷於高亢狀態之中[51]。在此一狀態下，國家民主化的方向，幾乎完全繫於領導者個人。

　　領導人的特殊領導風格，對於民主發展必然具有關鍵性的影響。當

時擔任總統與國民黨黨主席的蔣經國體認到，若不進行政府與國民黨的本土化革新，則黨國都將面臨到極嚴重的挑戰。所以，蔣經國開始革新其辛苦建立與維繫30多年的威權體制[52]。蔣經國去世之前，加快速度推出一連串的社會解禁措施，包括解除報禁、黨禁、開放台灣人民赴大陸等等，贏得人心，也贏得好評。可以說在蔣經國的領導晚期，他對中華民國民主化做出的鉅大貢獻，已成公論。

各種開放的政策，加上選舉制度的改進，中華民國堪稱全球第三波民主轉型的典範，在近100個被認為正在政權轉型的國家中，不超過20個國家能夠清楚明白地走向成功的民主道路。但是在第三波民主化浪潮裡，中華民國是唯一從「黨國體制」過渡到「支配性黨體制」，再過渡到「競爭性政黨體制」的個案」[53]。今日的中華民國以定期、自由且公開的選舉來決定執掌政權者，不論就衡量民主體制的基本尺度或世界標準而言，中華民國已具有相當的民主化程度。

（二）中華民國民主鞏固

狹義的民主鞏固，指的是民主轉型後選舉制度的程序，特別著重選舉過程的持久性（durability）與有效性（effectiveness），亦即選舉制度持續多久，以及選舉是否允許權力輪替的產生。熊彼得（Joseph A. Schumpeter）提出民主最低標準，是只要能「透過定期的選舉競爭，改變統治者的制度安排」，就屬於穩定的民主[54]。杭廷頓則以「雙流轉測驗」（two-turnover test）作為衡量民主鞏固的指標。林茲（Juan J. Linz）則認為民主可視為「當地唯一的競賽」（the only game in town）[55]。實則，民主必須具備的的規則，以及程序性的共識，實在是民主鞏固不可或缺的條件。

隨著我國在台灣的民主化發展，解除戒嚴、開放黨禁，以及2000年及2008年的兩次政黨輪替後，我國民主化的進程已經進入「民主鞏固」時期。

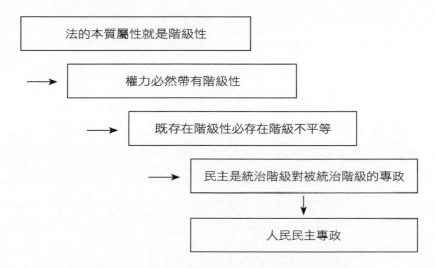

法的本質屬性就是階級性

權力必然帶有階級性

既存在階級性必存在階級不平等

民主是統治階級對被統治階級的專政

人民民主專政

圖16　馬克思主義脈絡造就的特殊中共民主觀

不過，台灣社會國家認同問題未能取得共識，成為民主鞏固的隱憂。雖然中華民國的民主轉型是以相對較低的成本在進行，快速的民主發展並未導致明顯的經濟衰退，也未長期陷入社會不安或嚴重的政治紛擾；然而持續的藍綠分歧與伴隨而來的國家認同爭議，卻對中華民國的民主鞏固形成了重大障礙[56]。

第六節　共產中國的特殊民主觀

一、共產中國的民主

學者福山（Francis Fukuyama）曾指出：「有多少民主國家，就有多少套民主理論」。民主不但發生歧異，而且已遭過分理想化，人們幾乎將民主等同於所有他們想達成的願望，以致於沒有人敢公開反對民主。世界上各個國家也無不宣稱自己為民主國家[57]。但同時也對其它國

家的民主問題指指點點。

西方人一直對「中國人權」問題存有極大懷疑，認為中國欠缺民主、迫害人權；但是中共統治者卻不這麼想，並且闡釋他們的理論，認為「中國有自己的民主觀，不同於西方資本主義的民主觀」。

正在崛起的中國大陸，其政治、經濟、軍事武力的發展，在在都引發世人關注。某些學者懷疑中華人民共和國（大陸）正在朝著新霸權之路前進，推估中共將從「收復台灣」到「區域霸權」，到最後完成「全球霸權」的局面[58]。但是中共多次宣稱自己「絕不稱霸」；而且表示，他們也有自己的「民主論」。這個特殊的民主論，是有別於西方資本主義出現的民主論，而是源自於馬克思的「民主論」。

在馬克思主義看來，專政和人權是互對立的兩個方面。專政是一個政治概念，指的是統治階級或掌握政權的階級依靠國家強制力對敵對階級、敵對勢力或敵對份子實行統治。在社會主義社會裡，享有民主的只能是「人民」，而接受專政的則應該是「敵人」。因而如何確認人民與敵人的界限就成為一個至關重要的問題。

二、中共憲法關於民主的規定

列寧說：「什麼是憲法？就是一張寫著人民權利的紙。真正承認這些權利的保證在哪裡呢？在於人民意識到並且善於爭取這些權利的各階級的力量」[59]。列寧如此對憲法的說明，其實與西方觀點並無不同；但是在憲法的實踐上，共產黨主政下的憲法，確實顯示出了極大的不同。

中國共產黨主導設計的人民共和國憲法，明確指出了階級性的特色，其憲法第1條：「中華人民共和國是工人階級領導的、以工農聯盟為基礎的人民民主專政的社會主義國家」，正是突顯憲法階級性的寫照。這一基礎性的政治制度，決定了公民權利的階級性。

憲法的指導思想是馬克思主義；在馬克思的觀念中，認為「法的本質屬性就是階級性」。

　　「權利」作為法權的一種，必然帶有階級屬性；既然存在著階級，就存在著階級的不平等；存在著統治階級對被統治階級的專政。而且，馬克思對人權的態度是否定的，對公民權則是肯定的。

　　在馬克思主義者看來，人權與公民基本權利的區別，並非是權利的主體層面上的區別，而主要是政治層面上的不同。一般而論，人權的主體是無差別的「自然人」，而公民基本權利的主體則是具有某國國籍的「人」。

　　馬克思對人權的態度是基於人權的歷史淵源而作的評判，他一直把人權看作是資產階級的，總是將人權與私有制聯繫在一起，認為，「人權本身就是特權」[60]。馬克思對人權的這種態度深深地影響中共對於「民主」的理解與詮釋，並造就出一種特殊的民主觀（見圖10）。

　　憲法為國家的根本大法，公民基本權利也被列入其憲法規範，其作用是以此彰顯「人民當家作主」的精神。諷刺的是，中共一方面隨意抓人，限制人身自由，一方面卻在人權上大作表面文章。從1954年開始四度更易的中華人民共和國憲法，一直都列有公民基本權利。甚至在2004年修訂憲法時，還加入「國家尊重和保障人權」的條文；但事實上卻不是如此。

　　在「以階級鬥爭為綱」的年代裡，出身與政治言論一直是評判「人民」與「敵人」的主要標準。出身於地主、資產階級或反動家庭，或者對政府政策與執政黨方針政策持不同政見，甚至對某些領導人或黨政機關提出批評者，很容易被打入「敵人」的行列中。但改革開放超過30年，「以階級鬥爭為綱」也不再被提起，如今的「敵人」，也就是應該被人民「專政」，而不得享有「民主」的人由其另行定義。

　　2005年，中共總書記、國家主席胡錦濤曾經點名要嚴加監控、嚴加打擊的「四種人」，是「鼓吹資產階級自由化分子、維權運動分子、法輪功分子、ＮＧＯ非政府組織」；他具體指示：「要準備兩手，屬於經濟問題要做妥協，盡量予以解決；對於政治問題，絕不手軟，要嚴格取

締，絕對不能形成氣候」。按照胡錦濤前述的「四種敵人說」，可以認為就是這個新時期的敵人，這些敵人被剝奪民主的權利，當然，這些人也不是「民主」要保護的對象。

中國大陸「人民民主專政」的特殊民主觀念，放在全球化與人權普遍化、常識化的時代，出現的是一種格格不入的、特殊化的「共產極權主義的民主制度」。

第七節　本章小結

亞里士多德說：「政府的制度只有一種，就是最好的一種」。也可以說，在同一時代或同一國家裡，最好的政治制度只有一種。民主政治作為一種政治制度，有各種不同的型態或模式。因為民主政治是一個概括名詞，不是指單一的事物；而民主政制是因異而制宜，因國而不同的，可以說一國有一國的民主政制，那是該國制憲者和行憲者認為最好的一種民主政制[61]。

廣義來說，民主是治理所有個人與集體人群關係的社會哲學。在性質上，民主是動態的，而且反應變遷的需求；但它並不是社會、政府或經濟體制的完整形態。民主所帶來的制度都具有嘗試性與彈性，因此在不同階段的不同民族，可能會有不同演變，民主政治也會隨著民主思想不斷演進。

依Charles M. Sherover之見，「民主學說並非在真空中發展；民主學說不僅是整個哲學發展的一部分，而且是一般政治理論與歷史的一部分，每個民主思想家是在歷史的浪潮中著述，以回應其周遭的某些政治與文化事件。他所論述的也受到他生活情境的制約」[62]。那麼，在全球化的今日生活是什麼樣的情境制約呢？全球化下又應該是什麼樣的民主呢？

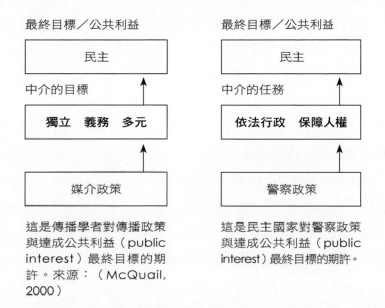

最終目標／公共利益　　　　　　最終目標／公共利益

| 民主 | | 民主 |

中介的目標　　　　　　　　　　中介的任務

| 獨立　義務　多元 | | 依法行政　保障人權 |

| 媒介政策 | | 警察政策 |

這是傳播學者對傳播政策　　　　這是民主國家對警察政策
與達成公共利益（public　　　　與達成公共利益（public
interest）最終目標的期　　　　interest）最終目標的期許。
許。來源：（McQuail,
2000）

圖17　警察與大眾傳播從政策制定到達成公共利益（public interest）最終目標就是民主

跨越國內環境，人們的生活環境確實受到全球化的影響。對此，
David Held提出了國際民主模式，他提出的國際民主模式特點呈現在：

(1) 全球秩序由多個並且重疊的權力網路所組成，其中包括政治、
社會和經濟的權力。

(2) 個人自主權和某種組特殊權力，會由各種內外權力所組成。這
些權力只授權合法秩序的基礎；即「民主的國際法」。

(3) 在各地區層級發展立法和執法架構，區域和國際法庭應擴大其
對權力監督的作用。

(4) 任何政權和公民團體，都不能違背法律所制定的準則。

(5) 儘管面對暴政，求助於國際法仍然優先於使用武力；武力應是
集體的最後選擇。

(6) 總體上優先考慮「捍衛自我決定」，保持民主的優勢。

(7) 社會正義的原則是，政策必須與民主過程和公共活動的架構相
　　協調。跨越地區和國際的機構，有助於控制國家民主機制。發
　　展區域和國際法庭體系，有助於個人和團體要求政府制定重要
　　的人權法案[63]。

國際民主模式是否會蔚為風潮，還需檢驗，但是民主已成為世界潮
流與人類共識，已無庸置疑。

由於各國憲政體制及法律制度雖有不同，然對於人民「知的權利」
應賦予憲法上保障之原則，基於現代民主政治之思潮下，均採取肯定之
態度。因此，就警察與民主、傳播與民主各個角度來看，其實警察、傳
播都以追求並維繫民主的公共利益為最終目標[64]。

憲法上保障人民有表現自由之前提係假設人民享有獲得訊息之權
利，尤其是關係到攸關如何支配管理其之訊息，人民始能表達出具有民
主自治意義之言論。因此，惟有充分得到有關自己事務之資訊，始能了
解真相，而得以參與自治事項之討論。因此，人民「知的權利」（The
Right to Know）已成為現代民主社會發展中不可或缺之基本權利。人民
為維護個人權益，透過新聞媒體取得公眾事務之資訊，有助於個人在國
家中行為的調整，而得以參與國家之施政，消極地排除不知法令而違法
之現象，積極地優先或排他地享用有限的公共資源，對於不具公眾性資
訊的取得，亦可拓展個人知的領域，滿足好奇心、求知慾。

在當前資訊社會（information society）的時代，若是使用日益普及
的網際網路（internet），可以極為簡易、極輕成本的將一國人民的意見
即時反映出來。因此，也有人鼓吹可以透過網際網路，達到「直接民
主」的政治運作模式，來替代效能不彰、貪腐成習的「代議政治」。當
然，網際網路可能提供更多的服務選項，例如民意調查、投票、網路論
壇、公共討論等等。新興的民主理論類型，或許會因為網際網路的運
用，還要再被改寫。

　　政治原本就是社會衝突與不完美的反映，而民主政治正是嘗試以一套複雜的程序機制，盡可能「誠實」地將這些衝突與不完美暴露出來，並不斷尋求妥協。如果說民主的真諦在於學習與進步，那民主就注定是一套不完美的機制。民主既然不是一套完美機制，那它就不應該是一絕對價值，因為如果它是，就代表它失去了進步的可能性。如此來看，民主需要進步，也需要維護。這其中的價值取捨，需要人們一次又一次的決定，也需要一次又一次的反覆思索。

第三章　學習回饋

🔍 關鍵詞

民主主義（democratism）

多數原則（majority principle）

📖 請回答以下問題

1. 試論五種民主理論的要義？

2. 薩托利（Sartori Giovanni）在《民主新論》書中認為，民主可以有「微觀民主」和「宏觀民主」（microdemocracy and macrodemocracy）之分；又可有「縱向民主」和「橫向民主」（vertical and horizontal democracies）。這是觀察一國具備民主程度的方法。請用薩托利的觀點檢視共產主義中國的民主制度。

✏️ 試作以下測驗題

1. 下列何者不屬於憲法本文上構成自由民主憲政秩序之基本原則？（98警察基特）

   (A) 民主國原則　　　　　　(B) 法治國原則

   (C) 共和國原則　　　　　　(D) 聯邦國原則

2. 依據司法院大法官釋字第499號，下列何者得經修憲程序予以變更？（96第一次警察四特）

(A) 總統之任期　　　　　(B) 國民主權原則

(C) 民主共和國原則　　　(D) 權力分立原則

3. 創制及複決權屬於何種機制？（98三等稅務）

(A) 代議民主　　　　　　(B) 選舉平等

(C) 直接民主　　　　　　(D) 直接選舉

4. 憲法第2條規定：「中華民國之主權屬於國民全體」，係基於下列何原則而來？（98警察年特）

(A) 法治國原則　　　　　(B) 共和國原則

(C) 民主國原則　　　　　(D) 聯邦國原則

5. 我國憲法第2條規定：「中華民國之主權屬於國民全體」，係基於下列何原則而來？（98基層警察）

(A) 法治國原則　　　　　(B) 民主國原則

(C) 共和國原則　　　　　(D) 聯邦國原則

註釋：

1. 陳鴻瑜譯，《當代政治思想》，（台北：商務，1985），p.112.
2. 任卓宣，《民主政治新論》，（台北：帕米爾書店，1980），p.2.
3. 朱堅章主譯，《參與和民主理論》，（台北：幼獅，1978），p.20.
4. 陳鴻瑜著，《約翰密爾的政治理論》，（台北：商務，1981）p.50.
5. 周陽山，〈國民大會與權能區分說的釐清〉，輯於氏著，《自由憲政與民主轉型》，（台北：東大圖書，1993）pp.76-77。
6. 楊日青等譯，《最新政治學新論》，（台北：韋伯文化，2002）p.119.
7. 任卓宣，《民主政治新論》，（台北：帕米爾書店，1980），pp.4-5.
8. 李酉潭，《中山先生主權在民理論之研究》，（台北：正中，1991）pp.31-32.
9. 呂亞力、吳乃德編譯，《民主理論選讀》，（高雄：德馨室出版社，1979）pp.4-5.
10. 胡建平譯，《民主制》，（台北：桂冠，1997）pp.14-28.
11. 黃俊傑，《古代希臘城邦與民主政治》，（台北：台灣學生書局，1981）p.102.
12. 李少軍、尚新建譯，《民主的模式》，（台北：桂冠，1995），pp.19-23.原著Held, David , 1987. Models of democracy .
13. 呂亞力、吳乃德編譯，《民主理論選讀》，（高雄：德馨室出版社，1979）p.3.
14. Herry S. Kariel （ed.），Frontiers of Democratic Theory，（New York：Random House.1970）pp.2-3.
15. 呂亞力，《政治學》，（台北：三民，1994）p.138.
16. 呂亞力，《政治發展與民主》，（台北：五南，1979）p.241.
17. 參見中國文化大學《中華百科全書》多媒體版，蕭富美撰之〈民約論〉http://ap6.pccu.edu.tw/Encyclopedia/data.asp?id=1324
    下載日期：2010年7月20日。
18. 李少軍、尚新建譯，《民主的模式》，（台北：桂冠，1995）p.68.
19. 黃華光譯，《歐洲民主史：從孟德斯鳩到凱爾森》，（北京：社會科學文獻出版社，2001）。
20. 謝叔斐譯，《聯邦論》，（台北：今日世界，1966）p.58.
21. 李酉潭，《中山先生主權在民理論之研究》，（台北：正中，1991）p.38.
22. 呂亞力，《政治發展與民主》，（台北：五南，1979）p.138.
23. 呂亞力，《政治學》，（台北：三民，1994）p.139.
24. 呂亞力、吳乃德編譯，《民主理論選讀》，（台北：風雲論壇，1993）pp.71-79.
25. Giovanni Sartori. The Theory of Democracy Revisited，（New Jersey: Chatham House，1987）
26. 呂亞力，《政治發展與民主》，（台北：五南圖書，1979）p.245.
27. Robert A. Dahl,Polyarchy: Participation and Opposition（New Haven: Yale University Press,1971）pp.2-3.
28. 李柏光、林猛譯，《論民主》，（台北：聯經，1999）。
29. 曹金增，〈公民投票之理論〉，收錄於《憲政時代》，2002年10月，p.146.
30. 李酉潭，《中山先生主權在民理論之研究》，（台北：正中，1991）p.49.

31. H.S. Kariel, The Decline of American Pluralism. (Stanford, CA: Stanford University Press, 1961）

32. T. Bottomore,"Citizenship and social class, forty years on. "In T. H. Marshall & T. Bottomore (Eds.), Citizenship and social class. （Concord, MA: Pulto Press. 1992） pp. 55-93.

33. P. Bachrach, The Theory of Democratic Elitism: A Critique .（Boston: Little, Brown. 1967）

34. A. Lijphat, The Politics of Accommodation: Pluralism and Democracy in the Netherlands (Berkeley: University of California Press.1968) pp.21-24..

35. 王怡蘋、林宏濤譯，《法學導論》，（台北：商周，2000）p.65.

36. 吳庚，《憲法的解釋與適用》，（台北：三民，2004）p.178.

37. 胡建平譯，《民主制》，（台北：桂冠，1992）。

38. 許育典，〈民主共和國〉，《月旦法學教室》第9期，2003年6月，p.33.

39. 轉引自張佛泉，《自由與人權》，(香港：亞洲出版社，1955)pp.3-4.

40. 葉啟芳、瞿菊農譯，《政府論次講》，（台北：唐山出版社，1986）p.59..

41. 傅鏗、姚欣榮譯，《自由主義》，（台北：桂冠，1991）p.1.

42. 張明貴，《當代政治思潮》，（台北：風雲論壇，1998）p.93.

43. 許育典，〈民主共和國〉，《月旦法學教室》第9期，2003年6月，pp.32-36.

44. 任卓宣著《民主理論與實踐》，（台北：帕米爾書店，1982）pp.6-7.

45. 朱堅章主譯，《參與和民主理論》，（台北：幼獅文化事業，1978）pp.20-21.

46. 陳愛娥，〈代議民主體制是民主原則的不完美形式？－加強、補充代議民主體制的可能途徑〉，《中央警察大學法學論集》4期，1999年3月，p.24.

47. 周陽山，〈制度化與民主化概念的省思〉，收錄於陳文俊主編，《台灣民主化：回顧、檢討及展望》。（高雄：中山大學，1996）pp.4-5.

48. 賈士蘅譯，《帝國的年代》（台北：麥田，1997）p.124-126.

49. 劉軍寧譯，《第三波：二十世紀末的民主化浪潮》，（台北：五南，2008）。

50. 周陽山，《民族與民主的當代詮釋》，（台北：正中書局，1993）pp.51-53.

51. 吳學燕，《三民主義與警政現代化》，（台北：正中，1993）pp.39-40.

52. 高隸民，〈台灣民主化的鞏固〉，田弘茂‧朱雲漢主編，《新興民主的機遇與挑戰》，（台北：業強，1997）p.302.

53. 朱雲漢，〈台灣民主發展的困境和挑戰〉，《台灣民主季刊》，第1卷第1期。2004年p.146.

54. 張佑宗譯，〈邁向鞏固的民主體制〉，收於田弘茂等主編，《鞏固第三波民主》，（台北：業強，2000）p.8.

55. 引自李酉潭，〈邁向先進的民主：二十一世紀台灣民主化的展望〉，收於高永光總編，《民主與憲政論文彙編》，（台北：國立政治大學中山人文社會科學研究所，2001）pp.556-557.

56. 田弘茂，〈台灣民主鞏固的展望〉，田弘茂‧朱雲漢主編，《新興民主的機遇與挑戰》，（台北：業強，1997）p.245.

57. 李永熾譯，《歷史之終結與最後一人》，（台北：時報文化，1993）p.68.

58. 李威儀譯，《中國新霸權》，（台北：立緒文化，2001）p.135.

59. 轉引自陳春龍，〈中國人權的法律保護〉，收於陳春龍，《民主政治與法治大權》，（北京：社會科學文獻出版社，1993）pp236-240.

60. 張繼良、王寶治、褚江麗編，《公民權利與憲政歷程》，（北京：中國社會科學出版社，2004）pp.315-317.

61. 馬起華，〈三民主義的本質與中國之統一〉，收於林桂圃主編《三民主義統一中國論集》，（台北：東方文物出版社，1981）pp.177-196.

62. 引自張明貴，《意識型態與當代政治》，（台北：五南，2005）p.118.

63. 李少軍、尚新建等譯《民主的模式》，（台北：桂冠，1995）pp.482-483.

64. 汪子錫，《警察與傳播關係研究》，（台北：秀威資訊，2009）pp.21-30.

第四章　制度與國家權力

學習地圖

　　民主本身就是一種制度，然而本章要針對民主制度下的「權力」運作制度，加以探討。其重點包括「統治與權力的本質」、「權力分立」、「權力分享」等課題。本章從政府組織與科層制度開始，借韋伯（Max Weber）觀點說明權力與統治的本質。在科層制度之後興起的新制度論後，引導出一系列關於「新政府運動」、「企業型政府」等論述，究其根本，都是某種創新的權力制度，或說權力分享制度。相關課題，可參考以下的學習地圖。

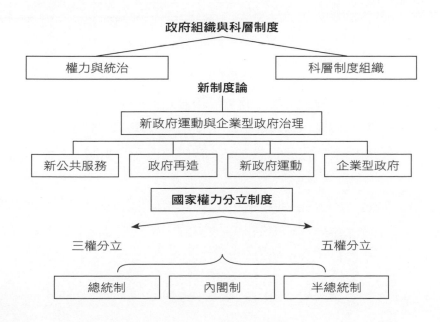

第一節　統治權力與科層制度

憲政制度所論及的統治權力，需要有一套運行制度。政治制度化（Institutionalization）就是指經由自由化與民主化的變革歷程後，憲政體制與國家機制逐漸穩定化形成政治規範，並建立穩定民主的一段歷程[1]。

「權力分立」是民主國家保障人權極重要的核心機制，若無權力分立與制衡，則人權保障可能徒託理想而難以完善。權力分立規範並形成政府運作的制度，而權力運作又必須藉助組織與組織中的公務員來執行，因此探討憲法與制度，可從政府權力運作的軌跡思考。

憲政主義是為保障自由人權而成立的制度原理，以「法治主義」「主權在民」等原理或制度來維護人民之自由與人權，防範專制[2]。人權雖然不是與生俱來，但也不是法律所製造或授予；不過，人權卻極需並依賴「法治」始得保障[3]。而法治所形成的制度，仍有賴於一定的組織與人去執行踐履。

學者們對制度的解釋非常多元，North認為「制度」是人類設計的限制，用來影響人類的互動行為[4]；Williamson以管理結構（governance structure）來定義制度；Ostrom 將規則（rules）視為制度。學者們對制度的不同看法，可以歸納為兩方面：行為方面，「制度是持久性的行為規範的合成，為的是滿足集體之目的」；規則方面，「制度是社會或組織的規則，藉幫助人們在與其他人交往時建立穩定的預期，方便人們的合作」[5]。

以傳統或古典的定義來說，憲法是一套用以拘束或限制、監控政府機關，並以基本法律形式出現的規則或原則，是一套涉及對政治秩序的組織化規則予以描述、分析的實踐性原則法律。而此一法律形式的規則通常是與該國其他類型的法律以不同的型態存在的制度。

　　因此，制度的發展或產生之因，應是將國家政治行為經過人民民主原則，導入一套整體的秩序規範。此一規範是規制權力分配，以及在不同的統治機關間確定各自權力、功能與責任的文字符號。無論是否有符號化的文本，將統治機關的權力、功能與責任以任何形式綜合起來，可以說就是一種制度（institution）。

　　Weaver and Rockman則認為，制度是任何政策要項、決策能力、政策選擇和政策結果的前置要件。就總體層面的制度型態而言，主要涵蓋了政府體制、選舉制度以及相關的制度規範。這些制度的型態影響了權力分配，以及決策所展現出的回應性、效率性、責任性及代表性等[6]。

　　誠如以上所述，憲政制度可從多面向加以探討。本文著重的是從「權力觀點」來探討制度，包括維持權力運作的科層組織、權力分立制度等。而本文另提到的「新政府運動」，則是著眼於「共同參與」的「權力分享」制度及精神。

　　科層制度是現代政府運作時很重要的一個特徵；科層的觀念是德國社會學者韋伯（Max Weber）所創導，其後歐美社會學家，對此觀念加以修正與補充，成為社會學組織與結構的根本立論[7]。

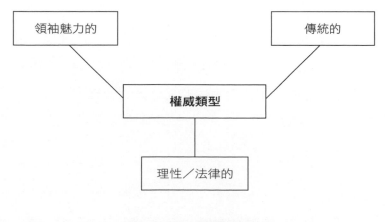

圖18　韋伯的權威類型

一、權力與統治

理想類型（deal-types）是韋伯方法論中的一個核心概念，是他藉以建構其社會理論的基本工具。理想類型方法的運用過程，是由研究者根據經驗，提出想要解決的問題，然後根據問題的結構，設計社會事實或是歷史資料的「理想」類型；之後，研究者可以運用這些理想類型，去解釋更大範圍的文化現象。

韋伯的理想類型共有兩類，其一是結構類型，用以呈現某種「共時性」的社會結構；其二則是社會變遷類型，用以展示一定時間跨度內的歷史過程[8]。在韋伯的分析中，這兩種理想類型往往交替出現，有時又互相融合、難分彼此。韋伯的創見為發展出一種宏觀性的歷史理論，是學術界公認的重要貢獻。

早期行政體系是「私人的」，是以對特定個人的「忠誠」為基礎，例如臣子向國王效忠，而不是對國家效忠，就是這個意思。

維繫持久的「忠誠」，有賴於「權威」；而韋伯將權威（authority）區分為三類性質：

(1) 領袖魅力的（chrismatic）：受到超凡神聖的領袖魅力所吸引。

(2) 傳統的（traditional）：類似部落酋長的權威。

(3) 理性/法律的（rational/legal）：相對前二類權威基礎，此類兼具理性與合法性的性質。

人的社會行動總是基於一定的主觀意圖，沒有任何一個人會成為沒有自己主觀意義取向的、絕對服從他人意志的工具。但是，在社會生活中又的確存在這樣的情況：一個人在遭到別人反對的情況下仍然具有某種以其意志左右他人行為的能力；韋伯把這種能力稱為「權力」（Macht）[9]。

韋伯闡釋權力，他認為權力是「將某人之意志強加於別人行為之上的可能性」。在這個普遍意義上的權力上，如果不是全部社會關係的一

個方面，那也是大多數社會關係的一個方面。韋伯特別提到：在權力的許多來源中，有兩種形成對照的類型，對社會科學家具有特殊的重要意義。一種是源於利益組合的權力，這種利益組合是在正式的自由市場上發展起來；另一種是源於既定權威的權力，這種權威分派發號施令的權力（right to command）和服務的義務。統治，包含了統治者和被統治者的相互關係。

　　韋伯認為：「服從命令的動機可能基於各種不同的考慮，從簡單的習慣性反應直到最純粹的理性利益權衡」[10]。從權力服從這一組概念中，可以發現：權力不是一種單項作用的力（force），而是一種「關係」（relation）。這種關係是由具有主觀意義取向的社會行動建構起來的。無論是行使權力的行為還是服從權力的行為，都是行動者有意識的「選擇」，而不是完全被動的接受。

　　進行統治需要有一批執行命令的人員，若組織規模有限、行政職能相對簡單時，對統治與行政機構的需求便會減到最低程度。反之，當團體超過某種規模，或者其成員彼此之間出現差異，或行政職能難以經由選舉或輪換制度而由被指定者去履行時，為了追求統治和行政管理的效能，就會發展出某種持久的結構。此種結構發展到最後，出現的就是一群訓練有素和具有經驗的官員，他們擁有技術優勢，並因此種優勢而使其可能繼續任職。於是，一種基於服務統治者的行政管理結構由此便產生了。以此觀之，可以說，「所有的行政都意味著統治」[11]。

　　從權力的本質到形成統治結構，一旦具有統治意味的「行政」開始運作時，它就會成為一種可以承續、可以保持穩定運作的制度；此種制度稱為科層制度（Bureaucracy），也有譯為「官僚制度」。這個制度，被廣泛運用及理解為當今許多國家政治權力運作的典型。

二、科層制度

科層制度的機關內，是一個擁有不同層級「各司其職」的行政體系，顯示出來的特徵是：有各層級的負責人、有固定的職務、有劃分的權限、有例行公事的一定程序，有對上對下所負責任的範圍。這種組織運作時，相當刻板、沒有彈性、按部就班、專業化、一切須照規定辦理；有時出現某種「僵化」的現象，但即使有其被批評的所在，科層制度卻仍能確保組織的基本效率。

現代社會裡的大多數組織型態，多屬於科層結構。例如政府、工廠、公司、學校、工會等等；幾乎任何行政機關都看得到科層結構。

按照韋伯的見解，將科層制度的特點條例說明如下：

(1) 依據法令規章或管理條例，嚴格界定出管轄範圍；

(2) 各層級的管理組織都有明訂管理權責；

(3) 層級組織行政管理注重文件化；

(4) 公私分明，組織與個人財產分開；

(5) 專業化行政管理者需事先經過專業訓練；

(6) 一切組織活動均需全部工作能力的投入；

(7) 組織管理的一般規則，可供遵循與學習。

至於管理階層人員之角色定位，則有以下特色：

(1) 管理人員盡忠職守安於職位；

(2) 管理階層人員需受過專業訓練且取得證書；

(3) 組織成熟時，依技術能力派任管理人員；

(4) 正常情況下，管理人員是終身任職；

(5) 管理人員的固定薪水及退休金與年資有關。

(6) 管理人員循考試而爬升，並將職務視為事業[12]。

「科層制度」並不是韋伯「發明」的，而是他「發現」的。目的在於導出一個理想型態，並且加以說明及批評。韋伯相信科層制度可

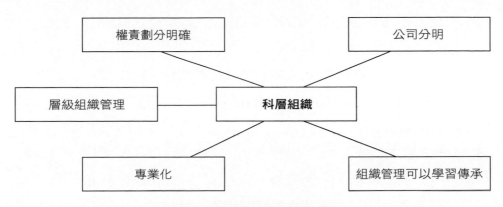

圖19　韋伯的科層組織結構特點

以避免他所處的時代，大多數組織中模稜兩可、缺乏效率及人情包庇等缺點[13]。

　　從好的方面來說，科層制度可以提高效率，並且免除私人情感影響組織正義。但也可能在長期一成不變的結構運作中，累積出形式化、刻板化、欠缺個體自主的弊病。也就是說，雖然科層制度至今仍是大多數組織所採行的制度，但並不表示其沒有缺點。

　　理論上，科層組織的理想，是形成上下級之間指揮、服從的階層系統，上級負責政策制定，有指揮、監督與命令之權；下屬則必須依據官僚規則忠實地執行上級命令[14]，以追求行政效率。但是當其弊病出現時，往往科層制度被用另一個同義詞取待；例如「官僚主義作祟」、「官僚殺人」或者「僚氣過重」，都不是好的評價。這也說明，僅僅是堅持科層制度的規則，而不能與時俱進，貼近民意，可能不是一個最好的制度。對此，本文將在之後的新政府運動中，再加探討。

三、科層制下的公務員制度

　　我國行政學先驅張金鑑認為科層體制度就是行政制度（institution）。具有層級節制、合理化的權責結構、法規統治、人員依才任職、人員以

競爭方式選任、勵行法治等多項特徵。而現代政府公務員制度,也是以這些科層體制特質為內容而建立起來的[15]。

早期的政府行政體系,國家與公務人員間關係,是依據私人關係而建立的,公務人員通常只需要對帶領他們的親戚、領袖或政黨輸誠,而不是向制度表示忠誠。韋伯嘗謂:「進入公職的領域,即被認為對忠實管理的特定義務之接受,以回報世俗的安定生活」[16]。而今天,政府公務員幾乎都是經過考試而取得資格,其運作制度亦由法律明定。

科層制度的公務人員在運作時,最顯著的特徵就是「服從關係」;「服從關係」是一整套持續一致的程式化命令,並且以此做為各級官員的「管理制度」。

公務人員制度是法律化的制度,任何官員都是由更高一級的官員,依法律命令而安排其活動;因此,科層制度有非常明確的「從屬關係」。

「從屬關係」是由嚴格的職務或任務等級序列所安排,而權力的安排也是按照職務高低決定。科層制度將組織內部每一個體,分割成各自獨立的單元,並且要求完全排除個人的情感,依法行政。科層制度對權力義務體系的規定細緻而明晰,使得每個人都能夠照章辦事而不致逾越權力範圍。此外,科層制度具有「技術化」傾向。在技術化取向的支配下,愈來愈倚重各類專家,而且在管理的方法和途徑上也越來越強調工具科學化、統計數字化,進而追求其所宣稱的合理化。但是這一切並不能保證,公務員在科層制度下的表現,必然會獲得效率而不出問題。

第二節　新制度論與政府變革

相對於傳統科層制度,新制度論(new institutionalism,亦譯新制度主義)雖然一開始並不是針對科層制度而來,但免不了提出對於科層制

度的批評。

　　新制度論開始時是針對經濟政策運作失靈的不滿而提出，但是當新制度論延伸到政治領域時，「新政府運動」或「企業型政府」都被激發出來。許多創新的觀點，都是因為政府效能低落，造成社會不滿，而提出的新主張。

一、新制度論的出現與基本主張

　　戰後美國政治學界以行為主義（behaviorism）成為主流，然而到了1960年代，有部份政治學者察覺到，行為主義一味追求科學的工具性，無法充份解釋當時的社會問題，因此，Easton在1969年提出「關連信條」（credo of relevance），由此引發了所謂「後行為主義革命」；並且影響到新制度論，在1970年代後，日益受到重視[17]。

　　早在1937年，Ronald Coase發表「企業的本質」（The Nature of the Firm）一文，首度提到新制度主義概念。後來新制度經濟學者，則提出人們是自利的、有智慧的、可自決的，為了處理集體行動（collective action）與不確定性，以及昂貴成本等所產生的問題，才開始設計制度，並且藉由新制度來建立彼此間的互信或監督協調的機能[18]。80年代初期新制度主義，開始真正受到重視，並延伸為跨學門的研究領域。

　　在此一風潮下，March與Olsen於1984年，在美國政治科學評論期刊（American Political Science Review）發表「新制度論：政治生活中的組織因素」論文，將新制度研究途徑引導到政治領域。該文章針對50年代「行為科學革命」以降的主流思維提出批判，此一時期出現的新制度論的觀點尚屬早期；但也影響到後來政府公共治理的新思維。

　　早期盛行的工具論，傾向將制定決策與資源配置，界定為政治生活中的核心，而較少關注政治生活如何通過符號、儀式、典禮而圍繞意義的詮釋並加以組織的問題[19]。行為主義將政治行動的產出視為是個人行動的集合，同時以個人的行為與特質為主要的解釋變數，其重視的是實

證的觀察與假設,而非質化資料的科學建構[20]。然而,行為主義的研究途徑過度重視行為,而忽略了制度在政治產出的角色。因此,March 與Olsen認為,對制度性議題的研究,是理解社會生活與政治現象的重要途徑。因為察覺到傳統制度論有向「工具論」傾斜的缺失,因此新制度論(New Institutionalism)便應運而生。新制度論嘗試以「合法性」統治的理想目標,來重新看待制度。

Meyer與Rowan的「制度性組織:正式結構形同迷思與儀式」一文認為,很長一段時間以來,組織朝向科層結構變遷,其實並非組織效率或是成本效益等「工具性」理性考慮的結果,而不過是科層組織提供了「合理性的迷思」(rationalized myths)以及儀式性的規範意義,使得採行這種類型者得以在組織環境中增加其正當性[21]。換句話說,採行科層式的正式結構未必使組織資源的運用更為有效,但是卻可以因其合法性的增進使外界對其認可與支持。是故,即使沒有效率亦不影響組織的運作與生存。

新制度論對於組織制度的批判,還認為以往的組織理論,除了強調「追求效率」以外,極易忽略合法性(ligitimacy)。所謂的「合法性」

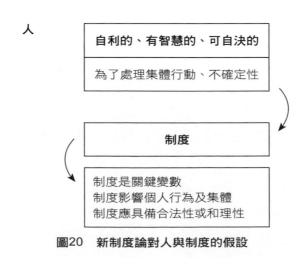

圖20　新制度論對人與制度的假設

是指組織或個人的行動只要合於文化認可的路線、社會規範或情境規範的支持，或是取得相關規則及法律的確認，就可以成為組織得以生存的某種基礎[22]。這裡的「法」不僅止於正式的法律條規，還包括了非正式的、集體的、約定俗成的習俗、道德與規範等正當性。過去在科層理性的迷思之下，組織的設立和運作自然有其目標、執行策略，外人很少質疑它的目的，其正當性被視為是理所當然的[23]。

　　1980年代以後逐漸形成的公共管理和治理觀念，讓政治管理的思維有了轉變。此一思維主張，人民的角色不應該只是「被統治者」，而應該隨著民主政治的成長，逐漸轉變成為「主權」與「治權」的決定者。這個想法，讓新制度論可以對傳統政治制度提出興革之議；不少說法開始出現，例如，政府應該透過非營利組織、公益組織、跨國的非政府組織等各種組織，形成和政府組織能夠互相合作、互相抗衡、互相合夥的關係等等都是[24]。這類主張，已出現將傳統政治權力由政府獨享的狀態，轉而成為與民眾「權力分享」態勢。

二、新制度論的理性選擇學派

　　相較於舊制度主義對政治制度設計的偏好，新制度論則對制度的研究更加多元化，他們以現實世界的各種制度為研究對象，研究的途徑也更豐富；不過正因為新制度論者利用多樣的途徑來觀察制度現象，因而構成不同的派別。其中之一是「理性選擇學派」。

　　理性選擇學派在說明制度的發展與變遷上，採取的是一種「路徑依循」（path dependence）的思考模式，主張制度的發展與變遷，類似物理中的慣性概念。一旦社會、國家選擇了特定制度之後，此制度便會一直存續下去，直到重大的技術創新或突發事件，才會產生制度上的改變。也就是說，在路徑依循的模式下，一旦國家、組織或地區採取特定的行為軌跡後，想再逆轉的話，其所付出的成本將會相當高[25]。

　　理性選擇學派認為，理性選擇途徑的方法主要在闡釋制度的影響、

制度的必要性、對特定制度的選擇,以及制度的長期持續性和生命力等。理性選擇途徑擷取經濟學的分析工具,強調財產權的界定、競租的行為、以及交易成本對制度運作和發展的重要性。這種政治學的計算學派可以追溯到Downs、Buchanan & Tullock、Ricker,他們最早運用關於理性行動的數學模型在投票行為和聯盟形成分析等領域,這些研究方法及成果,後來也成為公共選擇理論的重要內容[26]。

第三節　新政府運動與企業型政府治理

制度論的解釋已經不再是以強調個體為主了(individualistic),而將焦點放在組織要如何應對較大的社會制度變革。新制度論促使「制度」研究跨越了多個學科領域的範疇,也透過對於「制度」的全新探索,提出了新的概念與解釋;其中有一部份也被用於政治實務。

環境變化帶來新的挑戰,也出現不少要求變革的聲浪;此一發展,促成了「政府改造」思維的盛行;許多新的名詞被創造出來。包括、新公共管理、政府再造、新政府運動及企業型政府等,以及對新公共管理觀點提出修正的「新公共服務」等。這些彼此的觀點有同有異,但是呼籲政府轉型的目的則是一致的。即使說法或觀點未盡相同,但確實都影響或改變了政府的組織運作。本文將各種說法,略加介紹如下。

一、新公共管理的觀點

1990年代初期起,美國於公共行政管理方面開始掌握以企業性改革為方向,並以提升公部門績效為目的之「新公共管理」(New Public Management, NPM)。這些管理觀念的改革包括:

(1) 公共行政的焦點必須是結果,而不是流於浮面的行政流程。

(2) 公共行政在市場性競爭概念之下,應提供較好的服務。

(3) 顧客導向（customer-driven）是公共行政市場性的必然結果。

(4) 政府必須輔導而非約束，以市場觀念推動服務。

(5) 政府應解除不必要的管制。

(6) 延伸解除管制規定，允許組織成員以創意服務顧客與進行工作。

(7) 公共行政須更創新觀點，並揚棄「規定約束」的作風（rule-bound）[27]。

這些觀念影響了全世界各個國家，新公共管理的發展趨勢，已然逐漸形成。而關於新公共管理組織變革的解釋與規劃雖有異同，但可歸納出六項改變[28]：

(1) 公部門傳統大型化組織式微，以合作化單位（corporatized）個別管理。

(2) 公部門組織彼此之間、公私部門彼此之間出現效益的競爭。

(3) 公部門內部管理訓練可借助於私人機構實施。

(4) 控制與節約資源，以較低廉的方式提供公共服務。

(5) 實際執行管理模式優先於發號施令的管理模式。

(6) 組織績效朝明確性與可量測性發展。

對照傳統的行政模式，有些部份確實在被新公共管理模式取代。這不僅意味著公共管理的轉型，而且也是市場與政府、政府與官僚體制、政府與公民，以及官僚體制與公民之間關係的轉型[29]。

二、政府再造的觀點

「政府再造」的觀點延續新公共管理而來，「政府再造」認為，基於以下兩項原因，促使政府應該加以變革，以因應其所面臨的問題。

(1) 政府治理發生嚴重失靈，對諸多問題無法立即而妥適的解決。

(2) 建構企業精神政府的風潮四起，參考私部門的管理技術，有望解決公部門治理無能的問題。

政府失靈：政府所面臨的窘境係因為巨變的外在環境和日增的公民

需求，從而必須擴張組織規模與職能以求因應和回應；然而，擴張後的科層官僚體系卻因組織慣性、權力集中化、缺乏競爭等因素，而在效率和效能上並未顯著提昇。

企業精神政府的潮流：美國審計總署（General Accounting Office，GAO）的評估報告指出，企業界的改革經驗創造了四種成功的變遷，足以作為政府調整治理方式的參考。

(1) 文化變遷：改變組織成員所共同持有之基本假定、價值、態度與期望。

(2) 任務變遷：重新認知、界定與規劃組織的核心活動與責任。

(3) 結構變遷：確定組織的權威和工作責任，是依最有效率的方式來安排。

(4) 流程變遷：改善產品與服務的生產與傳遞過程[30]。

由於企業改革經驗的成功，以及其經營績效優於政府施政，導致主張政府應向企業學習的支持者日益增加。這種看法堅定認為，政府應該要從企業治理學到有助於改革的經驗。

三、新政府運動與企業型政府

（一）新政府運動

「新政府運動」或「企業型政府」的內容類似，不過是使用的名詞不一樣。

《新政府運動》作者David Osborne與Ted Gaebler認為，政府可以像企業一樣轉型，成為一個創新、積極、有達成目標策略、執行魄力的優質團隊。而政府可以如何做得更好的10項原則如下：

(1) 發揮「指導性」：自己少划槳，多指揮。

(2) 發揮「社區自主性」：鼓勵社區及社團熱心參與治安事務。

(3) 發揮「競爭性」：政府用多種因鼓勵良性的市場競爭、地區間

競爭、以及產業間競爭。

(4) 發揮「任務性」：政府機構不要一成不變的做事，要有彈性，接受隨時指派的工作，以及不時調整工作的優先次序。

(5) 發揮「效率」：「成效」比「成本」更重要，亦即要更注重「產出」而不僅是「投入」。

(6) 發揮「顧客導向」：政府的顧客就是人民，人民的權益遠比公務機關本身的方便來得更重要。

(7) 發揮「企業性」：除了節流，更要注意開源。

(8) 發揮「預見性」：事先的防範更重於事後的彌補。

(9) 發揮「權力分散」：在適當的監督下，讓地方政府或當地機構發揮因地制宜的功能。

(10) 發揮「市場導向」：運用市場力量，鼓勵民間扮演過去政府扮演的部分角色[31]。

（二）以服務為核心的企業型政府

企業型政府的目的，在於推動行政革新，善用政府資源，追求公共利益，鞏固政權的合法性與適當性。加速「電子化政府」與「單一窗口」的設立，縮短民眾辦理公務的時間等，都是可行的方法。從美國總統柯林頓1997年的行政革新報告書內容看來，行政體制的運作應該更具「服務導向」（service-oriented），同時也應該彰顯出以下特質[32]：

S:專業職能（specialty）

E:責任倫理（ethics）

R:即時回應（responsiveness）

V:構築願景（vision）

I:資源整合（integration）

C:顧客為主（customers）

E:追求卓越（excellence）。

　　將這些特質的字首合併，出現的是英文單字SERVICE，即「服務」。以此觀之，「企業型政府」即寓意為「服務型政府」，以服務為核心的政府治理觀念，成為新的「統治」觀念。

四、新公共服務的觀點

　　登哈特夫婦（Janet V. Denhardt ＆ Rober B. Denhardt）倡導「新公共服務」（The New Public Servicc）不遺餘力，不過，其主要觀點却與新公共管理的主張作了明顯的區隔。

　　他們認為，由於新公共管理旨在揚棄科層官僚制，但其結果可能是「空洞化國家」而已。因此，必須以「新公共服務」來取代「新公共管理」的論點。他們提出新公共服務的兩個核心主題是：

(1) 促進公共服務的尊嚴與價值。

(2) 重新肯定民主、公民權和公共利益的價值觀，以作為公共行政的價值觀。

　　登氏夫婦認為，「民主」、「公民」和「自豪」這樣的語詞比「市場」、「競爭」和「顧客」更為重要。畢竟，**公務人員並不提供顧客服務，而是提供民主**。新公共服務是根植於民主公民權（democratic citizenship）、社區與公民社會模型（models of community and civil society）、組織人本主義與新公共行政（organizational humanism and the new public administration）以及後現代公共行政（postmodern public administration）等觀點建構的。

　　新公共服務強調民眾回應性以及公民參與的過程，回歸政府設立的初衷，而非僅在於追求效率、生產率等理性的表現。應該要強調的是憲政價值以及對人性問題的探討，由人性觀點反思社會核心問題，才能真正地了解並回應公民需求，也才能真正的符合民主理論對政府的期待。

　　新公共服務的基本理念如下：

1. 服務於公民，而不是服務於顧客

公共利益是就分享價值進行對話的結果，而不是自身利益的聚集。因此，公務員不是要僅僅關注顧客的需求，而是要著重關注於公民並且在公民之間建立信任和合作關係。

2. 追求公共利益

公共行政官員必須促進建立一種集體的、共同的公共利益觀念。這個目標不在於找到個人選擇所驅動的快速解決方案，而是要創立共同的利益和分享的責任。

3. 重視公民權益勝過重視企業精神

致力於為社會做出有益貢獻的公務員和公民，要比具有企業家精神的管理者能夠更好地促進公共利益。

4. 思考要具有戰略性，行動要具有民主性

滿足公共需求的政策和方案可以通過集體努力和合作過程，得到最有效並且最負責地實施。

5. 承認責任不簡單

公務員應該關注的不僅僅是市場；他們還應該關注憲法和法令、社區價值觀、政治規範、職業標準以及公民利益。

6. 服務、而不是掌舵

對於公務員來說越來越重要的是要利用基於價值的共同領導，還幫助公民表達和滿足他們的共同利益需求，而不是試圖控制或掌控社會新的方向。

7. 重視人，而不是重視生產率

如果公共組織及其所參與其中的網絡，能夠基於對所有人的尊重而通過合作和共同領導之過程來運作的話，那麼從長遠來看，它們就更有可能獲取成功[33]。

第四節　國家權力分立制度

強調「服務民眾」與「企業治理」的新公共管理觀點，在很大一部份是採用了政府權力分享的概念；但是權力仍有其傳統的運作制度。

回到憲政體制下政府權力制度的探討，主要有多數民主國採行的行政、立法、司法三權分立的制度，以及我國特有的五權分立制度。

分權（division of power）與制衡（checks and balances）是民主國家政府體制與憲政選擇的重要依據，也是憲政主義（constitutionalism）的重要內涵。西方民主國家受到英國及美國憲政體制經驗影響，多採取三權分立之議會內閣制（parliamentarism）或總統制（presidentialism）。但也有一些國家，在三權之外，另行設置獨立的權力部門，例如審計、監察等「第四權」機制，諸如德國的審計院（Bundesrechnungshof; Federal Court of Auditors），以色列的審計長兼監察使（state comptroller），美國的會計審計總署（General Accountability Office），瑞典的監察長制（parliamentary ombudsman），西班牙的護民官（defensor del pueblo; people's defender）等都是具體的實例[34]。

一、三權分立制度

權力分立（doctrine of separation of power）可以說是現代憲政主義的「準具」之一，亦為現代民主國家的基本原則之一。一個由人來管理

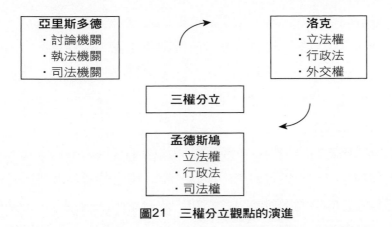

圖21 三權分立觀點的演進

人的政府,最大的困難首先是必須賦予政府權力來控制被統治者,其次必需使它能夠控制自己,否則難以避免濫權的流弊。因此,權力分立的目標在於以制衡原則,來防止一權獨大。進一步達到各部門之間,既有分工合作又有相互監督的效能。

最早提出權力分立原則的學者,首推亞里斯多德,他在西元前300多年前,即走訪城市國家,研究人民共同生活的準則。亞里斯多德主張國家應有三個機關,即討論機關(Deliberators)、執行機關(Magistrates)及司法機關(Judicial Functioaries),國家機關應具備何種功能,足以影響政體的性質[35]。

近代民主分權理論提出則首推洛克(John Locke),洛克將立法權和執行權(行政權)分立,更進一步將執行權分為對內的執行權與對外的外交權。洛克解釋「暴政」時認為,統治者如果不以法律而是以個人意志為準則,或者他的命令和行動,不在於保護人民的財產,而僅在於滿足個人的野心、私憤、貪欲,那就是暴政[36]。為了避免「暴政」的產生,最好的方式就是把立法權與行政權區分開來。洛克認為,不僅不能讓這兩種權力掌握在同一批人手裡,而且分掌這兩種權力的機構,也應該具有不同的運行規則[37]。

真正三權分立學說的出現，則推孟德斯鳩將政府權力分為立法、行政、司法三權。孟氏將執行權區分為行政權和司法權（裁判權）。前者係依法律執行，後者根據法律裁判。換言之，孟氏已將司法權自洛克分權理論中的執行權（行政權）劃分開來[38]。孟氏三權分立的主張被視是最完備的三權分立理論。

基本上，孟氏認為，只有在限制並禁止濫用國家權力的情況下，人民的自由與權利才能有效獲得保障。而為了抑止權力的濫用，應採行以「權力制衡權力」的機制，並且以之防範「政府暴政」的可能。他所建立的「權力分立與權力制衡」理論，三權不但分散，而且彼此之間還相互牽制均衡，以此來使人民之自由與權利有更充分的保障[39]。

孟德斯鳩的理論被充份運用在美國獨立革命後的憲政制度中。美國依孟氏理論，制定聯邦憲法，舉世第一部三權分立的成文憲法誕生問世，並為各國憲法相繼仿效對象。

參與制定美國憲法的麥迪遜（James Madison），依據孟德斯鳩的思想，認為「權力本身具有侵犯的本質」（encroaching nature），因此制衡至為重要。如果一種權力，能夠控制它種權力之行使，則憲法的原則必遭摧毀。麥迪遜指出：當立法、行政及司法所有權力都集中於同一手中時，不論其為個人、少數人或許多人，亦不論其為世襲的、自封的或選任的，即可稱為「專權暴政」[40]。因此他主張美國應該制定成文憲法，以「文書之防堵」（parchment barries）來遏止「權力侵犯」。美國憲法將各統治機關的權限明確劃分界線，並採三權分立制度，即與此有關。

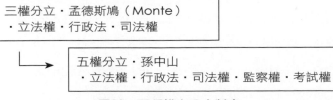

圖22　兩種權力分立制度

二、五權分立制度

　　大約比孟德斯鳩著述《法意》晚一個半世紀，國父孫中山先生在民國前6年（1906年），演講「三民主義與中國民族之前途」，首度提出五權憲法概念。1921年演講「五權憲法」；1924年演講「民權主義」。都在闡明為什麼我國沒有採用孟德斯鳩的三權，而要採用創設的五權制度的理由。

　　中山先生認為，對中國而言，三權分立還尚未完備。因此他主張將行政權、立法權、司法權，加上中國傳統政治特有的考試權和監察權，合在起來，成為「五權制度」。

　　中山先生將「管理眾人之事」稱為政治，又將處理政治的國家大權，依「權能區分」原理，分為政權與治權。中山先生所稱的「政權」，實指人民之權利（Right），即選舉（Election）、罷免（Recall）、創制（Initiative）與複決（Referendum），其中後三者尤為當代實施直接民主（Direct Democracy）之主要內涵。至於治權（Power），則是行政（Executive）、立法（Legislative）、司法（Justice）、考試（Examination）與監察（Control）[41]。

　　中山先生還主張，將政權交給人民，將治權交給政府，如此便能做到「人民有權」、「政府有能」。他提出「權能區分」的理由是，人民掌握了四項政權，就有了「大權」；如此，可以濟代議政治之窮；政府獲得了五項治權，就有了「大能」，如此，可救三權鼎立之弊[42]。中山先生政權與治權劃分的遺教，成為我國憲法的基本概念。

　　實則我國五權憲法體制下五院之間的互動關係，並非單純如却西方國家三權之下的分權與制衡，而係採「事權」與「人事」二元化的分工與合作機制。即行政、立法、司法三院採西方三權之間的分權模式，以「制衡」為其運作主軸。行政、監察、考試三院之間，則是根據中國傳統政制設計的精神，對政府人事進行考核與監督。五權憲法的運作，

一方面按照西方「多數民主」與「分權制衡」的憲政主要原理,以確保民主體制的有效運行,另一方面,則賡續中國傳統獨特的考試與監察兩制,並結合現代民主體制的運作規範,使其從「人的監督」與「分工合作」角度,確保五權憲法「善治」(good governance)的民主效能[43]。

三、權力分立的目的與效果

如前所述,權力分立之目的有二:一為追求「效率」,一為「避免專權暴政」,保障人民自由。而權力分立之內涵,還可以用橫向水平分權與縱向垂直分權加以解釋。橫向水平分權是指中央或地方政府本身內部的權限劃分;縱向垂直分權是指中央與地方政府間的權限劃分[44]。

垂直面向的分權,旨在幅員遼闊國家實施憲政時,為考量地域時空所衍生的人文地理、歷史文化、血緣差異與民俗習慣等差異,因地制宜地落實自治與分權的民主原理,避免中央過度集權戕害了「人民自治」的需求;這個部份,在我國憲法中,已具體顯示在「地方自治」制度上。

水平面向的分權,是政府主要結構的設計,得以在水平的位置上,透過政府各種權力的組成,與組織的分設來實現「制衡效果」;也同時藉此達到保障人民權利的效果。然而,應該關注的是,權力分立的「制衡」效果,並不會自然的產生,仍有賴於「權力相互尊重」,才有可能得以實現。

進一步探討橫向或縱向不同比重的權力分立,還會影響到政府組成的特徵,是內閣制或總統制,因其實施的效果與偏重並不一樣。例如內閣制會要求注重效率;而總統制則強調應防止專制的發生。

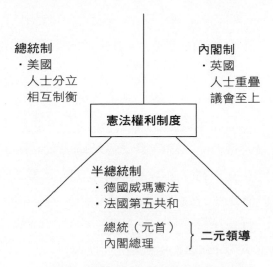

圖23　憲法規範的行政立法權力制度

第五節　總統制、內閣制、半總統制

在憲政研究的傳統裡，以行政立法的權責關係為核心變數，將憲法分為內閣制（parliamentary system）和總統制（presidential system）是常見的分法。內閣制強調的是議會主權，不允許議會和政府的權力分離。亦即，政府的組成、運作與解散，都必須得到議會的同意。相較於此，總統制之下，政府的組成和解散是以一個有民選基礎的總統為依歸，而這個總統的任期有制度規範，不會被議會任意改變[45]。

然而，在這兩種類型之外，還有一種混合式的憲法架構，在行政與立法的關係上兼具了議會制與總統制的特徵。法國的憲法學者 Maurice Duverger 稱這種憲法為「半總統制」（semipresidentialism），依據 Duverger 的定義，半總統制憲法的基本原則，在於將行政權二元化，並且各自對應一個民意基礎。其中一元在於對人民負責的總統，另一元則是

對議會負責的政府。依據這個定義，Duverger指出了幾個具有這種二元行政憲法架構的國家作為半總統制的例子，其中德國威瑪共和便是一例[46]。

一、總統制

所謂「總統制」，是指總統由民選（間接選舉或直接選舉）產生，任期固定，身兼行政大權，而且除非遭受彈劾或主動請辭，不因國會不信任而去職的制度。在此一制度之下，行政、立法、司法三權之間，各有清楚的職掌，彼此制衡。行政權與立法權相互獨立，不相統屬[47]。

純粹的總統制，應包括以下三個條件[48]：

(1) 元首（總統）由人民直接選舉。

(2) 在其既定任期內，不因議會表決而去職。

(3) 元首（總統）領導或指揮其任命的政府。

Juan Linz則提出總統制的兩項特徵為：

(1) 掌握行政權的民選總統（或由以選舉總統為單一目的選舉人團選出）和民選立法機關（一院或兩院）皆享有民主正當性（legitimacy），即為「雙重民主正當性」的特徵。

(2) 總統與國會皆有固定任期，總統獨立於立法機關，國會的生存也獨立於總統，此特點導致總統制的「剛性」特徵[49]。

美國是標準的總統制國家，總統由代表全國人民的選舉人團選出，總統獨佔所有的行政權，行政部門由總統籌組，官員由總統任命，不須經國會同意，國會也沒有解散政府的權力。

（一）總統制下的分權機制

總統制基本上是分權（separation of power）理論的產物，在總統制的民主國家，其立法、行政，以及司法部門，都是藉由以下兩種主要的機制加以分立[50]：

1. 人事分立（separation of personnel）

美國憲法明確規定任何人不得同時在行政、立法或司法三個部門，擔任一個以上職務。美國憲法第1條第6項即定：「凡於美國政府任職之人員，於其任期內，不得為參議員或眾議員」。

2. 制衡（checks and balances）

美國憲法並未將政府三權徹底分離，而是分別賦予每一個部門對其他部門具有若干牽制（checks），並使每一個部門能夠與另外兩個部門彼此之間保持適當的平衡（balances），此即是所謂的制衡。

（二）總統制下的內閣與國會

美國的總統制下的總統一方面是國家元首，同時也是行政首長；總統擁有實權非虛位。同時，內閣閣員不得兼為國會議員，國會議員不得兼任內閣閣員。總統公布法令、人事任命時，無須副署。此外，總統無權解散國會，國會亦無權要求總統下台[51]。

在總統制國家，由於強調權力分立，行政與立法各自獨立運作，行政權的成立不需立法的同意，是以沒有所謂的執政與在野之分，這也使得政黨內部的凝聚力較低[52]。相反的，在內閣制，內閣的穩定需要一強有力的政黨來支持，因此，在各自為政的情況，內閣制下會會使得政黨有較高的凝聚力[53]。

二、內閣制

（一）內閣制的權力機制

內閣制的形成與國會本身的強化及蛻變有密切的關係，內閣制也被稱為議會制政府（parliamentary government）或簡稱為議會制

（parliamentarianism）[54]。從起碼條件來說，只要能具備信任制度、副署制度、責任制度三個條件，應該就可稱之為內閣制。

內閣制不允許議會與政府分離，他們是完全以立法與行政權力共享為基礎的。解散議會的權力，不能與議會監督政府的權力，等量齊觀。前者是偶爾可能行使的，後者則是對每件立法之繼續不斷的監督。而且進一步說，解散議會的權力一般乃是國家元首的特權（英國除外），不是內閣總理的權力[55]。

學者Austin Ranny認為，內閣制民主的核心原理，是若干政治學者所謂的「權力融合」（fusion of powers），所謂「權力融合」，就是「把政府的全部權力集中分配給國會」。析而言之，權力的集中，乃是透過以下兩種機制達成的[56]：

1. 人事的重疊（overlap of personnel）

除了極少數的例外，內閣制民主國家大多要求高層行政首長，例如部長或次長「必須」是國會議員。因此，行政部門的高層官員，例如內閣和各部會，事實上已成為「國會中負責相關行政部門事務的各委員會」。

2. 議會至上（formal supremacy of parliament）

內閣制國家，閣員推動政務的權力來自國會的授與。在任何時刻，只要國會通過「不信任案」，就可迫使某位閣員離職，或者推翻整個內閣。不信任案一旦通過，內閣就必須總辭並由另一位國會多數所同意之內閣接替之；否則，就必須重新選舉以產生新的國會；新國會可能任命原有內閣，也可能重新任命新內閣。

在總統制當中屢見不鮮的立法部門與行政部門之不合，在內閣制不但不被允許，即使出現，為了解決兩部門之間的不合，還必須撤換立法或行政部門二者之一的成員；或者同時撤換行政與立法兩部門的成員。

（二）內閣制的基本原則

源自於英國的內閣制，可以說是近代民主政體的先驅，內閣制是由於王權與貴族及少部分階級代表爭奪權力，所漸形成議會代表與首相間的政治運作模式。此一模式，是由議會代表納稅人，而首相則作為王權的忠誠行使者，進而衍生成首相對議會負責的政治運作方式，如今以英國為主的議會內閣制已發展成一套有系統的政體運作模式。

內閣制的基本原則是責任政府（responsible government），而非總統制的制衡（checks and balances）。內閣制的個別閣員需要對議會負責，內閣整體也須對議會負責。如果議會對某位閣員或整體內閣不信任，個別閣員或整體內閣便需要辭職以示負責[57]。

三、半總統制（混合制、雙首長制）

威瑪憲法的設計，是德國第一部民主憲法，也影響到二次世界大戰後的德國基本法設計。威瑪憲法以議會民主，搭配直選總統與公投，而設計出具有直接民主色彩的憲法。後來學界稱這種混合式憲法為「半總統制」憲法，並視威瑪憲法為最初的個案之一[58]。另一個「半總統制」的案例，則是法國第五共和憲法。

德國威瑪共和憲法被認為是半總統制的原始濫觴，不過當時並沒有半總統制的觀念，威瑪憲法被理解為由強勢總統節制的議會制[59]。法國第五共和憲法之成功，方導致憲政成為憲法學者熱烈討論的焦點。

法國第五共和憲政，內閣須對國會負責，並依靠國會的支持而生存；但同時又存在一位擁有相當實權的民選總統。Maurice Duverger在1980年首先提出「半總統制」（semi-presidential system）做為一個新的政治系統模型，其認為「半總統制」這個概念可僅就「憲法內容」來定義。一個政權要被視為半總統制，其憲法必須包含三個要素[60]：

(1) 共和國的總統需由全民投票產生。

(2) 總統需擁有相當重要的權力。

(3) 除了總統之外，還有與總統相當的總理和部長，他們擁有行政的權力，只要國會支持他們，他們就能繼續任職下去。

Sartori更詳盡的分析「半總統制」特徵：

(1) 國家元首即總統，由人民直接或間接選舉，有固定任期。

(2) 國家元首與內閣總理共同享有行政權力，因此，形成二元的權力結構。

(3) 總統獨立於議會之外，無權直接單獨治理；因此其意志必須經由其政府（即內閣）傳達並處理。

(4) 相反的，內閣總理及其內閣是對總統獨立、對議會依賴的；他們或以議會之信任而任職，或以議會之不信任而去職，其去留均視議會信任與否為斷，而需議會的多數支持。

(5) 半總統制的二元權力結構，容許有不同的安排，也容許行政部門內權力有變動的可能，但須受一嚴格條件之限制，即行政部門各構成單位「有獨立行事的潛能」（autonomy potential）。Sartori 認為「擺動」是一個制度內部的運動，在擺動時有些東西保留未變；而換軌則意指一種體制到另一種體制的過渡，Duverger 曾提出：半總統制並非議會制與總統制的綜合，而是議會制與總統制兩階段的交替[61]。

半總統制其實是處在總統制與內閣制兩者間擺盪的體制，總統權力的大小取決於總統或內閣總理兩人誰能獲得國會多數的支持。某些學者即認為，中華民國的體制類似半總統制[62]。

第六節　本章小結

本章討論了關於憲政體制下的「權力制度」，其中與警察有直接關係的是，在「服務型政府」下的警察，要如何應對而成為「服務型警察」。另一個與憲政體制有關的是我國究竟是總統制？內閣制？或者半總統制？

一、新公共管理的警察制度變革

隨著政府革新的浪潮，學者章光明等提出警察的因應變革觀念認為，公共部門的警察機關，需要民眾的支持，所以警察可以參考「顧客導向」、「公共參與」的模式，為民眾提供服務。警察與民眾，可以共同合作，創造更高的公共利益。具體而言，警察機關應該轉換的思維，包括：

(1) 從國家主義移轉到國民主義：即尊重民眾與社區的「社會自主性」，並且降低警察機關國家性、威權性的特質。

(2) 由管理主義移轉到社群主義：警察應該擺脫「管理者」絕對權威的角色，接納開放、自由、自主的社群主義警政策略。

(3) 由漸進主義移轉到基進主義：警政改革不應再採取「進一步、退兩步」的漸進策略，而要採取根本性、全面性、策略性和基進性的改革。

(4) 由專家規劃移轉到公民參與：警政策略不必固守「由上而下」的菁英、專家、技術官僚的決策模式，而應接受由下而上、公民參與的警政策略制定模式。

(5) 由經濟效益移轉到社會公義：警察應更強調分配正義以及社會公義的達成，以人性關懷的角度，有效率的維護社會公義。

(6) 由工具理性轉移到實質理性：過份重視工具理性，將會過份關
　　注犯案偵破、刑案績效，以致於忽略了實質理性，無法讓民眾
　　感受到警察的付出[63]。

在警察制度變革的思維中，關於增加民眾的「公共參與」的說法，
有一部份接近「權力分享」的意味。例如民間協勤警力、社區警政、治
安滿意度等等的實施，雖然不能明確肯定就是權力分享，但警察機關、
警政學者可以朝這個方向作更多的論證。

二、我國究竟是總統制？內閣制？或者半總統制？

　　從我國憲法增修條文中對照，總統擁有極大的實權。依據憲法增修
第3條，總統擁有不經國會同意，逕行任命行政院院長之權；依據增修
第2條，總統可設立國家安全會議與國家安全局，決定國家安全大政方
針；依據增修第5至7條，總統對司法院、考試院、監察院正副院長等握
有提名權，雖需經立法院之同意，但無需行政院院長副署。此外，總統
身兼三軍統帥，任命文武官員，種種規定來看，總統權明顯突出。而從
1996年開始實施的一人一票直選總統，讓總統當選者可以挾一定的民意
基礎，更不應該是一位虛位元首。

　　但在另一方面，憲法本文第53條明定，行政院長為最高行政首長；
行政院院長的權力則包括憲法第56條規定的「行政院院長提請總統任命
行政院副院長、各部會首長及政務委員」；憲法第37條規定「行政院院
長副署總統發布的法律命令」；憲法第58條，「行政院向立法院提出法
律案、預算案、條約案等其它重要事項」，可見行政院長亦被賦予最高
行政權。就此，若僅以憲法規定來看，我國可能接近半總統制，或稱雙
首長制、混合制。但本文以為，從實際運作來看，從政治責任歸屬來
看，我國現在應該更接近於「總統制」才恰當，主要理由如下：

(1) 人民投票選的是總統，而不是行政院長。依據「契約論」的理
　　論，總統應該向全體人民負全部的最終責任。

(2) 雖然憲法在文字上認可「行政院長為最高行政首長」，然而實務上，總統可以獨斷任命、撤任行政院長。那麼，雖說行政權係由行政院長運用，但總統隨時可任用與自己意志一致的行政院長；以此觀之，施政成績好或不好，固然行政院長有責，但行政院長只是總統意志的延伸，總統當然要負最終的責任。總統的責任，可以說根本無可迴避。

直接投票選總統的制度，體現了我國「國民主權」的民主優越。但是人民希望選出的是願意負起責任的總統，而不是隱身在「雙首長制」後，選擇性負責的總統。

對總統而言，肯不肯負責是一種人格的檢驗；對人民而言，總統是不是負責，則是在投票瞬間一種智慧與運氣的考驗。

第四章　學習回饋

🔍 關鍵詞

制度（institution）

新制度論（New Institutionalism）

權力分立原則（doctrine of separation of power）

內閣制（parliamentary system）

總統制（presidential system）

半總統制（semipresidentialism）

📖 請回答以下問題

1. 韋伯將權威（authority）分為三類，領袖魅力的（chrismatic）、傳統的（traditional）、理性/法律的（rational/legal）的，試論其個自的意涵？

2. 是論我國憲法廢除國民大會選舉總統、副總統，並改採總統直選後，係屬於總統制？內閣制或半總統制（雙首長制、混合制）？

✒️ 試作以下測驗題

1. 副署制度源自下列何者？（97公務員三等）
   (A) 美國總統制 　　　　　　(B) 瑞士委員制

(C) 法國雙首長制　　　　　　(D) 英國內閣制

2. 下列何國屬於總統制國家？（98四等稅務）

(A) 美國　　　　　　　　　　(B) 德國

(C) 日本　　　　　　　　　　(D) 英國

3. 下列何者之產生不是由總統提名，經立法院同意後任命之？(98四等稅務)

(A) 司法院大法官　　　　　　(B) 國防部部長

(C) 檢察總長　　　　　　　　(D) 監察院審計長

4. 依憲法本文之規定，我國最高行政機關為：（98交通升資）

(A) 總統　　　　　　　　　　(B) 考試院

(C) 行政院　　　　　　　　　(D) 監察院

5. 依司法院釋字第585號解釋，行政首長依其行政權固有之權能，對於可能影響或干預行政部門有效運作之資訊，有決定不予公開之權力，核屬行政本質所具有之：（99年四等行政警察）

(A) 行政特權　　　　　　　　(B) 行政保留權

(C) 行政豁免權　　　　　　　(D) 行政秘密權

註釋：

1. 周陽山，〈制度化與民主化概念的省思〉，收錄於陳文俊主編，《台灣民主化：回顧、檢討及展望》。（高雄：中山大學，1996）pp.4-5.

2. 李鴻禧，〈我國人權之概況與展望〉，收入《人權呼聲：當代人權論叢》，（台北：中國人權協會，1988）pp.29-43.

3. 陶百川，《為人權法治呼號》，（台北：傳記文學出版社，1978）p.2.

4. D.North, Institutions, Institutional Change and Economic Performance, (New York: Cambridge University Press.1990)。

5. 徐仁輝，〈新制度經濟學與公共行政〉，《世新學報》第5期，1995，pp.273-288.

6. R.K. Weaver, and B.A.Rockman, "Assessing the Effects of Institutions." In Weaver, R.K. and Rockman, B.A.eds. Do Institutions Matter？Washington, D.C. :The Brookings Institution.1993.pp.1-41.）

7. 龍冠海主編，《雲五社會學大辭典第一冊：社會學》，（台北：臺灣商務，1971）p.123.

8. Wolfgang J. Mommsen, The Political and Social Theory of Max Webter: Collected Essays, （Cambridge, U.K.: Polity Press, 1989.）p.124.

9. Max Weber, Economy and Society: An Outline of Interpretive Sociaology, Guether Roth & Claus Wittich (eds.), (University of California Press, 1978) V.I. p.53.

10. Max Weber, Theory of Social and Economic Organization, translated by A. M. Henderson and Talcott Parsons,（New York: Free Press, 1964）p.324.

11. 劉北城等譯《韋伯思想與學說》，（台北：桂冠圖書，1998）pp.301-304.

12. Max Weber,. " Bureaucracy. "Hans H. Gerth & C. Wright Mills (eds.) Max Weber: Essays in Sociology .（New York: Oxford University Press. 1946）。

13. 陳德禹，《行政管理》，（台北：三民，1996）pp.27-28.

14. 丘昌泰，《公共政策：當代政策科學理論之研究》，（台北：巨流，1994）p.128.

15. 張金鑑，《行政學典範》，（台北：中國行政學會，1991）p.114.

16. 林鐘沂、林文斌譯，《公共管理新論》，（台北：韋伯，1999）pp.33-40.

17. 陳坤森，〈新制度主義與政治制度的構思：代譯序〉，陳坤森譯《當代民主類型與政治》，（台北：桂冠，1995）pp.1-2.

18. 徐仁輝，〈新制度經濟學與公共行政〉，《世新學報》第5期，1995，pp.273-288.

19. James G. March, , & Johan P. Olsen, "The New Institutionalism: Organizational Factors in Political Life," American Political Science Review, 1984.Vol. 78, No. 3.

20. W.Scott Richard Institutions and Organizations. （California：Sage. 1995）

21. John W.,Meyer, & Brian Rowan. " Institutionalized Organizations: Formal Structure as Myth and Ceremony, " American Journal of Sociology, 1977.（83）pp.340-363.

22. W. Scott Richard Institutions and Organizations. （California：Sage. 1995）

23. 陳美智、楊開雲，〈組織真是理性的嗎？〉，《東海社會科學學報》第20期，2000年12月，pp.27-59.

24. 彭錦鵬，〈行政學的未來與挑戰〉，張潤書主編，《行政管理論文選輯》第17輯，（台北：銓敘部，2003）p.4.

25. 王躍生,《新制度主義》,(臺北:揚智,1997)pp.81-82.
26. 徐斯勤,〈新制度主義與當代中國政治研究:理論與應用之間對話的初步觀察〉,《政治學報》32期,2001,pp.95-170.
27. D. H. Rosenbloom, & R. S. Kravchuk, Public Administration Understanding Management Politics, and Law in the Public Sector. 5th ed. (McGraw-Hill Companies. 2002)
28. C. Hood, "The New Public Management in the 1980s:Variations on a Theme." Accounting, Organization and Society. 20(2/3),1995: 93-109.
29. 林鍾沂、林文斌譯,《公共管理新論》,Owen E. Hughes原著。(台北:韋伯,1999)。
30. 林水波著《政府再造》,(台北:智勝文化,1999)pp.342-343.
31. 高希均,〈序:政府部門也可以做得有聲有色〉,劉毓玲譯《新政府運動》,(台北:天下文化,1993)序言p7.
32. 江岷欽,〈企業型政府新詮〉,張潤書主編,《行政管理論文選輯》第17輯,(台北:銓敘部,2003)p.29.
33. 吳定等著《行政學析論》,(台北:五南圖書,2009)pp.61-62.
34. 周陽山,〈從「善治」看五權憲法〉,收錄於《孫中山與現代中國學術研討會論文集》(台北:國父紀念館,2007)pp.103-110.
35. 左潞生,《比較憲法》,(台北:正中,1988)。
36. 葉啟芳、瞿菊農譯,《政府論次講》,(台北:唐山,1986)p.125.
37. 唐士其,《美國政府與政治》,(台北:揚智,1998)p.66.
38. 周世輔,周陽山合著,《中山思想新詮:民權主義與中華民國憲法》(台北:三民書局,2000)p.109.
39. 董翔飛,〈從憲法與憲政兩個面向探討我國總統、行政、立法三者間之互動關係〉,《法律評論》第58卷,第12期,1992,pp.2-13.
40. 轉引自湯德宗,《權力分立新論》,(台北:作者自行出版,1998)pp186-187.
41. 周世輔、周陽山,《中山思想新詮:總論與民族主義》,(台北:三民,1992)。
42. 胡佛,《憲政結構與政府體制》,(台北:三民書局,1998)pp.224-225.
43. 周陽山,〈從「善治」看五權憲法〉,收錄於《孫中山與現代中國學術研討會論文集》(台北:國父紀念館,2007)pp.103-110.
44. 湯德宗,《權力分立新論》,(台北:元照,2000)pp.186-200.
45. Giovanni.Sartori, Comparative Constitutional Engineering,(New York: New York University Press. 1997)。
46. Maurice Duverger,."A New Political System Model: Semi-Presidentialist Government,"European Journal of Political Research. 2, 1980 ,pp.165-187.
47. 周世輔、周陽山,《中山思想新詮:民權主義與中華民國憲法》,(台北:三民,1995)p.139.
48. 雷飛龍譯,《比較憲政工程》,(台北:國立編譯館,1998)p.88.
49. Juan J.Linz, "Presidential or Parliamentary Democracy: Does it Make a Difference?"in The Failure of Presidential Democracy: Comparative Perspectives, edited by Juan J. Linz & Arturo Valenzuela.(The Johns Hopkins University Press.

1994）。

50. 倪達仁譯，《政治學》，（台北：雙葉書廊，1995）pp.294-295.

51. 苗永序，《各國政府制度及其類型》，（台北：專上圖書公司，1996）pp.117-120.

52. Leon Epstein, Political Parties in Western Democracies.（New Brunswick, NJ: Transaction Books,1980）pp.315-350.

53. 何思因，《美英日提名制度與黨紀》。（台北：理論與政策雜誌，1993）p.39.

54. 周陽山，〈總統制、議會制、半總統制與政治穩定〉，《問題與研究》，35卷8期，1996年8月，p.53.

55. 雷飛龍譯，《比較憲政工程》，（台北：國立編譯館，1998）p.107.

56. 倪達仁譯，《政治學》，（台北：雙葉書廊，1995）pp.295-296.

57. 周世輔、周陽山，《中山思想新詮：民權主義與中華民國憲法》，（台北：三民，1995）p.142.

58. 沈有忠，〈從半總統制談威瑪憲法的制憲理論與實際：議會民主到行政獨裁〉，《中研院法學期刊》第4期，2009年3月，pp.152-205.

59. 雷飛龍譯，《比較憲政工程》，（台北：國立編譯館，1998）p.133.

60. Maurice Duverger, "A New Political System Model: Semi-Presidential Government,"in Arend Lijphart, ed., Parliamentary Versus Presidential Government.（NY: Oxford University Press.1992）

61. 雷飛龍譯，《比較憲政工程》，（台北：國立編譯館，1998）p.130.

62. 黃德福，〈少數政府與責任政治：台灣「半總統制」之下的政黨競爭〉，收錄於明居正、高朗主編，《憲政體制新走向》，（台北：新台灣人基金會，2001）pp.104-105.

63. 章光明、黃啟賓，《現代警政理論與實務》，（台北：揚智，2003）pp.45-47.

第五章　憲法與人權

學習地圖

本章介紹人權的由來。從人權思想的演進，說明基本權的性質及其在憲政制度中的重要性，包括基本權的分類、性質；介紹所謂的「三代人權」演進觀念。在人權概念不斷被擴充後，作者將諸多人權主張歸納成公民權、社會權以及人格權加以介紹。本章所提及的相關課題，可參考以下的學習地圖。

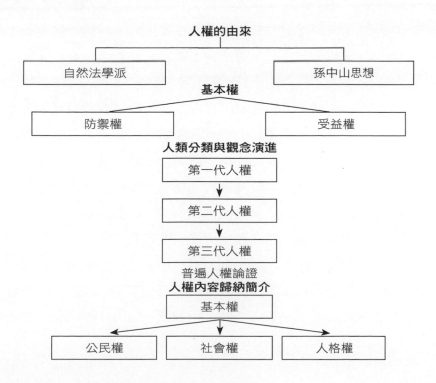

第一節　人權的演進

　　縱觀世界各民主國家憲法產生之後，幾乎都呈現出一個明顯的變遷方向，即不斷擴充人權保障的範圍。英國不成文憲法是如此，美國成文憲法是如此，我國憲法更是如此。我國是藉由司法院大法官解釋憲法，來擴充或確定新的人權保障內容。

一、人權範圍與時俱進

　　人權範圍不斷擴充，本質上是人類文明進化的表現；人權擴大範圍也意味著對政府權力的更多約束。形成這樣的發展，其理由包括從戰爭殘酷所學習到的慘痛經驗，也包括人民始終可以見識到政府治理無能，卻又貪戀權勢的本色。因此人民既然在「社會契約」精神下，將國家委託給少數人治理，理所當然的需要這些被奉上權力、財勢的當權者，對人權作出更多的保證。雖然說，憲法只不過是一堆條文，並不保證人權保障能妥適的被實踐，但有約束總比沒有約束好。

　　遠古人類社會起初並沒有國家，透過不斷的戰爭或武力征伐，才形成了國家；一旦統治者掌握國家大權，就會製造出像是「君權神授」、「朕即國家」的統治神話；並以此來支持王權永續不墜。從中國歷史來看，第一個統治王朝「夏」，及其後的「商」、「周」二朝都是如此。君主宣稱自己是經由天、地諸神授權其統治天下；亦即君主已被授權來「替天行道」。需要這樣宣告的理由，是表明唯有君主才能確保人民生活與生命。與這類宣示相對應的，就是君主也必須定期向天、地祭告，向人民展現其「君權神授」的真實感；君主常被稱為「天子」，即表明其乃上天指派的統治者。不只東方的中國如此，西方諸國也有類似的發展過程。

　　千百年來，人類記取教訓，不斷的一代接續一代尋求一種最適合人類生存、最能滿足人類需求的生活制度。到了民主憲政時代，國家統治者不必經過戰爭與失去生命危險，而是透過選舉程序，由勝出者掌握國家大權。但這種多數人「輕易的」將權力委託給一個人或一些人的情況，讓多數人並不放心；因此就要有一個約束，這個約束就寄託在「憲法」上。一部進步的憲法，必須以最大的可能，來保障人民權利。但是因為權利的項目實在太多，憲法內容無法列舉窮盡，因此憲法又發展出對於基本權利的保障。此外，憲法或者憲法解釋會將保障範圍，擴及到從基本權利衍生出來的其他權利。

二、人權基於人性尊嚴

　　人權保障的基礎認知，是釐清國家與人的關係。德國哲學家康德（Immanuel Kant）認為，「人」本身即是目的，而非手段，所以每個人都應該被平等的尊敬和對待，不能被國家當做工具。人若能實現「自我決定、自我統治」，就是人性尊嚴的展現。

　　「人性尊嚴」的說法，在二次大戰後發展到高峰。發動侵略戰爭而最終幾乎要亡國的德國，在戰爭期間以違反人性尊嚴、泯滅人性的殘酷手段，大量屠殺猶太民族，而為世人唾棄。基於反省，戰敗廢墟重建時期制定的德國基本法，第1條即明定「人的尊嚴是不可侵犯的」。並且標榜，這個條文是德國憲法「永恆不變的帝王條款」。以「人性尊嚴不可侵犯」的原則出發，形同憲法對於「基本權」全力保障之承諾。這個觀點，也影響到其他民主國家的制憲思維。

第二節　人權思想的論證

隨著人權思想的變遷，政治制度與法律制定亦隨之更迭。當「基本權」的思想出現後，再演進到「人權」與「普遍人權」，人權概念便具備了「發展的」和「與時俱進」的性質。所有被確認的「人權」項目，都不會是最終的項目。

人權思想是人類文明的成果，體現並保障一個人的主體性，保證外力不得任意侵犯個人主體。雲五社會科學大辭典對人權的解釋為：「人權是以人的資格而享受的基本權利」[1]。凡屬人類，具有人格，即享有此種基本權利，不因時、地、膚色、性別、出身或環境而異。人權也是人的尊嚴的礎石，其目的在促使每個人都能充份發揮其潛能與才幹，達到最大的安全與滿足，其原則可上溯到自然法觀點對人權思想的啟蒙作用。

一、「自然法」對人權思想的啟蒙

人權思想可上溯西元前305年希臘羅馬時期的斯多噶學派（Stoicism），這個學派主張：「宇宙是絕對的理性，理性能提供共同的概念（common notions），使人人擁有共同的經驗；從而形成知識、真理的標準」。此一學派認為，宇宙間存在的萬物都是合理的，人是宇宙萬物之一，因此也是更大的合理個體之一部份。人是理性的存在，所有的人都受到一個根本的「自然法」（natural law）所約束。人類並無貴賤之分，而且可以理性的管理自己的生活。因此，每一個人都應該是平等的，也都應該接受「自然法」的約束，只要彼此之間信守權利與義務，合理的生活形式，就能合理的延續。

「自然法」啟發了之後的自然法學派的人權思想論述，此派代表人

物甚多，影響亦大，洛克與盧梭可為其代表[2]。

二、洛克之人權思想

洛克是自然主義人權學說的奠基人之一，歸納他的人權思想，主要包括平等權、自由權、生命權和財產權。

（一）平等權

洛克認為，人們毫無差別地生來就享有自然的一切，共享同樣的有利條件，能夠運用相同的身心能力；因此，人人都應該平等。人與人之間不應該存在從屬或受制的關係。每個人都享有平等的生命、自由、健康和財產的權利，凡是受到侵犯的人，都有權利採取報復、懲罰和反抗的手段。

（二）自由權

洛克認為，人在自然狀態下與政府統治狀態下，會受到不同的規範。在自然狀態下，人不會受到任何權力的約束，人僅需以自然法做為行為的準繩即可。但是在政府統治之下，就必須遵守立法機關所制訂的法律，才能享有自由，並以此來做為生活的準繩。換言之，人在自然的狀態中可以隨心所欲，但在人為統治的社會中，以「遵守規範所失去的自由，來換取由政府與法律保障的更多自由」。

（三）生命權

洛克認為，一個人既然沒有創造自己生命的能力，就不能用契約或透過同意把自己交由任何人奴役，或置身於別人的絕對的、任意的權力之下，任他人剝奪自己的生命。所以，在自然狀態下，每個人享有生存的權利，任何人不得加以侵害，如果有人侵害他人的生命，便是違反了自然法。換言之，洛克對生命權的主張是堅持自然法的觀念；也就是

說，即使是被委託授權的政府，也無權剝奪人的生命，否則就是違反自然。

（四）財產權

洛克對財產權的見解，主要是將財產權區分為兩個部份。一個是「上帝的賜予」；上帝的賜予會遍及所有的人，因此，每個人從上帝所得到的都是一樣的，自然之物為「人人共有」。另一個則是來自「個人的勞動」；當有人對人人共享的自然之物施加勞動以後，它便脫離了人人共有的範疇，而成為私有財產。因為施以勞動會使一切東西具有不同的價值，所以，私有財產權是神聖不可侵犯的。

三、盧梭的天賦人權思想

（一）平等權

盧梭的人權思想主要見諸於1755年的《論人類不平等的起源和基礎》以及1762年的《社會契約論》兩本著作[3]：

盧梭主張天賦人權，他同意人類社會出現的自然或生理的不平等，因為這些都是基於自然而出現的不平等，由年齡、健康、體力、以及智慧或心靈差異；但他批評另一種精神上或政治上的不平等，因為它是起因於一種協議，由於人們的同意而設定的。盧梭認為，由於人類能力的發展和人類智慧的進步，才會開始追求平等。

盧梭認為沒有了平等，自由便不能存在。人在自然狀態下都是平等的，平等的享有生命、自由與財產等權利；雖然存在著體力與才智上的身體不平等，但是政治上的不平等，例如專制與奴隸制，則是不應存在的。就財富為例，就不應該出現「一個公民可以富得足以購買另一人」；也沒有「一個公民窮得不得不出賣自身」。

（二）自由權

　　盧梭的自由思想可分為自然狀態與社會狀態兩個樣態。自然狀態下，人類是生而自由，可以憑著自由意志，去做想要做的任何事。在社會狀態下，人類失去了天然的自由以及無限自由的權利；但卻獲得了社會的自由、道德的自由以及對於他所享有的一切東西的所有權。美國「獨立宣言」和法國的「人權宣言」，都援引洛克與盧梭的人權思想。而在19世紀末，孫中山先生領導中國革命也深受其影響。

　　與「自然法」的觀點不同，近代「人權法制化」的觀點認為，「人權是由法律賦予而來」，人是否有權利，端看法律如何規範。「自然權」的理念可以當作參考，但不是絕對的。

第三節　孫中山的人權思想

一、孫中山人權思想淵源

　　孫中山先生的人權思想並非憑空而生，自有其思想淵源，他參考歐洲近代之人權思想之外，也有「來自中國傳統」的人權思想。

　　就中國傳統思想來看，孫中山有深厚的傳統中華文化根基，他尤其重視倫理準則。倫理學說經過幾千年發展，成為人們行為和人際關係的規範，也是個人對社會和國家義務的準則，它包含「修身」和「及人」兩方面。「修身」在於行仁；「及人」則以「己所不欲、勿施於人」、「推己及人」、「無為其所不為、無欲其所不欲」三個層次為最重要。中華文化重視個人在社會中的作用，認為修身是齊家、治國、平天下的基礎；修身的主要途徑則是格物、致知、誠意、正心[4]。

　　倫理準則規範了人與人之間、人與社會之間、人與與國家之間的關係,用倫理道德的力量來防範人權爭端,這也是中華文化用於解決人權問題的特點,孫中山先生認為這是中國「特有的寶貝」。出自《禮記禮運篇》的「大道之行也,天下為公」,是其畢生革命奮鬥的理想;而「天下為公,世界大同」八個字是他經常書寫的題詞。「世界大同」所描繪的,正是人權理想的最高境界。

　　中山先生接受西方文化與教育薰陶影響,西方的主流思想對他有深刻的影響。尤其是倫敦蒙難脫險後,在滯留英國的期間,中山先生在大英博物館博覽群書,對歐美政治、經濟、社會的思想流派進行深入研討,尋求中國革命及建國後所有可行的方案。

　　孫中山的政治思想,也吸收了美國政治學者威爾遜(W. Wilson)「全民政治」的理論。認為「國家的責任是設立政府,為人民謀幸福」。其所倡導的民主政治理念,在本質上和美國總統林肯的民主理念極為接近。他自己曾說:「兄弟所主張的三民主義,實是結合中外的學說,順應世界潮流,在政治上所得的一個結晶品」。這個結晶品意思和美國大總統林肯所說「民有、民治、民享」的話是相通的[5]。

二、孫中山的革命民權

　　孫中山先生就中國革命的情勢,和中國的國情,提出與「天賦人權」不一樣的觀點,而主張「革命民權」。

(一)人權因「奮鬥」而來,不是「天賦」

　　中山先生認為自由是因奮鬥而得來的,平等是人為的,民權是時勢和潮流所造成的。也就是說自由平等不是天生的,民權也不是天賦的[6]。他之所以會這樣主張,是因為他所領導的革命路線,採取了暴力革命的方式推翻專制王朝,他亟需要「喚醒民眾」;民眾不能等著毫無作為,想像著自由與平等的權利會從天而降。

對於「天賦人權」，孫中山曾經提到：

> 盧梭是歐洲主張極端民權的人，人民的權力是生而自由平等
> 的，個人都有天賦的權利，不過人民後來把天賦的權利放棄罷
> 了。但就歷史上進化的道理說，民權不是天生出來的，是時勢
> 和潮流所造就出來的。（《民權主義》第一講）。

但孫中山並非全盤否定盧梭的看法，因此面對中國正在進行的革命
情勢，孫中山說：

> 不可因為前人所發表民權的言論稍有不合理，像盧梭的民約論
> 一樣，便連民權的好意也要反對。

（二）人權的初級作用在生存權

孫中山解釋「權」的作用，用之於今日，有些意涵與「生存權」相
通，可資參考。孫中山認為[7]：

環觀近世，追溯往古，「權」的作用，就是要來維持人類的生存。
人類生存有兩件最大的事，第一是「保」；第二是「養」。保和養兩件
大事，是人類天天要做的。保就是自衛，無論是個人或團體或國家，要
有自衛的能力，才能夠生存。養就是覓食。這自衛和覓食，便是維持人
類生存的兩件大事。「權」是人類用來作奮鬥的。

（三）人民民主就是「國民權」

在革命生涯的早期，孫中山強調「人民民主」，認為參考歐美多
黨制的共和國政體，能夠為人民提供一種有效的參與政治的途徑，實
現「人民民主」。但是在1911年革命後所建立的共和政體並不如預期理
想，促使孫中山重新考慮人民主權問題。他深刻的認識到，沒有強有力

的政治體制，任何形式的民主政體都不能夠輔助中國建設為一個強有力的國家[8]。

從孫中山的主張來看，「人民民主」就是「國民權」，也是一種基本權。

民國13年，即1924年11月19日，由於曹錕賄選、北洋政府毀法，致國會癱瘓。為和平解決此一軍閥派系的反動，中山先生主張召開國民會議解決內亂。在上海莫利愛路對上海新聞界談話時曾說到[9]：

對於有力量的人，一定要他們贊成這個會議的主張；若是他們不贊成，我就明告於天下，說他們是以暴易暴。現在中國既是定名為民國，總要以人民為主，要讓人民來講話；那些有兵的人，我們不能把他當作特別偉人，只可以當作國民守門的巡捕；那些有大兵權的人，和守門巡捕一樣，不能以為他們是有槍階級，我們主人便放棄權利，連家中大事也讓他們來管。

縱觀中山先生的人民權利原則，他堅定相信，領導人和政府從憲法取得合法執政地位；人民也從憲法獲得權利保障。至於要保障那些權利，則載於憲法條文，這就是他所謂憲法是「國家構成法，人民權利保障書」的精義所在[10]。

第四節　基本權的性質

在憲法中，基本權不但是客觀的法律規範，同時也是主觀的權利項目。人民的權利，最初以向國家爭取「不受任意干涉」的自由權利，再逐漸擴展到可以向國家提出積極請求的社會權，這樣的「國民權」就是基本權。一般學理分析認為，基本權所具備的功能，除了可以提供人民「防禦政府侵權」之外，還應當有「保證受益」的效果。其中所述及的，多集中於自由、平等，以及與社會生存有關的事項。以下簡介「防

禦權」與「受益權」的概念。

一、防禦權

洛克主張國家的任務應該僅限於「國防」及「治安」二事,除此之外,並無其他基於人民公益之需求,而被期待有所作為之必要。因此,國家應給人民充份的、最大可能的自由。「國家管得越少,越是好的國家」。這個思維發展到後來,就形成了「自由國家」、「消極國家」或者「夜警國」等說法。

在「夜警國」裡,白天應該任由人民自由發展,進行營生或其他各項活動,人民自由來去,不需要政府出面。到了晚上,所有活動都停止時,國家才開始出動,就像「夜警」一般巡邏維持治安,政府只需要預警外來的破壞即可。這樣的政府,僅需體現巡邏與警戒服務。

「最少管制的政府才是最完善的政府」,國家應給人民最大的自由空間。人民為了保護自由自治的空間,還可以主張「不需要政府干預」的基本權利。發展到後來,學界以為,這就是對政府的「消極不作為基本請求權」,並以此項基本權利,來防禦受國家行政侵害的可能。而其實際,就是人民享有的充份的自由權,或者說到了某種度「放任的」自由權型態。

但是,放任的自由會發展出「生死有命,富貴在天」的思維,當每個人都只為自己的遭遇負責,其它一切與國家無關以後,放任的自由不必然保證每個人都行使「理性的」與「相互尊重」的自由,其結果可能會造成人民受到更多損害。而且,這樣一來,個人與國家也失去了聯繫的價值與必要。

防禦權的觀點是符合人的基本權利的,雖然它發展到最後成為放任的自由而出現流弊,但防禦權的觀念至今仍然被運用在人民基本權利的解釋中。

依據基本權的防禦權功能,公民可以請求排除國家權力所為的各

種侵權行為。其中包括：立法機關制定侵害基本權利的法律，行政機關侵害基本權利的行政處理，或者司法機關侵害基本權利的裁判等等都可請求排除。此外，也另有見解認為，防禦權應屬於基本權利的一項「權能」，而非基本權利項目。

防禦權的功能，可以說是為了排除國家可能對基本權進行侵害，進而要求國家不作為的權利。在憲法中，個人作為權利的主體，一旦面對國家不法介入與干預時，即可依據此種「消極的防禦權」循法律途徑，要求停止侵害，或者要求宣告「國家侵害基本權利的一切行為，均屬違憲無效」。因此，具有防禦權性質的憲法，是民主憲政發展與鞏固的基礎關鍵[11]。

二、受益權

在「自由國家」、「消極國家」或者「夜警國」之後，隨著社會變遷，人民面臨更多生存與發展的新問題。工業革命帶來了經濟轉型與生活型式的變化，當工廠成立後，需要招用勞工；為了作生意，鄉村人口也快速向工廠附近集中，出現了群居的新城市。新城市裡龍蛇雜處，不但帶來治安的問題，工廠也會因工安意外造成人命死傷、勞資衝突等問題。其結果是社會貧富差距擴大、治安敗壞、資本家壓榨勞工等等。當各種社會問題接踵而來時，以往的「國家管得越少，越是好的國家」的想法，已經不切實際了。

此一時期，從微觀來看，除了國家機關，沒有任何人可以與資本家抗衡；從鉅視的角度來看，除了國家機關，也沒有任何人可以提供貧病弱勢或遭逢變故者所需的照顧與醫護。因此，「國家的任務，就是應該負起一個廣泛的責任；包括追求公共福祉，促進經濟成長、社會福利以及文教之振興」[12]。這個觀點也被稱為「國家積極作為論」。此一觀點認為，國家應該負起更多的社會責任；尤其對於事涉公義的衝突，應有更多的干預。

　　在「社會國」裡，國家對人民的關係已經不再是「最少干預原則」，反而，國家對人民負有「公共利益」的責任。公民為了自己的利益，請求國家或者由國家主動實施某一行為，而實現自己利益的權利；「受益權」的觀念，從而形成。

　　以今日的眼光來看，受益權的功能，是讓國家承擔更為積極的角色，國家應該採取各種積極的作為去幫助基本權利的實現。這樣的思維反映到「基本權利」上，就出現了「國家為一定之給付」觀念。之後又形成所謂的「積極的受益權」和「消極的受益權」二種[13]。

　　所謂消極的受益權則是指，當公民權利受到侵害時，可以向國家請求救助，國家居於被動的角色提供應有的救濟。例如，我國實施的國家賠償制度即屬之。

　　所謂積極的受益權是指，由國家主動提供的協助，例如行政上的受益權，包括請願、訴願。司法上的受益權，包括訴訟。經濟上的受益權包括財產權、工作權等等。

三、基本權的競合衝突

　　人民的權利義務係因應社會生活需要而衍生，故自由權利必須受到限制。上述觀點，導引出了法律「公益」的概念。德國威瑪憲法：「倘少數人之自由，與多數人之自由，不能並存時，則兩害相權取其輕，犧牲少數人之自由，而保護多數人之自由，即公益重於私益也」[14]。這就是基本權在公益與私益發生衝突後，應為競合之意。

　　基本權的衝突有兩種情況，其一是「數個基本權主體的基本權相互對立」，例如，一部份人的集會遊行自由，可能會與他人的行動自由發生衝突。但是畢竟這兩項基本權利都是正當的，二者都屬於基本權的保障範圍，因此都應加以保護；保護的方法應由國家出面協調，「兩害相權取其輕」，而「相權」的依據，就看「公益」在那邊。

　　另一個情況是「一個基本權的行使會侵害另一個基本權」；例如，

某位藝術家以「殺害他人」作為藝術展演項目，並宣稱自己的行為屬於「藝術創作自由」。但此種「創作自由」與「生命權」相互衝突，國家應基於公益加以協調。以今日眼光來看，若有人要將殺人當作藝術創作，當然會被當作殺人拘捕問罪。

還有，當一名竊盜犯向法院主張，其竊盜行為實係其「工作權」時，法院衡量此種自我主張的「工作權」已與被害人的「財產權」的衝突。以今日法律認知，想要將「竊盜」作為「工作權」的主張，是不會被接受的。

如上所述，當基本權發生衝突時，需要由國家進行協調，即競合。但是，要解決憲法上基本權相互衝突，不像民法上債的抵銷那樣。此時，國家與相互衝突的基本權主體就構成一種三方關係。國家保護一方面而限制另一方面，也就是國家對一方面而言是保護，而對另一方而言則是侵害。所以必須為國家協調這種衝突找到適當的方法，否則會導致基本權無法落實或者被限制剝奪的後果。一般而言，解決基本權衝突的方法有兩種：

（一）抽象解決

這是指從基本權的本質和構成的角度，找出一個一般性的解決基本權衝突的模式。例如，在憲法裁判中，首先從基本權的憲法解釋角度去界定某些基本權的構成要件，將一定的行為排除在此項基本權的保護範圍之外。這樣，當事人就不能依據這一基本權去主張基本權的衝突。另一種抽象解決的方法是交由立法機關對基本權的衝突作出裁量，也就是由立法機關將各項基本權予以具體化。

（二）具體解決

抽象解決的方法有時無法解決爭端，因為基本權衝突的情況太複雜，不可能以抽象的方式，來確定解決的公式。無論是憲法的解釋者還

是立法者，都不可能從抽象的基本權規範中推論出一切基本權衝突的具體情形。所以，有學者主張，基本權衝突的解決應該回到具體的案件中，進行具體事實上的利益衡量，最終還是要在事實的基礎上來加以解決[15]。

第五節　人權觀念變遷與普遍人權

人權是一套複雜觀念交融所建構起來的概念，其意涵認為：人權是基於做為一個人（being human）這個事實，而應具有不可讓予的（inalienable）、道德的權利。依據此一觀念所建構的任何社會制度，必然是回應社會變遷的產物；人權觀念自必也會隨之變遷。法國人權學者瓦薩克（Karel Vasak）在1977年提出「三代人權」（three generation of human rights）的概念[16]，來說明人權觀念的變遷。

一、三代人權變遷

瓦薩克認為，大體而言，第一代人權著重在法律形式上保障個人自由，反映的是17、18世紀的個人自由主義思想；第二代人權著重在實質上為個人自由之實現提供基本的社會與經濟條件，反映的是19世紀開始勃興的社會主義思想；第三代人權則著重集體人權，反映的是第二次世界大戰後第三世界國家對於全球資源重新分配的要求，它包括自決權、發展權、和平權；以及對資源共享、健康、生態平衡、災害救濟等的權利。因此，也有學者將這三代的人權分別稱為「第一世界的人權」、「第二世界的人權」與「第三世界的人權」[17]。

更進一步，Ann Kent認為人權是個人基於平等基礎，在社會上擁有的基本權利，是全人類不可被剝奪，無法轉讓的權利。從人權觀念變遷的結果，他將人權依時間順序區分為三代人權。

（一）第一代人權

18世紀下半，由歐洲人權運動揭開序幕，美、法革命即為該時期之代表。此一時期主要在強調天賦人權的信念，並且以自由權為其核心。自由權包括發表意見自由、信仰、言論、集會、結社等，這些主張充滿了自然權的色彩。1776年美國獨立宣言及1789年法國的人權宣言；其共同特色是都源自於自然權的觀點。

（二）第二代人權

第二代人權是指二次世界大戰後，國際之間更加關注公民權、政治權和經濟社會人權。自二次世界大戰以後出現發展權的概念，包含民族自決權、和平權、環境權、人道主義援助、人類共同財產所有權，以及資訊傳播權等都是。

（三）第三代人權

第三代人權是指，21世紀後的人權，主要內容包括自決權、天然資源、健康、和平、經濟和環境權發展等[18]。

人權是與時俱進的，從人權的演變趨勢來看，最先爭取的幾乎都是生存權，然後是財產權；之後才會爭取參與政治、集會結社、言論自由等權利。人權保障的規定原本是各國制定憲法的核心部分，因為法律無法保證完美無缺，故仍然需要藉助憲法解釋，來確定憲法人權保障的範圍[19]。

二、普遍人權論證

人權或者基本權的「普遍性」，是將人權課題提到國際而通行之謂。普遍性是不分國籍的，也是「先國家性」任何人皆得享有之權利。一國之法律亦可直接將此種基本人權納入規範，其用語往往為「任何人」或「人民」；而非以國籍為限之「國民」[20]。

　　雖然人權具有普世價值，具有普遍性；但是在現實情況下，「普遍人權」無法解釋為「所有的人，得享所有的權利」。

　　當基本權逐步推展到國際之間，就形成了所謂「基本人權普世價值」的說法；「普世價值」主張「任何人」都應受到保障。這個「普遍人權」的概念，隨著人類生活環境的變遷，不斷的在擴大範圍。

　　基本權利強調各種自由而將個人的人格予以絕對化，但是這種自由並不意味毫無限制的絕對利己主義（egoism）。因為，自由是有其倫理的、法律的內在界線，超過這條界線，即不構成自由；此一思想同樣反映在憲法文件上[21]。然而憲法之性質屬於「根本大法」，規定事項廣泛，運作上的影響因素亦頗為繁多。整體上，憲法受政治、經濟與社會各面向之因素影響；細目上，尤受政黨體制、選舉制度以及人民的民主思想及態度直接影響[22]。這就需要以具體明確的立法手段，來達到「保障人權」的目標。

　　各國憲法所列的權利，多以基本人權、公民基本權利等概念為主。從權利內容來看，分別屬於人權、基本權利、法律權利、公民權利、公民基本權利等等。不過若要細究「人權」的意涵，從其發展的淵源來看，可以發現，人權另有一層普遍意義。而且人權的範圍及內涵往往大於基本人權、大於法律，甚至也大於道德規範。試說明如下。

　　以人權概念中的修飾詞「人」和中心詞「權」個自內涵來看，兩個詞在邏輯上都可以是「單稱」、「特稱」和「全稱」的。即人權概念中的「人」可以指具體的一個人、一部份人或所有的人。「權利」也可以指權利形態中的一種、部份或者全部[23]。

　　人民的權利義務並非來自天賦，而是因應社會生活的需要而衍生，故自由權利必須受到限制，已成為大眾共識。人權概念主要解決的是人與人之間的社會關係，人與環境生物的關係；人權概念獨立於「法律」與「道德」之外，人權概念是社會進化的產物。可以說，人權概念並不簡單的等同於法學上的權利概念。

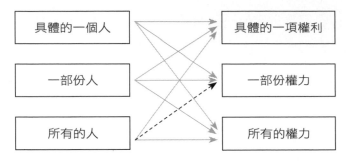

圖24　人權概念中的「人」和「權」的組合關係

　　從上圖來看，上圖用「人」和「權」的概念邏輯結合，顯示出九種形式：

(1) 具體一個人的具體權利。

(2) 具體一個人的部份權利。

(3) 具體一個人的全部權利。

(4) 一部份人的一項具體權利。

(5) 一部份人的一部份權利。

(6) 一部份人的所有權利。

(7) 所有的人一個具體的權利。

(8) 所有的人的一部份權利。

(9) 所有的人的所有權利。

　　其中「具體一個人的權利」；可能指涉的是一個君主獨裁的局面；而「一部份人的權利」；可能指涉的是「階級特權」、「民族特權」或者「公民特權」。因而，「普遍人權」中的「人」應該是指「所有的人」，即「所有的自然人」。

　　在「權」的部份，因為權利的行使會有獨特性、排他性。當某人行使一項權利時，他人即無法行使，因此「具體的一項權利」或「所有的權利」即無可能行使；因而「普遍人權」中的「權」應該是指「一部份權利」。

所以，「普遍人權」應該是指「所有的人都享有的一部份權利」。
亦即「人權是指每一個自然人都可以享有的一部份權利」。從人權產生
的歷史進程和人權的價值層面來看，也符合這樣的推論[24]。

第六節　人權的分類與內容

國內外許多學者都替人權進行分類，或者列舉人權的範圍，但他
們的說法或對於人權項目的分類，並不一致，往往還出現個人的創見說
法。以下介紹部份學者的見解，謹供參考。

R. H.Tawney 將平等權區分為基本的人身平等〔fundamental human
equality〕以及平等的公民權（equal citizenship and human rights）；而且
主張後者才是社會國家應該追求的[25]。T. H.Marshall進一步將公民權作更
詳細的闡述，主張完整的公民權應該包括的內涵有三[26]：

(1) 民權（civil citizehship）：指的是個人的自由，尤其是言論的、
思想的及信仰的自由，以及財產權及司法權。

(2) 政治權（political citizenship）：指的是投票權及參政權。

(3) 社會權（social citizenship）：指的是經濟福利與安全的權利，其
中包括了教育權、工作權以及健康照護權。

我國學者許慶雄認為，人權是自然擁有的權利，具有普遍性，依據
立憲主義原理，國家權力是由人權所創設，人權表現在人民參與政權直
接掌握國家權力、監督政府，人權是個人為對抗國家或社會的壓迫，維
護人的尊嚴與人格獨立，所具備的基本權利。

除了前述之外，國內外學者還有眾多關於人權的解釋，或者人權的
分類，難以詳盡臚列，其分類亦甚為分歧。本文整理歸納各種異同，將
人權分為基本權、公民權、社會權以及人格權四大類加以說明。各種權
利可如下圖所示。

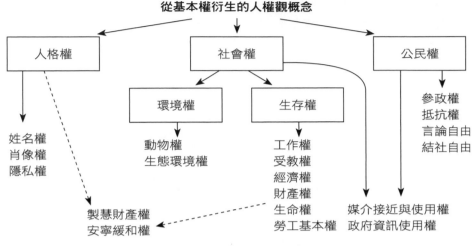

圖25　從基本權衍生的當代人權概念例舉

一、基本權

　　基本權意謂著「捨此基本權，其他諸權無從存在」之意；也就是說，作為一個人，必須擁有的最低需求權利，如果此種權利不存在或者不完整，則會危及一個人的生存保障。而公民權、社會權以及人格權，亦皆由此而生。

　　本文在之前已提到自然法學派的說法，在各家不同的著重之間，其中一定會被提及的是自由權、平等權二者。參考我國憲法所列人民權利保障，其中屬於基本權利的也包括了自由權、平等權二者。我國憲法學家林紀東，則在自由權、平等權之外，再從我國憲法所列人民權利，歸納出參政權、受益權；合此四者成為我國憲法的基本權利。

　　如下圖所示。

　　這四類基本權利，分別見於憲法本文之中，說明如下：

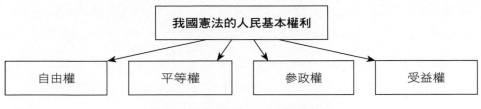

圖26　我國憲法的人民基本權利

1. 平等權

　　憲法第7條男女、宗教、種族、階級、黨派平等，均屬「平等權」的範圍。

2. 自由權

　　憲法第8至14條人身、言論、意見、出版、居住、遷徙、秘密通訊、信仰、宗教、集會、結社自由等等，均屬「自由權」的範圍。

3. 參政權

　　憲法第17條選舉、罷免、創制及複決之權。第18條國民有應考試、服公職之權利等，均屬「參政權」的範圍。

4. 受益權

　　憲法第15條經濟上的生存權、工作權、財產權。第16條行政上的請願權、訴願權。第16條司法上的民事、刑事、行政訴訟權。第21條教育上的受國民教育之權利等，均屬「受益權」的範圍。

　　我國憲法於1946年制定、1947年實施，憲法本文第2章列舉了「人民權利」，計有28項。在歷經1991至2005年間共7次的憲法增修過程

中，憲法第2章卻隻字未曾變動，亦未增刪，顯示1946年參與我國制憲之國民大會，已具備相當進步的人權概念。

我國憲法前言表明「保障民權」是制憲的主要目的之一。而人民自由權利的內容，隨著時代進步而變動衍生，例如環境權、資訊權、隱私權、智慧財產權等，雖然憲法並未列舉，但大法官陸續做出的憲法解釋時，許多都被歸於憲法第22條「其他權利」的範圍[27]。

從普遍人權的觀點來看，本文提出基本權的項目應優先的是自由權、平等權以及生命權三者。本文所持的理由是，一個不被外力任意剝奪生命的人，惟有在擁有自由權、平等權的要件下，才可以發展出其他的衍生權利。生命權以及自由、平等應該是眾多權利中，絕對不能被侵害的最低權利。

隨著社會變遷，無論是我國或者世界其它國家，陸續發展出新的人權保障項目，這些權利是從基本權衍生而來，本文將之歸納為三類，分別為公民權、社會權以及人格權。這些新加入的「人權保障」項目，其中有一部份透過我國司法院大法官釋憲，已經將其列入憲法保障的層次。

二、公民權

本文在此處所舉之公民權有二類，從正面來看，公民應享有參與政治的權利，即「公民參政權」；從反面來看，公民應該有權對抗「不能提供公民參政而濫權」的政府，亦即「公民抵抗權」。

（一）公民參政權

憲法是保障自由權的基礎法，自由的本質乃在免於權力干涉的自由（Freedom from State）；處於統治客體地位的國民，為了能從權力的支配下獲得自由，其本身必須主動地參與統治。因此，免於國家權力的自

由，在邏輯上必然導出參與國家權力的自由（Freedom to State），此即公民參政權。

　　參政權是指公民依法參與國家「政治生活」的自由程度，或被稱作政治權利和政治自由；也有稱之為「民主權」。參政權包括選舉權、被選舉權等。某些自由權的內容，例如言論、出版、集會、結社、遊行、示威的自由等等，也被列為參政權的內涵。

　　德國學者Georg Jellinek將人民與國家，區分為四種不同關係，進而產生四種不同的身分，是為「身分理論」。依其理論，作為主動身分的參政權，顯然在本質上與基於消極及積極身分所享有的基本權利有所差異。

(1) 被動的身分：人民須服從國家的統治權，從而發生人民的義務。

(2) 消極的身分：人民除受國家統治權行使之必要限制，享有不受國家干預的自由權利，從而產生基本權利的防禦作用。

(3) 積極的身分：即人民有權要求國家予以一定的給付，以保障其基本權利的實現，從而產生基本權利的給付請求作用。

(4) 主動的身分：以現代國民主權的觀點而言，國家統治權行使的正當性既然來自於國民的同意與參與，自應保障具有公民身分者的參政權。

　　從身分理論來看，國家與人民在不同身分所組成的關係中，在主動的身分關係下，會出現保障公民參政權的制度性設計。

　　參政權是對制度性人權保障一個很重要的權利，這是因為民主政治是否能有效的保障人權，尚取決於各個民主政體的實際運作內涵。而在人類自古希臘雅典開始的民主政治生活，以至於到今日的民主憲政，人權保障的原始動機，仍有賴參政權加以確保。

（二）公民抵抗權

從17世紀末到18世紀的「主權在民」、「天賦民權」觀念，延伸出了所謂的「革命權」；意即「公民抵抗權」之謂。以美國為例，儘管今日美國槍枝可以合法自由持有，但「廢槍」政策仍被提出，卻又始終窒礙難行；原因即出在它乃是早期人民擁槍抵抗權的延長。有關「革命權」的問題，後來有鑑於革命之不可測，它已被更審慎的「抵抗權」或層次較低的「公民不服從權」所取代。所謂「抵抗權」，指的是當憲政體制已因統治者的濫權而告癱瘓，甚至司法也在操縱下為之蕩然時，人民為挽救體制而展開的民主保衛工作；「公民抵抗權」當然包括了「改變政權」的權利在內[28]。

緊急抵抗權，是指公民在緊急狀態下採用了所能採取的一切合法手段仍不能保障其人權免遭侵害時，有依據人民主權原則，對侵害其基本人權的政府進行反抗的權利。緊急抵抗權理論在一些國家的憲法和法律中得到體現，例如1776年美國《獨立宣言》規定：「當任何形式的政府有損於基本人權之目的時，人民即有權將它改變或廢除，並建立一個新的政府」。1793年法國憲法定：「當政府侵犯人民的權利時，『叛亂』對於人民及其各部分而言，是最神聖的權利」。

1949年德國基本法第20條：「所有德國人都有權在不可能採取其他辦法的情況下，對企圖廢除憲法秩序的任何人或人們進行反抗」。

可以說，緊急抵抗權在第二次世界大戰以後，引起了新的注意，尤其是對國家違背民意，恣意發動戰爭者的警惕。日本憲法學家小林植樹在《國家緊急權》一書中指出，設立緊急權的目的，本來是為了維護國家安全、公共秩序和憲法體制，但在實際上，往往成為統者為維護個人安全和統治地位的藉口。對於結社或政治運動的興起，權力當局如果發現它的國民支持的基礎動搖時，很容易利用緊急權的手段來加以鎮壓。緊急抵抗權的出現，既是人民主權的合理延伸，也是對濫用緊急行政

權、肆意侵犯公民基本權利的非法行為的合法對抗；它是在非常狀態下
人民大眾奮起捍衛自已基本人權的最後手段[29]。

三、社會權

　　除了基本權以及上述的公民參政權之外，凡與維持生活條件有關的
權利，包括自由決定建立家庭的權利，都被視為社會權的一部份。不過
學者對於社會權的內容應該包括那些，仍然眾說紛云。本文簡介荷蘭學
者范得文氏（van der Ven）、奧地利學者G. Brunner和T. Tomandl、日本
憲法以及「其他」社會權主張。各種說法並陳，可以看出由於社會變遷
的原因，使得社會權在基本權利之外，還不斷的被提出來，而且關注的
角度也不一樣。

　　范得文氏歸納的五類社會權如下：

（一）范得文（van der Ven）歸納的社會權

1. 工作權

　　此種權利包括了涉及工作有關的社會及經濟層面之諸多附帶權利，
例如自由選擇工作之權利；國家充份就業之政策；適當的工作環境及工
作條件等。

2. 參與決策權

　　受僱者有參與資方決策的權利；以及爭取改善工作待遇的「結社
權」。

3. 生活保障權

　　此種權利是指社會保險權利；例如當遭到疾病、死亡、年老、失業
等無工作能力時，可獲的社會扶助之權。

4. 社會保健權

主要在保障每個人民可獲得充份的醫療照護，兒童也可以享受國家特殊保健措施之益處。

5. 社會文化發展權

此屬於人民「文化精神」層面之權利；舉凡締結婚姻組成家庭之自由；家庭扶助之請求權；教育權以及參與學術研究之權利等皆屬之。

（二）G. Brunner和T. Tomandl歸納的社會權

G. Brunner和T. Tomandl將社會基本權利分為以下三類：

1. 工作權

其內容與范得文氏相差無幾，但加入工人失業救濟權、女工及童工待遇之保障。

2. 社會安全權

舉凡一切關於「最起碼生活要求」之權利，如生老病死之撫恤及兒童保健；房屋住宅之擁有等。

3. 文化教育權

其內容與范得文氏大致相同。

由上述分類可知，個別權利之屬性，容或有相互歸屬之可能，內容亦有可能重疊。加上社會演變及新的社會問題出現，也可能使得一個新的社會基本權利觀念產生出來[30]。

（三）日本憲法歸納的社會權

許慶雄探討日本憲法，指出其憲法所規範之社會權，涵蓋了生存權、教育權、工作權與勞工基本權[31]；從社會保障觀念，以及歐洲福利國家社會權的實踐經驗，亦可歸納出生存權、健康權、受教權、工作權、住宅權以及財產形成權[32]。

1. 生存權

國家有責任與義務保障人民皆可獲致健康的、安全的且符合人性尊嚴的生活。對經濟弱勢人口而言，涉及請求滿足基本生活需求之權利；對非經濟弱勢人口而言，則涉及國家應建構制度維護人民適當的生活水準。

2. 健康權

國家對人民負有維護公共衛生，防疫及提供盡可能較高的醫療水準，以履行維護人民身心健康之責任與義務。

3. 受教權

國家對人民負有維護其獲致實質教育機會均等之責任與義務，使人民不因國籍、種族、膚色、性別、宗教、政治、職業、身家背景、身心狀況、性傾向或貧富等因素，而受到質量上之限制或差別待遇，而皆能因其資質與努力獲得應有的教育水準與品質。

4. 工作權

經濟活動人口不僅有職業選擇的自由，也有自由從事工作的權利，並且依勞動境遇有權要求國家提供積極的、適切的就業促進、在職保障或待業保障等措施。相對的，國家對人民負有維護就業安全之責任與義務。

5. 住宅權與財產形成權

就歐洲福利國家之實踐而言，前者涉及國家具有保障人民獲致合理居住空間與品質之職責，後者涉及國家、雇主具有協助經濟弱勢者、受雇者快速形成有效財產（現金資產、住宅、有價証券）之責任與義務，以提升人民自我保障之能力，並藉以鞏固總體社會保障制度之基礎。

（四）其他可歸入社會權的主張

隨著人權觀念的演進，與社會權有關的例如兒童少年權、家庭權、動物權、生態環境權、媒介接近與使用權、政府資訊使用權、智慧財產權、安寧緩和權等都被賦與了更多的關注。由於分類方式紛歧，以下綜合介紹「其他」社會權主張，以供參考比較。

1. 兒童少年權

兒童少年權的內涵依其性質分成兩類，即「基本權利」、「特殊權利」。基本權利是指兒童少年與成年人享有相同的基本人權，例如自由權、平等權等。所謂「特殊權利」，係指基於兒童少年特殊的個體條件，應受到國家政府之特別照顧、保護。而該權利亦為兒童所獨有，例如受撫養權、家庭成長權、發展權、優先權等。聯合國於1989年通過「兒童權利公約」（UN Convention on the Right of the Child），各簽約國多以立法行動來表現其重視兒童少年權益，我國民法、兒童及少年福利法，亦有對兒童少年權益保障的具體條款。

2. 家庭權

家庭權的內涵包括了「組織家庭之自由」、「和諧家庭生活之權利」二類，我國司法院大法官釋字第554號解釋認為：「婚姻制度植基於人格自由，具有維護人倫秩序、男女平等、養育子女等社會性功能，

國家為確保婚姻制度之存續與圓滿，自得制定相關規範，約束夫妻雙方互負忠誠義務」。依此，婚姻制度、婚姻自由及所形成的家庭亦應成為基本權的保障範圍。

3. 動物權

動物權也是人權，歐洲議會1987年通過法案，確立「人有尊重一切生靈之義務……」（歐盟125號條約）。這樣的覺醒，在人權觀念先進的歐盟、瑞士、北美等工業化國家都已經以強烈的且有系統性的法律介入。聖哲甘地名言：「一個國家的強盛與道德程度，可以從其對動物的態度來判斷之」。美國總統林肯也曾說：「我對於動物權的議題和人權的議題，是一樣看待的」[33]。「動物權也是人權」的觀念，正從國外帶進台灣來。

4. 環境及生態權

環境及生態權（environment right）不只是一國的人權問題，而且是國際化的人權問題。目前國際間重要的環境問題及其相對應的多邊環保協定，包括臭氧層消失（蒙特婁議定書，Montreal Protocol）、溫室效應（氣候變化綱要公約，Framework Convention on Climate Change）、有害廢棄物跨國運送（巴塞爾公約，Basel Convention）、物種多樣性保育（生物多樣性公約，Biodiversity Convention）等。此外，對環境衍生出之社經發展（聯合國21世紀議程，Agenda 21）、貿易（世界貿易組織「貿易與環境委員會」，World Trade Organization，Committee on Trade and Environment）及自發性方案（ISO 14000 環境管理系列標準）等。

我國憲法增修條文有：「經濟及科學技術發展，應與環境及生態保護兼籌並顧」，將環境保護入憲明定，為環境及生態保護奠定了憲法上的基礎。

5. 媒介接近與使用權

媒介接近使用權（the right of access to the media）"access"一詞，包括「接近」和「使用」二個不盡相同的概念。「接近」意含權利的授與，卻不一定是權利的實踐；「使用」一詞則強調權利的實踐。「接近權」是指民眾以間接的、有限度的方式改變媒介內容，通常包括「答覆權」和「更正權」二類，其權利的主張和行使，必須受到法律規定與新聞作業常規的限制，不能憑個人好惡漫無限制的行事。「使用權」是指民眾有權直接經營媒介。這樣的主張固然是以主流媒體為對象提出的閱聽人權力主張，但在這二個概念中，顯然都包含了強調主動使用傳播媒介權利的意涵[34]。

6. 政府資訊使用權

從人權的角度來看，政府資訊使用權在於實現政府公開之理念，使人民有充分資訊以監督政府施政；並且保障人民「知的權利」。我國政府為建立政府資訊公開制度，便利人民共享及公平利用政府資訊，保障人民知的權利，增進人民對公共事務之瞭解、信賴及監督，並促進民主參與，在2005年12月公告實施「政府資訊公開法」。政府資訊包括「政府機關於職權範圍內作成或取得而存在於文書、圖畫、照片、磁碟、磁帶、光碟片、微縮片、積體電路晶片等媒介物及其他得以讀、看、聽或以技術、輔助方法理解之任何紀錄內之訊息」，範圍非常廣。

7. 智慧財產權

智慧財產權（Intellectual Property Rights, 簡稱IPR），係指人類精神活動之成果而能產生財產上之價值者，並由法律所創設之一種權利。因此，智慧財產權必須兼具「人類精神活動之成果」，以及能「產生財產上價值」之特性。智慧財產權，是一種無體財產權。也是由法律所創設

的一種權利，具體的例子包括：著作權、商標權、專利權、工業設計、積體電路（IC）、植物種苗、營業秘密等。1967年國際間所建立的「世界智慧財產權組織公約」（Convention Establishing the World Intellectual Property organization）即統一規範了相關智慧財產權之保護措施。

8. 安寧緩和權

1976年8月美國加州通過「自然死法案」，可依病人意願，不使用科技維生方式來拖延不可治癒病人的瀕死期，而讓病人自然死亡。1991生效的「病人自決法案」病人可以自己要或不要某些醫療措施，而不必聽命於別人。我國2000年通過《緩和醫療條例》，就是為尊重不可治癒末期病人之醫療意願，及保障其權益的法案。是一種病人自主權，也是一種進步的人權。

四、人格權

與人格尊嚴有關的權利包括姓名權、肖象權、隱私權等。由於警察執法經常在大眾傳播媒體的壓力下，以及「英雄主義」的績效要求下，往往不自覺的走在侵犯隱私權的鋼索上，本文特別對隱私權作一較為詳盡的說明。

（一）姓名權

我國司法院大法官603號解釋：「姓名權為人格權之一種，人之姓名為其人格之表現，故如何命名為人民之自由，應為憲法第22條保障。姓名條例第6條第1項第6款規定，命名文字字義粗俗不雅或有特殊原因，經主管機認定者，得申請改名。是有無申改姓名之特殊原因，由主管機關於受理個別案件，就具體事實認定之。姓名文字與讀音會意有不可分之關係，讀音會意不雅，自屬上開法條所稱得申改名之特殊原因之一」。

　　另依現行我國姓名條例之規定，個人一生可申請改名2次；而可以申請改名的要件如下：

(1) 同時在一機關、機構、團體或學校服務或肄業，姓名完全相同者。

(2) 與三親等以內直系尊親屬名字完全相同者。

(3) 同時在一直轄市、縣（市）居住6個月以上，姓名完全相同者。

(4) 銓敘時發現姓名完全相同，經銓敘機關通知者。

(5) 與經通緝有案之人犯姓名完全相同者。

(6) 命名文字字義粗俗不雅或有特殊原因者。

（二）肖像權

　　肖像權是自然人所享有的權利，對自己的肖像上所體現的人格利益為內容的一種人格權。但是肖像權與一般人格權稍有不同，傳統的人格權乃存於權利人自己人格上的權利，因出生而取得，因死亡即消滅，在權利關係存續中不得讓與或拋棄；此種傳統的人格權不具有「財產權」的性質。但是新的主張，認為人格權也有財產權之可能性；這是由於社會經濟活動擴大，科技發展帶來的變化，產生特定的人格權。例如我國司法院大法官釋字第399號：「肖像權、姓名權即屬之」，此等人格權具有經濟上的價值，故亦具有財產權之特性[35]。

（三）隱私權

　　隱私權（privacy rights）、肖像權、姓名權都屬於人格權的範圍，在當前「傳播媒體」高度發展的情況下，民眾普遍都有保護自我隱私權的概念，從實際案例來看，通常執法者或者傳播媒體，是侵犯隱私權的主要來源。

五、保障隱私權的意義

（一）隱私權的類型

資訊社會讓傳播科技益加發達、普遍，「私領域」的範圍也不斷擴充。隱私權之類型，至今約可分為資料隱私權、通訊隱私權、身體隱私權以及私領域隱私權等；而指紋檔案屬於個人資料隱私權的一部分[36]。

1. 資料隱私權

例如銀行、信用卡公司、醫院、教育機關、保險公司、電話公司、證券公司、網路購物公司，所蒐集的個人身份、年籍、住址、帳號等資料；或者戶口資料、犯罪前科、指紋檔案等。

2. 通訊隱私權

電話、電子郵件、網路的通訊內容、IP網址、號碼等資料。

3. 身體隱私權

個人的身體不受非法搜查、不受強行檢視指紋、採尿或DNA樣本。

4. 私領域隱私權

私人事務自主權之範圍，例如家庭生活領域即屬之。

（二）指紋屬於隱私權應保密

指紋的保密，在被強求檢視時，可以視為身體隱私權；當其按捺完成，製作為檔案資料時，則成為資料隱私權。我國司法院大法官603號解釋：「指紋乃重要之個人資訊，個人對其指紋資訊之自主控制，受資訊隱私權之保障。而國民身分證發給與否，則直接影響人民基本權利之行使」。「對於未依規定捺指紋者，拒絕發給國民身分證，形同強制按

捺並錄存指紋，以作為核發國民身分證之要件，其目的為何，戶籍法未設明文規定，於憲法保障人民資訊隱私權之意旨已有未合」。換言之，釋憲者認為，以「按捺指紋」作為發給國民身分證的必要條件，並不合乎憲法對隱私權的保護。

（三）媒體採訪經常侵犯隱私權

不願意曝光或接受傳播媒體採訪，是一種「沉默自由」（freedom of silence），是隱私不受干擾的自由。隱私權的觀念源自美國，1960年加州大學柏克萊分校的Dean William L. Prosser教授將各種實際案例加以分析，歸納出侵害隱私的四種類型。四種類型彼此不盡相同，但是彼此之間偶有關聯[37]。

（四）四種侵犯隱私的行為

1. 入侵

具高度冒犯性的對於個人獨自性或個人性事務之入侵。而何謂獨居、私密及個人性事務，應依據客觀社會習慣判斷。例如，醫院裡患有罕見疾病的婦女，拒絕記者拍照與訪談時，記者卻不顧婦女的反對，強迫進行攝影。

2. 私人事務

具高度冒犯性的公開與大眾無關的私人事物，公開揭露使個人困窘。而所謂的公開必須是對一般公眾或多數人為傳播，並必須考慮這樣的公開揭露是否有違反社會公認的道德標準。例如，將平凡的五金行老闆在旅館中完全私密的通姦照片刊登於雜誌上。

3. 誤導

具高度冒犯性的宣傳，使他人置於錯誤的公眾理解之下。例如，一張計程車司機的照片被用來闡明報紙上的一篇文章，而事實上照片內容與文章內容並不相同，是個幌子。

4. 盜用

未經許可，為自己的利益而使用他人之姓名或特徵。例如，未經許可，利用知名演員的照片作為商品的宣傳。

我國憲法雖然沒有保障隱私權之具體明文，但自由權或生存權，都和隱私有關，自得以憲法第22條為概括保障之依據。大法官釋字第585號解釋文認為，「隱私權雖非憲法明文列舉之權利，惟基於人性尊嚴與個人主體性之維護及人格發展之完整，並為保障個人生活秘密空間免於他人侵擾及個人資料之自主控制，隱私權乃為不可或缺之基本權利，而受憲法第22條所保障」。釋字第603號解釋，也以同樣的文字詮釋隱私權。

在多元社會中，「隱私權」經常與「言論自由」基發生衝突，例如新聞媒體基於「知的權利」或「可受公評事件」可能會揭發個人隱私而造成衝突。隱私權、言論自由兩種權利僅只一線之隔。此一界線對於認定是否侵犯隱私權，必須視利益的內容、保障的必要性和限制的合理性加以衡量，也必須基於本文前述的「公益」在那一邊，以為衡量競合。

第七節　本章小結

民主國家的憲法普遍存在兩個基本價值理念：其一，保障人民權利；其二，限制政府權力。此二者可視為對憲法的基本認知，也是人民的憲法基本。民主國家在憲法樞定的基本價值下，藉由定期換屆選舉、

議會及政黨政治運作，完成國家治理；這就是現代民主國家的基本運作形式。

人權保障是各國憲法的基本內容；人權保障的理念經過一段時間的發展和補充，已經具備普世價值和無疆界限制的特性。人權保障載於憲法，政府必須向人民履行此一保證。並且做到積極保障人權、消極不侵犯人權。

人權保障除了具體條文以外，從本章所討論的「三代人權」和「人權觀念變遷」來看，將人權視為「警察倫理」的一部份或許更為恰當。若是法無明文，警察仍應該有保障人權的觀念。將人權素養與服務型政府的觀念聯結，則警察站在服務民主的角度看問題，才是警察面對變遷不斷的人權觀念，最好的應變之道。

隨著人民普遍法律素養提高，政府要如何向人民履行人權保障，成為具體要務；而這與在第一線執行公權力的警察有密切關係。與警察職權有關的人權保障課題甚多，包括人身自由、臨檢盤查、拘留移送等等都在憲法或大法官解釋文中有所闡明，警政學術亦多有討論。

落實人權保障是一段迢迢之路，也是人文素養的學習成長之路；徒託法律條文就想得到人權保障，並不可靠。

長期以來，警察教育強調專業訓練，忽略了通識人文教育；這個現象應該設法改變。以偵查不公開為例，大多數警察會認為這是「避免洩密、避免證據湮滅、追求破案績效」的專業手段；鮮少被理解為這是「人權保障」的基本認識，這種忽視人權的情況，即應透過教育加以改變。

第五章　學習回饋

🔍 關鍵詞

自然法（natural law）

基本權（basic rights）

隱私權（privacy rights）

📖 請回答以下問題

1. 試述孫中山先生的人權思想，其主張的「革命民權」與自然法學派主張的人權有何異同？

2. 雖然人權具有普世價值，具有普遍性；但是在現實情況下，「普遍人權」無法解釋為「所有的人，得享所有的權利」。為什麼？如何解釋才合理？

✒️ 試作以下測驗題

1. 我國憲法中未明文規定，但依司法院大法官解釋，仍屬人民之基本權者為：（98警察三特）

   (A) 參政權　　　　　　(B) 工作權

   (C) 人身自由　　　　　(D) 資訊隱私權

2. 大學自治屬於憲法何種基本權?保障的內涵？（96第一次警察四特）
   (A) 結社自由 (B) 出版自由
   (C) 講學自由 (D) 受國民教育的權

3. 我國憲法規定，限制人民之基本權應符合之要件，不包括下列何者？（95警察三特）
   (A) 為增進公共利益 (B) 為防止妨礙他人之自由
   (C) 須以法律為之 (D) 應經國民大會複決

4. 根據司法院大法官釋字第509號解釋，下列何種基本權利，具有追求真理、監督各種政治或社會活動的功能，國家應給予最大限度之維護？（97警察三特）
   (A) 職業自由 (B) 宗教自由
   (C) 言論自由 (D) 思想自由

5. 下有關隱私權保障之敘述，何者錯誤？（98三等稅務）
   (A) 隱私權非憲法明文列舉之權利，但仍為不可或缺之基本權利
   (B) 隱私權受憲法第22條所保障
   (C) 憲法對隱私權之保障應採絕對保障，國家不得作任何之限制
   (D) 隱私權係保障個人生活私密領域免於他人侵擾及個人資料之自主控制

註釋：

1.　羅志淵主編，《雲五社會科學大辭典第三冊政治學》，（台北：台灣商務1985）p.5.

2.　參考葉啟芳、瞿菊農譯，《政府論次講》，（台北，唐山，1986）。

3.　何兆武譯，《社會契約論》，（台北：唐山，1987）p.81.

4.　張煥文，〈中華傳統文化與人權〉，收於《世界人權縱橫》，（北京，時事出版社，1993）pp.205-211.

5.　鄭竹園，〈孫中山思想的傳承與獨創〉，收於林家友、高橋強主編，《理想、道德、大同：孫中山與世界和平國際學術研討會論文集》，（廣州：中山大學出版社，2001）p.101.

6.　周陽山，〈民權主義與中華民國憲法〉，收於胡佛等著《中華民國憲法與立國精神》，（台北：三民，1995）pp.489-491.

7.　中山先生主張的原文引自秦孝儀主編，《國父全集》第一冊，（台北：近代中國出版社，1989）pp.55-63.

8.　鄭永年，〈中國的民族主義與民主政治〉，收於林佳龍、鄭永年主編《民族主義與兩岸關係》，（台北：新自然主義，2001）p.376.

9.　秦孝儀主編，《國父全集》第一冊，（台北：近代中國出版社，1989）pp.516-523.

10.　董翔飛，《中國憲法與政府》，（台北：三民，1997）p.2.

11.　許宗力，〈基本權利對國庫行為之限制〉，收於《法國家權力》，（台北：月旦，1996）p.38-60..

12.　陳新民，《憲法基本權利之基本理論》上冊，（台北：三民，1999）p.143.

13.　李建良，《憲法理論與實踐》，（台北：學林出版，2004）。

14.　林紀東，《比較憲法》，（台北：五南，1991）p.36.

15.　韓大元主編，《憲法學》，（北京：高等教育出版社，2006）pp.162-164.

16.　Karel Vasak, "Human Rights: A Thirty-Year Struggle," UNESCO Courier (31)Nov.1977. pp29-32.

17.　參閱Jack Donnelly, International Human Rights.（Boulder: Westview Press. 1993）p.35.

18.　Ann Kent, Between Freedom and Subsistence: China and Human Rights.（Hong Kong:Oxford University Press, 1993）pp.6-9.

19.　法治斌，《人權保障與釋憲法制》，（台北：月旦，1993）pp.5-63.

20.　李惠宗，《中華民國憲法概要》，（台北：元照，2003）p.35.

21.　張世熒，《中華民國憲法與憲政》，（台北：五南，2001）p.6.

22.　K. C. Wheare , Modern Constitution （London : Oxford University Press.1966）。

23.　莫紀宏，《國際人權公約與中國》，（北京：世界知識出版社，2005）p.8.

24.　莫紀宏，《國際人權公約與中國》，（北京：世界知識出版社，2005）pp.8-12.

25.　R. H.Tawney, Equality,（London: Unwin.1961）pp. 46-47.

26.　T. H.Marshall, "Citizenship and Social Class, in Marshall,"Marshall,T. H. (ed.) Sociology at the Crossroads,（London: Heinemann. 1963）

27.　陳志華，《中華民國憲法概要》，（台北：三民，2006）p.64.

28. 南方朔，〈抵抗權：人民的最後防線〉，《中國時報》第A4版，2006年8月23日。

29. 陳春龍，《民主政治與法治大權》，（北京：社會科學文獻出版社，1993）pp.249-250.

30. 陳新民，《憲法基本權利之基本理論》上冊，（台北：元照，1999）p.2.pp.102-105.

31. 許慶雄，《社會權》，（台北：眾文，1991）。

32. 盧政春，〈工作權保障與勞工福利〉，《東吳社會學報》第9期，2000，pp.145-177.

33. 費昌勇，〈其實動物權也是人權〉，《中國時報》第A18版，2009年11月26日。

34. 陳世敏，〈新聞自由與接近使用媒介權〉，收於翁秀琪，蔡明誠編，《大眾傳播法手冊》，（台北：政治大學新聞研究所，1992）pp. 230-247。

35. 王澤鑑，《民法總則》，（台北：三民，2000）p.147.

36. 尤英夫，〈全民指紋建檔個人隱私並未遭侵犯〉，《自由時報》15版，2002年8月7日。

37. 吳懿婷譯，《隱私的權利》，（台北：商周，2001）pp.208-209.

第六章　國際人權與我國人權保障

學習地圖

　　本章介紹二次世界大戰後，人權已成為普世價值的演進歷程，以及聯合國對推動人權的貢獻。我國人權保障受到國際人權觀念的啟發，也正在逐步落實人權保障項目，並且盡量接近國際的標準。「兩公約」成為國內法之後，關於死刑存廢的爭議再起，本章對此有多個面向的分析與探討。可參考以下的學習地圖。

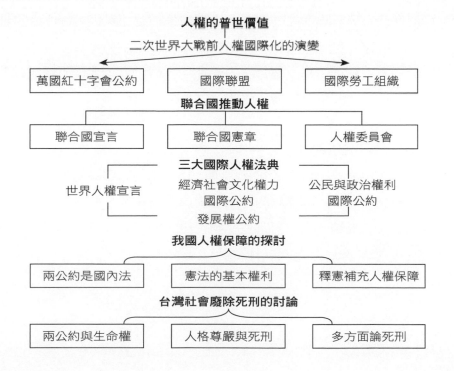

第一節　人權的普世價值

　　普世價值意味著一種為世人普遍奉行的價值觀，人權觀念就是如此。1789年8月26日公布的法國人權宣言，其第16條有以下敘述：「任何一個社會，如果不能保障人權及確定權力分立制度，就毫無憲法可言」。這段內容儘管在當時，曾經被人視為只是革命時期的政治口號；但如今，卻成為任何一個法治國家憲法必要的基本內容[1]。人權已經在國際社會之間，具備了明確而且肯定的普世價值地位。

　　國際人權概念有「人權國際化」和「公約憲法化」兩項特色。所謂「人權國際化」，是指人權問題除以單一國家的狀況來被檢視、監督之外，也形成了「跨國際」的人權公認標準。所謂「公約憲法化」，是認為簽訂並批准與人權有關的「公約」後，公約即具有該國憲法位階的地位。即使在沒有另訂國內法的情況下，人權公約也已具備憲法的實質地位。而民主國家今日將「人權」列為極重要的位置。甚至於認為，「沒有人權的國家不應被視為一個合法的國家」。換言之，人權不但成為普世價值，也是形成國家合法地位的要件之一。

一、人權國際化的演變

　　人權國際化最早出現在19世紀中葉，1856年的《巴黎條約》和1878年的《柏林條約》，這兩項條約都已經提及「各國禁止奴隸買賣以及保護少數民族」的限制，也針對某些國家提出，要求對於其國內的宗教團體應訂定特別法律地位，並加以保護[2]。

（一）國際紅十字會公約

1864年8月22日，瑞士、法國、荷蘭、比利時、葡萄牙等12國在日內瓦簽訂《國際紅十字會公約》，該公約後經1906、1929和1949年三次修訂，成為著名的日內瓦四公約之一。公約第3條規定，在非國際性武裝衝突中，締約國對於沒有實際參與戰爭的人員，包括放下武器的武裝部隊人員，以及因病、傷、拘留或其他原因而失去戰鬥能力的人員，在一切情況下，不得「對生命與人身施以暴力」，而應給予人道待遇。

直到今天，紅十字會成為一個遍佈全球的志願救援組織，是全世界組織最龐大，也是最具影響力的人道救援組織。我國自1954年即已立法保障紅十字會的特殊地位，並有由政府部份補助所成立的「中華民國紅十字會」組織。

依據中華民國紅十字會法，紅十字會輔佐政府辦理事項有：

(1) 關於戰時傷病之救護及戰俘平民之救濟。

(2) 關於國內外災變之救護與賑濟。

(3) 關於預防疾病增進健康及減免災難之服務。

(4) 合於國際紅十字會議所決議各項原則之請神，合於博愛服務事業者。

（二）國際聯盟

第一次世界大戰之後，國際人權保障的重要進展是成立了「國際聯盟」（League of Nations）。國際聯盟是根據1919年巴黎和會簽訂的凡爾賽合約而成立，宗旨在維持國際和平以及促進國際合作。國際聯盟並沒有直接規定人權保障的相關條款，但1926年的《禁奴公約》和1930年的《禁止強迫勞動公約》其性質都與人權保障有關。

由於國際聯盟無法發揮功能，以致於在第二次世界大戰之後，被聯合國所取代。

（三）國際勞工組織

1919年，國際勞工組織（International Labor Organization，ILO）根據《凡爾賽和約》，作為國際聯盟的附屬機構成立。

該組織宗旨是：促進充分就業和提高生活水準；促進勞資雙方合作；擴大社會保障措施；保護工人生活與健康；主張透過勞工立法來改善勞工狀況，進而獲得持久的社會正義。

至1939年，國際勞工組織共通過67個國際公約和66個建議，公約的批准國有38個。公約的主要內容包括基本權利保障、勞動權利、勞動條件、生存條件、禁止童工、保護婦女工人等。國際勞工組織還建立了一套諸如會員國的報告制度、審查制度以及處理爭端的特殊制度及監督機制。這些制度對於二次世界大戰後成立的聯合國，及人權專門機構、保障機制都產生了重大影響[3]。

1946年12月14日，國際勞工組織成為聯合國的一個專門機構，總部設在瑞士日內瓦。

二、聯合國保障無國界的人性尊嚴與人權

二次世界大戰之後，聯合國成為人性尊嚴與人權保障最重要的組織。鑑於戰爭帶給人類巨大的災難，以及戰爭對人性尊嚴的踐踏和漠視，因此需要一個國際組織來確立具有普遍意義的人權保護標準，避免戰爭悲劇的重演。人性尊嚴與人權保障，不但是各國憲法的主要內容；而且，透過聯合國的推動，也已經成為「無國界」的共通準則。

（一）人性尊嚴之意義

人性尊嚴，即是人的尊嚴，或指個人尊嚴。依李震山教授的見解，一般並不將之稱為「人類的尊嚴」而逕稱「人的尊嚴」係為了強調個人

的獨立性、差異性。人性尊嚴一詞，已從倫理道德、宗教、哲學用語，逐漸演化成法律用語甚至成為憲法價值之一部份，或憲政秩序之基礎。

　　「尊嚴」二字難有一絕對的定義，可以解釋為「個人在公眾中之聲譽，定個人為社會作出貢獻所獲得的結果」；這個說法傾向團體主義的觀點。此外，「尊嚴是人足以遂行自治的結果，若還需他治或他律，即無尊嚴可言」；這個說法傾向個人主義的觀點。

（二）人性尊嚴之本質

1. 人本身即是目的

　　人並非僅是國家及社會作用之手段或客體，反之，先於國家而存在的人，應為國家之目的。不應該以任何集體主義之名，將人視為國家機器的一個部份或者某個「零件」，並以此來合理化國家的暴行。

2. 自治與自決係憲法人性尊嚴核心

　　「自治與自決」，係相對於被操控的「他治或他決」，而與「個人本身即目的」之概念互為表裏，可視為人性尊嚴之本質或核心內容。具體表現為「平等、自由之個人，在人格自由發展下，自由決定其生活方式、行為及未來」。

3. 人性尊嚴之權利主體是每個人

　　人性尊嚴之權利主體是「每個人」，不應該因為年齡及智慧之成熟度而使個人尊嚴有所差別。因此，智慮與精神上有缺陷者，譬如意識喪失、精神病患者，亦應為人性尊嚴之權利主體。不因其喪失自治自決之能力而影響其個人尊嚴之存在與否。

4. 人性尊嚴作為上位憲法原則

人性尊嚴作為上位憲法原則，主要是要拘束政府機關，令其尊重並保護人性尊嚴，此應是人性尊嚴入憲最實質的意義[4]。

三、聯合國的人權發展

（一）聯合國宣言

與「人性尊嚴」相互呼應的，是二次世界大戰盟軍為了爭取勝利，由盟國領袖揭櫫的「四項自由」，號召全世界受侵略與奴役的人民，惟有繼續堅忍，爭取戰爭最後的勝利，才能擁有並且確保自由與尊嚴。

1941年1月6日，美國總統羅斯福在美國國情咨文提到，世界上的每個地方都應有所謂的「四項自由」（freedom）：言論及表達自由、信仰自由、免於匱乏的自由、免於恐懼的自由；並期待將來有一個建立在這四項基本自由上的和平世界。同年8月14日，英美兩國元首發表《大西洋憲章》（The Atlantic Charter），重申「四項自由」原則。

1942年1月1日，美國、蘇聯、英國、中華民國等26個國家在華盛頓簽署《聯合國家宣言》。在大戰結束之前，又有21個國家加入《聯合國家宣言》，這個宣言為戰後建立聯合國組織奠定了基礎。

（二）聯合國憲章

1944年夏末，由美、英、蘇、中四國聯合倡議應在戰後組成普遍性的國際組織；1945年6月25日，由50國在舊金山一致通過《聯合國憲章》。其前言曰，「我聯合國人民茲決心重申基本人權，人格尊嚴與價值，以及男女平等之信念，不論國家大小」。聯合國憲章第1條規定，聯合國宗旨之一為「促進國際合作，且不分種族、性別、語言或宗教；增進並激勵對於全體人類之人權及基本自由之尊重」。因此，「為造成

國際間以尊重人民平等權利及自決原則為根據之和平友好關係，所必要之安定及福利條件起見，聯合國應促進全體人類之人權及基本自由之普遍尊重與遵守，不分種族、性別、語言或宗教」。

憲章第68條規定：「經濟及社會理事會應該設立經濟與社會部門以提倡人權為目的的各種委員會，並得設立行使職務所必需之其他委員會」。這一規定成為後來在「經濟社會理事會」建立「人權委員會」的基礎[5]。

（三）人權委員會

1946年依聯合國憲章中規定，設立「人權委員會」。1947年人權委員會著手建立以憲章人權條款為基礎的國際人權法典體系，並設計人權公約的型式，以作為執行的依據。1947年6月，人權委員會8人起草委員會，任命由法國、黎巴嫩、英國三國代表組成的工作小組，起草新的草案。

1948年人權委員會在第2次會議上通過宣言草案。同年12月10日，在聯合國第3屆大會上，以壓倒數通過《世界人權宣言》（Universal Declaration of Human Rights）。後來，12月10日便被訂為「國際人權日」，以茲紀念。

2006年3月15日，第60屆聯合國大會通過第60／251號決議，成立「人權理事會」，取代人權委員會。

四、國際人權公約

（一）國際人權法典

《世界人權宣言》、《經濟、社會、文化權利國際公約》與《公民權利與政治權利國際公約》被合稱為三大「國際人權法典」。其中《經濟、社會、文化權利國際公約》與《公民權利與政治權利國際公約》則

另被稱為「兩公約」。

1. 世界人權宣言

　　《世界人權宣言》為國際人權保障建立了重要里程碑，此一宣言也被國際間接受，視為所有民族和國家在人權方面的共同標竿[6]。

　　宣言內容除前言外，共30個條文，第1條揭示維護人性尊嚴之基本精神；第2條至第21條規定公民及政治權，內容包含諸如生命權、平等權、自由權、財產權、隱私權、宗教信仰自由、表意自由、集會結社自由、接受公平審判及免於非法逮捕、免於奴役或刑求之自由；第22條至第27條揭示經濟社會及文化權，其內容包含選擇職業自由、受教權及休閒娛樂與參與文化活動之權利。

　　宣言是一項道德性的約束，並不具有拘束力，但成為兩公約的前身。

2. 經濟、社會、文化權利國際公約

　　本公約於1966年12月16日聯合國大會決議通過；1976年1月3日生效。公約內容包括工作的權利、享受公正和良好工作條件的權利；組織和參加工會的權利以及罷工權；享有保護家庭、兒童和少年之社會保障；保護可獲得相當生活水準，免於飢餓的權利；受教育的權利；參加文化生活的權利等。

3. 公民與政治權利國際公約

　　本公約於1966年12月16日聯合國大會決議通過；1976年3月23日生效。全文共53條，宗旨在闡明正義及和平係人類之基本權利，不分種族、膚色、性別、語言、宗教、政治理念、社會階層、財富、出生背景而有所不同；所有人民在公民政治權利應享人人平等。內容包括對生命權的保障、禁止酷刑或施以殘忍的、不人道的或侮辱性的待遇或刑罰、

禁止奴隸和強制勞動、提供人身自由和安全、被剝奪自由者受人道及尊重其固有人格尊嚴的待遇、遷徙和選擇住所自由、保護家庭、婚姻自由等權利。

我國在民國98年3月31日立法院三讀，總統4月22日公布實施「兩公約」的人權保障規定法律。該法第1條敘明立法目的為「為健全我國人權保障體系，實施聯合國1966年公民與政治權利國際公約及經濟社會文化權利國際公約」。兩公約所揭示保障人權之規定，具有國內法律之效力。該法第6條：法令與行政措施有不符兩公約規定者，各級政府機關應於本法施行後2年內完成法令之制定、修正或廢止，以及行政措施之改進。

（二）發展權公約

1979年，聯合國第34屆大會決議中指出，「發展權」是一項人權；平等發展的機會是各個國家的天賦權利，也是個人的天賦權利。1986年，聯合國大會通過《發展權利宣言》，對發展權的主體、內涵、地位、保護方式和實現途徑等基本內容作了全面的闡釋。宣示「發展」是政治、經濟、社會和文化全面發展的進程，只有在這一進程中所有人權和基本自由才能逐步得到實現。

五、區域性國際人權公約

在聯合國體系之外，政府間國際人權組織，尚有地域性政府間國際人權組織以及區域人權組織[7]。

歐洲地區：在二次大戰後展開的，以歐洲理事會為主導機制的歐洲統一運動中，於1950年簽署、1953年正式生效，其《歐洲人權公約》，是最早提供國際司法救濟之國際人權條約。在公約下設有歐洲人權委員會，委員會可以處理締約國間控訴對方違反公約的事，也可以受理個人的控訴。

90年代末期，歐盟制定《歐洲聯盟基本權利憲章》，並將之置於2004年10月29日的憲法條約內。目的在於促進歐盟維持與發展人性尊嚴、自由、平等及經濟社會之共同價值[8]。

美洲地區：由美洲國家組織於1969年11月22日在哥斯大黎加通過《美洲人權公約》，1988年通過《美洲人權公約有關經濟、社會和文化權利附加議定書》，該議定書在公約中加入經濟、社會和文化權利。

非洲地區：於1981年6月28日通過《非洲人權與民族權利憲章》，並據以於1987年11月設立非洲人權和民族權委員會。

西亞地區：在1945年設立阿拉伯國家聯盟，其下設有阿拉伯人權委員會。阿拉伯人權委員會又稱常設阿拉伯人權委員會，於1968年12月創建。

綜觀20世紀中期以後，人權在國際間已逐漸獲得普遍的重視，並且成為整個地球村最關切的議題之一。

六、人權宣言與公約的法律地位

（一）宣言與公約的法律義務

聯合國大會的決議並不當然具有法律上的拘束力，但決議會被視為是對憲章中關於「人權與基本自由」的解釋。而世界人權宣言一直為被認為是「基本人權保障國際化」的精神指標與基本原則；由於其建構了某些條款確認、固定及發展了公認的國際法基本原則，因而被認為是國際法上一項重要的文獻[9]。從性質上分析，屬於一種政治聲明或道德訴求，其拘束力，需視國際社會的接受程度而定；會員國對「宣言」的條文規定，並無強制的法律義務[10]。

雖然有論者認為「宣言」不具強制的國際法律義務，但另有論者卻認為，「宣言」、「國際公約」皆應可視為「強行國際法」，應等同於憲法或至少高於法律的規範位階。

（二）國際人權法與憲法匯流

張文貞指出，多數國際人權法學者都會同意，包括世界人權宣言及兩公約在內的國際人權法應具有習慣國際法的地位。世界人權宣言是兩公約的前身，雖然一開始並不具法律拘束力，許多國家的政治部門也多將其定位為是道德宣示。

不過，時至今日，世界人權宣言中的人權保障規定幾乎完全為戰後各國憲法規定所接受；不管是聯合國大會或各個理事會在作成相關決議時經常引用世界人權宣言；國際法院（International Court of Justice, ICJ）、區域法院如歐洲人權法院或美洲人權法院、或各國法院也經常直接適用或間接引用世界人權宣言相關人權保障的規定。

因此，國際法社群對強行國際法或絕對法的內容及範圍，並非完全沒有歧見，也會隨著時間演進及國際法規範變遷而改變。不過，各方共識的核心內容包括禁止奴隸販賣、海上強盜、種族滅絕犯行等。多數亦認為應包括禁止發動侵略性的戰爭、以及違反人道罪行，及戰爭罪行等[11]。

而有愈來愈多的學者認為國家對人權的尊重、國家平等原則、以及人民自決原則等，均為當代「絕對法」的內容。國際人權法不但在國際法上構成國家主權意志決定的界限，也成為最高規範秩序，即憲法的內容。持這種觀點的人認為「國際人權法與憲法的匯流」可以視為今日跨國憲政主義的形式。

第二節　我國人權保障的依據

在兩公約成為我國國內法之後，我國人權保障的規定，便有以下可依循的明文依據。

(1) 華民國憲法本文、增修條文及憲法解釋

(2) 兩公約施行法及其他國際公約

一、憲法本文、增修條文及憲法解釋

我國憲法於1946年制定、1947年實施，憲法本文第2章列舉了「人民權利」，計有28項。憲法學家林紀東將人民基本權利區分為四類：自由權、受益權、參政權、平等權。詳如本書第5章所述。

我國憲法第7條，明定人民享有平等權。第8至14條為自由權，其中第9條為平民不受軍法審判。第15條為生存權、工作權及財產權。第16條為請願、訴願及訴訟之權；第17條為參政權。第18條揭示「人民有應考試服公職之權」。依孫中山先生之意，「應考試」、「服公職」也是參政權。第21條為教育權。第22條為概括權利保障，彌補列舉之不足。第23條規定「不得以法律限制人民自由權利」。第24條人民有向國家請求賠償之權利。

憲法第13章所列的「基本國策」中，列出了許多關於國民經濟與社會安全的規範，雖然係以國家應採行的「基本政策」為名，但有許多對於經濟、文化、環境、少數民族的保護，也可以看到和國際人權條約所保障的普世人權接軌。

此外，憲法增修條文有：「經濟及科學技術發展，應與環境及生態保護兼籌並顧」，將環境權入憲。又如「國家應推行全民健康保險，並促進現代和傳統醫藥之研究發展」，落實社會權。又如「國家應維護婦女之人格尊嚴，保障婦女之人身安全，消除性別歧視，促進兩性地位之實質平等」，將「性別平權」更加明確化。

另我國憲法第171條第1項：「法律與憲法牴觸者無效」；第172條「命令與憲法或法律牴觸者無效」。中央法規標準法第11條，「法律不得牴觸憲法，命令不得牴觸憲法或法律，下級機關訂定之命令不得牴觸上級機關之命令」等。上述規定，都讓人權保障規定，取得了憲法層次

的優越法律地位。

　　我國憲法前言表明「保障民權」是制憲的主要目的之一。而人民自由權利的內容，隨著時代進步而變動衍生，例如環境權、資訊權、隱私權、智慧財產權等，雖然憲法並未列舉，但大法官陸續做出的憲法解釋時，許多都被歸於憲法第22條「其他權利」的範圍[12]。這些新加入的「人權保障」項目，透過釋憲的程序，已經被提高到憲法的層次。

二、「兩公約」施行法及其他國際公約

　　兩公約所提出的人權保障項目大略如下[13]：

1. 公民與政治權利

　　人性尊嚴、人道對待的權利及生命權、人身自由、居住與遷徙自由、秘密通訊自由、隱私權、宗教自由、表現自由、學術自由、集會與結社自由、知的權利、參政權、司法人權。

2. 經濟、社會與文化權利

　　生存權、勞工權利、受教育權、文化權、健康權、環境權。

3. 少數群體與特殊權利主體的保護

　　軍中人權、老人人權、女性人權與性別平等、兒童及少年人權、身心障礙者的人權、原住民族的平等權利與特別保障、性別認同的權利、人權教育等。

4. 其他國際人權條約

　　1971年退出聯合國以前，我國已完整完成了批准或加入了一些國際人權條約。但到目前為止，這些人權條約對於我國的意義，尚不明確。也就是說，我國這些條約及其內容，究竟是「人權」的信念，抑或是具備法律效力，尚未釐清。依廖福特的研究，這些人權條約包括[14]：

1. 防止及懲治殘害人權罪公約

2. 婦女參政權公約

3. 經1953年12月7日議定書修正之禁奴公約

4. 修正1926年9月25日在日內瓦所訂禁奴公約之議定書及附件

5. 自國外獲取贍養公約

6. 已婚婦女國籍公約

7. 禁止奴隸制

8. 奴隸販賣及類似奴隸制之制度與習俗補充公約

9. 消除各種形式種族歧視國際公約

10. 教育科學及文化組織（UNESCO）之反對教育歧視公約

11. 國際勞工組織（ILO）之供商業勞工檢查公約（81號）

12. 關於修正船上應有船員起居設備公約（92號）

13. 工資保護公約（95號）

14. 組織權及團體協商權原則之應用公約（98號）

15. 男女勞工同工同酬公約（100號）

16. 廢止強迫勞工公約（105號）

17. 獨立國家內土著及其他部落與半部落人口之保護與融合之公約
（107號）

18. 僱傭與職業歧視公約（111號）

19. 關於每一工人許可負荷之最高重量公約（127號）

要如何釐清上述這些條約在我國的法律地位，廖福特建議，對上述人權條約之處理，可以制定「多邊條約國內法地位特別條例」，或是類似性質之法律，並在其中明文規範「我國已締結之國際條約，不論我國是否為聯合國會員國，對我國有拘束力」。因而可以使得過去我國已批准或加入之人權條約，亦被納入人權保障的國內法範疇中。以特別立法之方式，應可更加明確過去我國已批准或加入之人權條約繼續對我國有效力。

第三節　我國人權保障的制度

一、我國人權保障的方法

如何確保憲法所明定的人民權利得以實現，而避免不法侵害，依目前的制度是採取事前保障、事後保障和憲法解釋、違憲審查等方式遂行，說明如下：

圖27　我國人權保障制度

（一）事前保障

我國憲法第7至18條、第21條皆以列舉方式明定人權保障事項，至22條則以「凡人民之其他自由及權利，不妨害社會秩序公共利益者，均受憲法之保障」概括保障。第23條：「以上各條列舉之自由權利，除為防止妨礙他人自由，避免緊急危難，維持社會秩序，或增進公共利益所必要者外，不得以法律限制之」，都是以最大程度限制政府侵犯人民權益。上述這些憲法明定事項，都屬於「事前保障」的部份，將「人民權利」的內容，用文字清楚明確的載入憲法，事先預防侵犯人權行為的發生。

（二）事後保障

　　如果一旦發生人民權利被侵犯，事後補救的方式，則見於憲法第24條：「凡公務員違法侵害之自由或權利者，除依法律受懲戒外，應負刑事及民事責任。被害人民就其所受損害，依法律向國家請求賠償」。

　　就「法律懲戒」而言，監察權扮演調查及移送的功能。傳統上，監察權職司「行政監督」和「保障人權」的任務，而隨著1970年代中期以來全球民主化與自由化的發展趨勢，各國監察功能開始日益強調「促進善治」的功能，持續推動政策變革與行政革新；監察權發展至今，兼具「人權教育」、「政策協調者」和「績效評估者」等多元角色。過去監察權的特性是「事後監督」，但是隨著時代的變遷和民主的進展，當代監察功能除了「事後矯正」之外，也逐漸強調「事前預防」（例如監察使提出良好行政標準作為行政機關的準則）和「事中警惕」（例如在巡察中糾正、提醒和建議）的功能[15]。

　　人民權利受侵害之救濟除可追究公務員之民事、刑事、行政責任外，並可依憲法第24條規定，及國家賠償法或其他法律請求國家賠償。公務員侵害人民自由、權利係有故意或重大過失時，國家於賠償後，對公務員有求償權[16]。

（三）憲法解釋或違憲審查

　　憲法解釋或違憲審查是憲政國家保障人權不可或缺的制度。實施憲法監督，開展違憲審查，是維護憲法權威，實現憲法對人權的保障功能的重要途徑。憲法對人權的規定只有在實踐中才具有意義，人權保障功能也才能實現。

二、推動我國人權保障的政府組織

（一）總統府人權諮詢委員會

總統府在2010年12月10日「世界人權日」當天，成立總統府人權諮詢委員會，由副總統擔任委員會召集人。委員會諮詢，加強與國際接軌、交流；目前還沒有受理人權侵害個案的申訴。

人權諮詢委員會依據兩公約的規定，規劃要建立國家人權報告制度；並設計一個符合「巴黎原則」的國家人權專責機構。

所謂「巴黎原則」，是指1991年，聯合國在巴黎召開各國官方人權機構的代表會議，依各國經驗，確立「關於促進和保護人權的國家機構的地位原則」。這項原則在1992年被聯合國人權委員會接納，1993年聯合國大會決議認可，一般稱為「巴黎原則」。

（二）行政院人權保障推動小組

2001年行政院成立「行政院人權保障推動小組」，由行政院長出任召集人，至2011年初，已召開17次委員會議。其主要任務是：

(1) 各國人權保障制度與國際人權規範之研究及國際人權組織合作交流之推動事項。

(2) 國家人權保障機關組織設置之研議及推動事項。

(3) 人權保障政策及法規之研議事項。

(4) 人權保障措施之協商及推動事項。

(5) 人權教育政策之研議及人權保障觀念之宣導事項。

(6) 其他人權保障相關事項。

（三）國家人權報告

　　根據「國家人權委員會組織法」草案，製作年度國家人權報告屬於國家人權委員會的法定職掌之一。由於國家人權委員會組織法草案仍在立法院審議中，在國家人權委員會未完成設置前，先由行政院人權保障推動小組規劃辦理試行報告，並於2003年提出《2002年國家人權報告（試行報告）》，為我國第一部國家人權報告。之後還繼續提出了《2003-2004年國家人權報告（試行報告）》、《2005-2006年國家人權報告（試行報告）》（2007年11月）。《2007-2008年國家人權報告（試行報告）》（2009年12月）等。

　　報告內容係參照憲法及國際人權公約的人權分類，並考慮我國法制及現行機關管轄事項，分為三大部分：

(1) 公民與政治權利

(2) 經濟、社會與文化權利

(3) 少數群體與特殊權利主體的保障

第四節　大法官釋憲與人權保障

　　如前所述，我國人權保障項目除了憲法本文列舉之外，還有「概括項目」，此一「概括項目」，在權利發生疑義的初期並無共識，需要一套制度來加以確認，並形成憲法人權保障的一部份，這個制度，即有賴於司法院大法官的憲法解釋。

一、大法官解釋憲法對人權保障的意義

　　二次大戰之後，檢討侵略國家迫害人權之慘痛經驗，激起了人權意識之高張與昂揚，人權保障成為戰後民主政治發展之主流。與其相伴而

生，如影隨形之特徵，即為司法權之提昇與擴張。新興憲法不僅採違憲司法審查之制度，對司法機關之地位與審判程序亦多所明定。充份顯示人權之保障，實有賴司法機關之鼎助[17]。

我國憲法為鞏固國權，保障民權，奠定社會安寧，增進人民福利之根本大法，政府與人民均應遵守。建立憲法共識，乃是民主憲政國家的基本認識。如何解釋憲法，維護憲法以及解決憲法重大爭議，對憲政發展有鉅大影響。

憲法第78條規定：「司法院解釋憲法，並有統一解釋法律及命令之權」；第117條規定：「省法規與國家法律有無牴觸發生疑義時，由司法院解釋之」；第171條規定：「法律與憲法牴觸者無效，法律與憲法有無牴觸發生疑義時，由司法院解釋之」；第173條規定：「憲法之解釋，由司法院為之」。憲法上述規定，賦予司法院維護憲法尊嚴，保障人民權利及維持憲政秩序之重任[18]。

隨著人民普遍法律素養提高，政府要如何向人民履行人權保障，成為具體要務。許多與警察職權有關的人權保障課題，例如包括人身自由的範圍、任意臨檢是否違憲等等，都在大法官解釋文中有所闡明。大法官解釋憲法，其意義即在以解釋理由作為憲法的補充或者確認。

二、大法官釋憲的模式

依據吳庚教授的分類，依照歷來我國大法官解釋所發展出來的模式，有以下6類[19]。

(1) 合憲宣告：作為審查對象的法令，屬於制定機關的權限，制定的程序也無重大瑕疵，內容亦與上位規範並無牴觸者，應認定其合憲。

(2) 合憲非難：對受審查的法規，一面認為尚不違憲，同時又指摘其不當，並要求制定法規的機關檢討改進。合憲非難通常解釋用語例如：「易滋誤解」、「未盡相符」、「宜由立法為適

當之裁量」等。（例如釋字270、277、290、396、441號等解釋）。

(3) 違憲但不失效：作為審查對象的法規，經認定違憲或與憲法意旨不符，但未使其立即失效或定期失效，只要求檢討改進，形成違憲法規仍長期有效的局面。（部份意見以為釋字第86、166號解釋屬之；但仍有不同意見）。

(4) 違憲並立即失效：違憲的法規雖然立即失效，但究屬於自始溯及失效，或向將來失效，仍有差異。一般仍有不同情況的失效效力。

　　第一：拒絕適用主義。各級法院僅在個案中不適用被認為違憲之法律，但該項法令仍然存在，若經終審法院確認其違憲，則實際上亦失其效力。

　　第二：撤銷主義（或宣告無效說）。認為違憲的法規在未被宣告違憲之前，既為合憲的法規，因之違憲宣告只能向將來生效。此又發展出兩種不同模式，其一為「宣告無效」或「與憲法不符」。法規「無效」係一體失效；「不符」則是若立法者修改法律使其與判決意旨相符，形成自由空間，而非一律無效。

(5) 違憲定期失效：這種模式有利於法的秩序安定，亦可提供制定法規機關過渡時間，使其修改或重新訂定法規。（例如釋字251號解釋）。

(6) 代替立法者彌補漏洞的宣告：法律內容因立法者明顯的不作為有重大瑕疵，由大法官在解釋文逕行宣示準用其它條文予以彌補。（例如釋字477號解釋）。

　　由於基本人權之保障為憲法的核心部份，解釋憲法之主要目的，即在於排除政府公權力之介入，以維護基本人權。而通常需要保護者，卻多屬政治領域或社會現實中屈居下風之個人或弱勢團體，例如刑事被告、政治異議份子、少數民族、宗教團體等[20]。

三、大法官釋憲保障人權例舉

司法院大法官釋憲與人權有關的要目甚多，例舉如下。

表2　大法官釋憲擴大人權保障例舉

司法院大法官解釋	相關人權保障
釋字485、526、639、649號	平等權
釋字404、411、416、510、514、649、659號	工作權
釋字452、454、443號	居住權
釋字422、428號	生活權
釋字400、425、440、516號	財產權
釋字288、382、378、396、418、482號	訴訟權
釋字273號	訴願權
釋字414、445、509號	表達自由
釋字665號	媒介接近與使用權
釋字380、563號	講學自由
釋字407號	出版自由
釋字445號	集會自由
釋字479號	結社自由
釋字490號	宗教信仰自由
釋字372號	人權、人格權、隱私權、名譽權
釋字399號	隱私權
釋字509號	名譽權
釋字384、392、436、523號	人身自由為一切自由前題（法治國原則）
釋字50、51、80、272、436號	非軍人免受軍事審判
釋字476號	死刑與生命權

我國司法院大法官第1號解釋憲法，係在民國38年1月6日作成，至最近一次，則為民國100年1月17日作成的第684號解釋。縱觀684項憲法解釋內容及要旨，除少部份為政府組織疑義解釋之外，大多數都屬於「限制政府權力」，或者與明確「保護人民權利」有關。由於卷帙浩繁，非本書所能完全列舉，建議讀者可從全國法規資料庫網頁之「司法判解」進入，即可閱讀到全部解釋（http://law.moj.gov.tw）。另為讓讀者認識釋憲文的一般表達方式，本書在附件一，提供「我國司法院大法官

釋憲文選讀」一部，以供參考。本文以下僅試舉近期若干受到輿論矚目的解釋文號。

（一）平等權

釋字第649號，宣告視障者始能從事按摩業違憲，應積極保障視障者工作權。

釋字第666號，社會秩序維護法「罰娼不罰嫖」違憲。

釋字第665號，刑事訴訟法重罪羈押，尚須審酌是否嫌疑重大、有無逃亡、滅證、串證及羈押必要，讓羈押要件更明確。

（二）人身自由

釋字第662號；可易科罰金的數罪併罰，定執行刑超過六個月仍得易科罰金。

釋字第664號，少年事件處理法就經常逃學、逃家的虞犯少年，令予收容或感化教育，是屬限制少年人格權，違憲。

（三）言論自由

釋字第656號，有關判決命加害人公開道歉，而未損及其人性尊嚴者，不牴觸不表意的自由。

（四）訴訟權保障

釋字第653號，有關羈押法就受押被告對監所處遇不許提起訴訟請求救濟的規定，違憲。

釋字654號，羈押法就律師接見在押被告時，予以監聽、錄音的規定，違憲。

（五）財產權保障

釋字第657號，所得稅法施行細則關於營利事業應將逾2年未付費用轉列其他收入規定，增加營利事業當年度所得及應納稅額，違憲。

此外，除了大法官釋憲之外，修訂現行法律，也是改善人權保障可以努力的方向之一。司法院針對司法人權，也提出了修法規劃。

在兩公約成為國內法之後，司法院列出需要檢討修正各種與審判有關的程序法，並最遲在兩公約施行後二年內完成，重點包括：

（一）修正刑事訴訟法89條

修正刑事訴訟法89條，明定執行拘提或逮捕，要當場告知拘提或逮捕原因、罪名及可以主張的權利。民眾以後被警察逮捕，可要求解釋自己到底做錯什麼。

（二）檢討修正刑訴法108條

刑事訴訟法108條第5項有關犯最重本刑10年以上徒刑之罪，審判中無限期羈押，及刑訴法有關預防性羈押，都將檢討修正。

（三）檢討偵查中案件人身自由保障

偵查中檢察官限制住居、出境和出海的強制處分，研究修訂應由法官審查，並從無期間限制，明訂期限的可行性；化解過度侵害人民遷徙自由的疑慮。

（四）刑事妥速審判

制訂刑事妥速審判法，改善刑事被告及被害者人權。

（五）落實實質辯護依賴權的保護

　　研修刑訴法保障偵查中被拘提或逮捕的被告或犯罪嫌疑人，與律師間合理無障礙的通信接見權及正當防禦權；另增訂沒有辯護人的被告表示要選任辯護人時，應立即停止訊問，落實實質辯護依賴權的保護。

（六）避免不必要的羈押

　　為避免不必要的羈押，研議增訂具保、責付或限制住居的被告，可接受適當的科技設備監控。

（七）確保青少年抗告救濟程序

　　在少年事件處理法增訂少年及其法定代理人的抗告救濟程序。

第五節　　生命權與我國死刑存廢

　　生命權是極為重要的基本權，一旦被剝奪生命，則其他任何權利均無意義。換句話說，一旦被以國家之名「依法執行死刑」，則被剝奪的生命，再也不需要什麼自由權、平等權了。因此，刑罰中的「死刑」存廢與否，一直都有正反兩方意見。

　　在政府宣布兩公約成為國內法之後，因為在「公民與政治權利國際公約」之中，已規定「任何人不得任意剝奪生命」，這一規定讓死刑存廢議題，立刻躍居媒體顯著版面。讓主張廢除死刑者，取得極為有利的辯詞，掀起台灣社會一波死刑存廢論戰的高潮。

一、死刑存廢的爭辯

（一）支持廢死

「公民與政治權利國際公約」第6條關於生命權的規定如下：

(1) 人人有固有的生命權，這個權利受法律保護。不得任意剝奪任何人的生命。

(2) 在未廢除死刑的國家，判處死刑只能是作為對最嚴重的罪行的懲罰，判處應按照犯罪時有效並且不違反本公約規定和防止及懲治滅絕種族罪公約的法律。這種刑罰，非經合格法庭最後判決，不得執行。

(3) 在剝奪生命構成滅種罪時，本條約任何部分並不准許本公約的任何締約國以任何方式剋減它在防止及懲治滅絕種族罪公約的規定下所承擔的任何義務。

(4) 任何被判處死刑的人應有權要求赦免或減刑。對一切判處死刑的案件均得給予大赦、特赦或減刑。

(5) 對18歲以下的人所犯的罪，不得判處死刑；對孕婦不得執行死刑。

(6) 本公約任何締約國不得援引條約任何部分來推遲或阻止死刑的廢除。

在上述條文的鼓勵下，「廢死聯盟」認為，我國在兩公約成為國內法的前題下，不應該再執行死刑。

對此，政府方面由法務部成立「逐步廢除死刑研究推動小組」加以因應。依據務部「逐步廢死小組」委員的觀點，我國現行法令，已經沒有「唯一死刑」，也就是一定得判死刑的罪名；至於最重可判死刑的

「相對死刑」規定，共計52條條文，分見於刑法、毒品危害防制條例等11部法律。其中不涉及剝奪生命的犯罪有23項，例如販賣一級毒品罪。基於廢死已成為世界潮流，廢死小組目前的共識是「非犯罪情節重大的犯罪，不得科處死刑」。

「逐步廢死小組」多數委員認為，故意剝奪生命的犯罪，可處死刑；非故意奪人生命，但有致人於死的結果產生。因為有模糊空間，仍決定維持死刑規定；例如劫機致死罪、強盜致死罪等。

為了因應兩公約，法務部正在推動相關部會限縮相對死刑的修法。首謀內亂、通謀開戰或運輸槍械等罪，涉及了國安及治安影響至鉅；如果死刑規定，不少人會產生疑慮[21]。

（二）反對廢死

在反對廢死的部份，有不少刑案被害人家屬，出面駁斥廢死的論調，並且舉出各種不同的理由，支持應該繼續執行死刑；反對廢死的被害人家屬也強烈質疑已經被定讞的死刑犯，法務部為何遲遲不執行。法務部延宕執行，有如法律三審之外的「第四審」；法務部不但濫權，而且侵害人權。

（三）大法官調和支持或反對廢死

在上述言詞主張之外，「廢死聯盟」還以「代死刑犯申請釋憲」的程序，杯葛或阻擾死刑執行；此一手段，果然達到了延緩執行的拖延效果。但是在司法院大法官的解釋中，則仍然支持現行體制下，宣告了「死刑」的合憲性。

司法院大法官在2010年5月28日作成決定，不受理40名死囚的兩件釋憲聲請案。申請釋憲人以及大法官的見解主張如下表[22]：

表3　台灣社會關於廢除死刑的主張與大法官見解

廢死聯盟主張	大法官見解
政府已簽署「公民與政治權利國際公約」等兩公約，死刑的規定牴觸兩公約內容。	兩公約並未規定，未廢除死刑的國家，如果有情節重大的犯罪，不能判處死刑。
《公民與政治權利公約》第六條第四項明白規定：「受死刑宣告者，有請求特赦或減刑之權。一切判處死刑之案件均得要求大赦、特赦或減刑。	這是立法機關的問題，廢死聯盟應該朝立法、修法方向努力。
死刑犯在三審沒有強制辯護，三審不公開辯論，違反公約「被告應全程享有辯護人協助」的規定；且被告對死刑量刑沒有辯論機會，法院判處死刑的標準會流於恣意、模糊，已經違憲。	被告可以自己請律師，也可以請求法律扶助幫忙寫上訴理由；法院會依職權為死刑案件的被告上訴，三審法官可依職權調查，現行法令規定，也有讓被告對刑度表示意見的機會，死刑犯的權利未受侵害。

資料來源：本研究整理

　　大法官的見解，主要認為在沒有修改現行刑法，或其他有關死刑的法律之前，依法必須就已判處死刑定讞者繼續執行死刑。

二、從人權保障探討死刑存廢

　　我國近年已經明顯出現了減少死刑、限制死刑之適用對象、避免死刑執行的狀況[23]。實際上，政府政策很明確的是朝著「廢死」目標前進。

　　從人權保障來看，生命權既屬至高無上，其他權利或利益之地位即不應超過生命權。易言之，人命價值應置於其他價值之上，例如榮譽、財產、法律執行力或者國家安全。因此，依法得剝奪他人生命之執行，應在防衛被害人（包括國家）現時立即之傷害或存亡威脅之急迫情況，方有其合法性[24]。

　　以目前情況來說，在未廢除死刑的我國，法官皆有依法判處死刑之可能性，法官剝奪他人生命之背景問題，其實是死刑存廢的「制度性」問題。

　　除了制度以外，審判也可能影響死刑存廢與否。因為審判時需依法獨立行之，惟法律若對某些犯行科予唯一死刑，在違法要件構成時，法

官即無裁量或轉圜餘地,必須判處他人死刑,此時之死刑係立法者所預先規定。此外,選科死刑狀況下,法官則可斟酌情況,為最後決定。可知,死刑之存在首係制度性問題,其次則是法官審判之問題。

我國立法者允許死刑之存在,其可能的憲法依據,大概即是憲法第23條:「以上各條列舉之自由權利,除為防止妨礙他人自由、避免緊急危難、維持社會秩序或增進公共利益所必要者外,不得以法律限制之」。但深究本條文意旨,固然提供立法者以法律限制人民自由權利之依據,但是生命本身不能限制,遑論剝奪。

憲法、行政法等為公權力行使之主要依據,首先應考量者應屬公法法理,因此,允宜以比例原則、依法行政等公法原理為依據,不應再適用正當防衛或緊急避難等刑法上之理論,應更周全的保障人民生命法益。

贊成廢除死刑者以為,死刑之本身,已違反人權之主要內容,即「不可侵犯之原則」,顯失正當性。其次,以立法允許死刑,尤其絕對死刑,已違反憲法第23條之必要性原則,即比例原則。而「唯一死刑」亦已剝奪法官依情節輕重裁量之權;其審判結果顯亦受違反憲法平等原則之質疑。

不過,當今世界,還有許多民主先進國家仍然保留死刑,例如美國、日本就還有死刑制度。依日本之判例,即認為刑法中死刑之規定屬於合憲,因為其憲法第31條規定:「任何人非依法律規定程序,不被剝奪生命、或自由、或科處其他刑罰」。因此,依法定程序應可剝奪生命,且能達到一般預防,杜絕特殊之社會罪惡,並使全體之人道觀優位於個人之人道觀。

就正反意見而言,死刑大都被強調為「治亂世之重典」,但是犯罪行為本身係政治、經濟社會制度有瑕疵產生之結果,而非原因。若欲治亂世,應力求掃除病因,對症下藥,才是政府責任所在。

申而論之,一個罪大惡極之人,其之所以犯下滔天大罪,可能肇因

於家庭環境不良、教育不當、社會不義與誘惑，甚至被害人的刺激。換句話說，國家本身也有應負的責任。

在死刑存廢辯論針鋒相對中，可能的妥協，就是以較長期的自由刑替代死刑；尚可調和犯罪人、受害人以及一般人民的正義感[25]。

三、從多方面探討死刑存廢

（一）死刑存置論的觀點

1. 人道主義的立場

(1) 判處死刑者均係罪大惡極之人，如不剝奪其生命，使之與社會永久隔離，則一旦獲釋出獄，將繼續危害社會；對於再次犯罪之被害人，顯不合乎人道原則。

(2) 若言死刑違反人道，則無期徒刑等重刑亦極不人道，豈不亦應廢止？

2. 刑事政策的立場

(1) 就應報觀點而言，死刑乃基於正義之要求，符合國民法感情。

(2) 就特別預防觀點而言，對於窮兇惡極之徒而毫無矯治之可能者，死刑可達到一勞永逸確實除害且合乎經濟之原則。

(3) 就一般預防觀點而言，人莫不畏死，行為人在犯罪之際，難謂全無考慮，故仍具有威嚇之作用。

3. 司法實務的立場

(1) 死刑執行益加慎重，尤其對於終審法院審判力求其詳，欲求其生而不可得，始予判處死刑。若謂誤判仍可能發生，則誤判之發生為司法上之過失問題，於其他刑罰亦可能發生，尚非死刑制度本身之缺失，故不足為廢止死刑之理由。

(2) 死刑非無伸縮性，即對科唯一死刑者，裁判官非無伸縮之可能，亦可依法酌量減輕其刑，故不能謂死刑無伸縮之餘地。

4. 被害人的立場

死刑之執行，對被害人及其家屬，具平忿滿足之功用；對犯罪行為人而言，完全符合倫理之要求，為實現正義所必要。

（二）死刑廢止論的觀點

1. 人道主義的立場

(1) 違反「社會契約說」：即國家之主權實係個人意思之總合，人民僅讓渡一部份之利益與自由，委託統治者，但並未將其生命讓渡與國家。若國家執行死刑，實欠正當性。

(2) 造成雙重報應：受刑人不只是要面臨死亡，且須面對死亡前之極度恐懼。這種過程無異予受刑人雙重死亡之負擔；違反人道精神，自無待言。

(3) 違反倫理性：執行死刑者以殺人為職業，具倫理違反性，國家不應允許此種行業之存在。

(4) 死刑具殘酷性：國家一方面以法律禁止殺人之行為，另一方面又訂定法律逕行殺人，理論上相互矛盾。死刑剝奪人之生命，其性質殘忍不合人道。

2. 刑事政策的立場

(1) 就犯罪原因而論，犯罪行為乃由於社會各種環境造成，非僅個人因素。剝奪行為人之生命，卻漠視社會病態之原因，並不公平。

(2) 就特別預防觀點而言，死刑因不能使受刑人復歸社會，有違教育刑主義之精神。而且死刑一旦執行即不可回復，不具刑罰伸

縮性。

(3) 就一般預防觀點言，並無確切的實證資料，足以證明死刑具有
威嚇作用；反而刑罰愈苛，愈會助長人類殘暴心理。死刑制度
之存在未蒙其利，社會已先受其害。

3. 司法實務的立場

人非聖賢孰能無過，縱法官明察秋毫，難免會有誤判之可能；倘若
死刑一旦執行，錯殺無辜，將無法救濟，造成遺憾。

4. 被害人的立場

對於加害人處以死刑，固可滿足被害人之報復心理，惟對於被害人
之補償並無實益。倘若能易為自由刑，將加害人於獄中之勞作收益賠償
被害人，對被害人及其家屬應更為有利[26]。

（三）世界各國死刑制度的新趨向

死刑是一種最極端以及嚴厲的懲罰方式，因其結果是剝奪了被執行
者的生命，至今死刑存廢問題尚無定論。某些國家已經廢除死刑或正在
倡議廢止；但也有一些國家，因為犯罪案件急遽上升或者民意調查希望
維持死刑，而使報復色彩濃厚的刑罰思想日益增加的現象。

世界各國依黃富源教授等人的研究，刑事立法趨勢，似有逐漸廢止
或減少死刑的情況。例如：

1. 愛爾蘭規定除謀殺執行職務的警察、監獄管理員；參加不法組織
的政治謀殺以外，其餘一般殺人罪都廢止死刑。
2. 美國紐約州規定除殺害執行職務的治安人員，及無期徒刑囚犯殺
害監獄的警衛人員或其他囚犯外，均廢止死刑。
3. 加拿大僅對謀殺罪規定死刑的適用。
4. 日本在1972年修改刑法草案中，已廢止對現住建築物縱火罪、決

水侵害致死、汽車顛覆致死及水道等混入毒物致死等5種罪的死刑，只保留8種。並明定死刑的適用應特別慎重，以提示量刑上應盡量避免死刑的基本原則。

5. 美國目前存置死刑的41州中，計有內亂、謀殺、擄人勒贖、持械搶奪、強制性交、縱火、破壞火車的公共危險行為，以及夜間侵入住宅竊盜殺人等8種死罪規定。但並無任何一州同時規定8種死刑情況；且最多不超過4種[27]。

（四）死刑之替代制度

死刑之存置論與廢止論均各具理由，惟世界各國都有逐漸廢止或減少死刑之趨勢，若有替代制度，亦具最大可能兼顧正反意見者，或可採用以下刑罰方式：

1. 不允許假釋之無期徒刑。
2. 長期的有期徒刑而不得適用假釋規定。
3. 死刑緩執行，於死刑判決確定後，並不立即執行，俟日後再決定是否執行或改執行他種刑罰。

第六節　本章小結

從本章所介紹內容來看，各國人民所應享有的權利不只有各國憲法所保障的國內民權而已，同時還加上國際人權條約的普世人權概念。「人」與「國家」被並列為國際法的主體，國際上看待一個國家是否具有正當性，不再以主權為唯一要件，還要看這個國家如何對待他的人民，看它是否尊重與保護人權；也就是國家是否能保證實現「正義」。

在法學和哲學界具有尊崇地位的古斯塔夫·拉德布魯赫（Gustav Radbruch，1878-1949年），在解釋「法律的內在價值就是正義的意

義」時，修正了自然法的思想，提出他的獨到見解。

他認為，「倫理是規範人類意志和行為的應然法則，此一法則可以區分為道德、習俗以及法律」。「倫理提供了善良的、應有的、公正的行為標準。因此，蘇格拉底相信，即使是不正義的法律或判決，也具有倫理的約束力」。他認為，法律不需要考慮內容的正義性，僅以其存在的事實，便已經實現了某種倫理目的。因為它終結了各種法律觀點的衝突，創造了法律的安定性。換句話說「正義的合法性」、「不正義的合法性」都具有倫理的價值[28]。

傳統認為正義是平衡或均等的維持或修復，它的箴言經常是「等者等之」這樣的句子。但是正義的觀念在結構上有其複雜性，它包含兩個部份：

1. 從「等者等之」的規範歸納出來齊一而且恆常的特徵。
2. 移動的、變遷不居的判準，在某個目的下，用以決定這些個案在什麼時候是相似或有差別的。

就後者而言，正義就像「真品的」、「高的」或「溫暖的」這些概念，他們都暗指某種標準，隨著個案的應用而有變異[29]。

當前人權保障蓬勃發展的實況，有如國父所說「世界潮流，浩浩蕩蕩；順之則昌，逆之則亡」，人權不但是普世價值，而且人權的概念，也不斷被擴充、被發展、被確立。在實務上，許多人權觀念，已經被大法官透過釋憲而確立。例如，「媒介接近與使用權」在國內討論許久之後，才被大法官接受並寫入解釋理由；有些則正在被鼓吹與號召之中（例如，動物權）。

如果想要讓所有的人都能夠知道所有的人權概念，「明文立法」是一個方式，但更重要的是在「立法之前」應如何處理。所謂「立法之前」的人權性質，可能尚屬於「倫理」或者「素養」的範疇，並不具強制力。因此，盱衡未來的社會還會繼續擴大人權範圍，「人權素養教育」或「人權觀念教育」的重要性，就不亞於「法治教育」了。

　　我國人權概念不斷擴大,已超越了我國憲法第2章所列「人民的權利」甚多。如前所述,「人權是會隨著社會環境而增生的」,目前以及未來還會增加的人權項目,其實正是國家致力追求正義的一種表現。

第六章　學習回饋

🔍 關鍵詞

四項基本自由（essential human freedoms）

世界人權宣言（Universal Declaration of Human Rights）

📖 請回答以下問題

1. 試說明國際人權的演變，以及二次世界大戰之後，聯合國在推動保障人權上的具體作法？

2. 試從國內法的意義，闡釋兩公約的要義為何？

3. 試論我國大法官解釋憲法的效力。

✒ 試作以下測驗題

1. 目前世界各國承認的「國際人權日」是指每年的那一天？（模擬考題99上）

   (A) 10月12日　　　　　　(B) 11月12日

   (C) 12月10日　　　　　　(D) 12月11日

2. 我國《公民與政治權利國際公約及經濟社會文化權利國際公約施行法》第6條規定：法令與行政措施有不符兩公約規定者，各級政府機關應於本法施行後完成法令之制定、修正或廢止，以及行政措施

之改進。其規定的期限為本法施行後多久？（模擬考題99上）

(A) 1年內   (B) 2年內

(C) 3年內   (D) 5年內

3. 司法院大法官釋字第666號，社會秩序維護法「罰娼不罰嫖」與憲法意旨不符，所指「不符」是與憲法要保障的那一種人民權利不符？（模擬考題99上）

(A) 工作權   (B) 人身自由

(C) 平等權   (D) 表達自由

4. 警察實施臨檢，並要求受臨檢人同行至警察局時，係限制人民何種基本權利？（98警察年特）

(A) 言論自由   (B) 居住自由

(C) 人身自由   (D) 秘密通訊自由

5. 下列何種權利，我國憲法本文予以明文保障？（98警察年特）

(A) 環境權   (B) 生存權

(C) 隱私權   (D) 知的權利

註釋：

1. 陳新民，《憲法基本權利之基本理論》上冊，（台北：元照，1999）p.2.
2. 參考改寫自維基百科「國際聯盟」http://zh.wikipedia.org/zh-tw下載日期2010年7月30日。
3. 參考莫紀宏，《國際人權公約與中國》，（北京：世界知識出版社，2005）pp.79-81.劉升平、夏勇，《人權與世界》，（北京：人民法院出版社，1996）pp.149-150.
4. 李震山，《人性尊嚴與人權保障》，（台北：元照，2000）pp.1-19.
5. 參考莫紀宏，《國際人權公約與中國》，（北京：世界知識出版社，2005）pp.82-83.
6. John P. Humphrey ,"The Universal Declaration of Human Rights：Its History ,Impact and Juridical Character,"in Ramcharan, B.G.（ed.）,Human Rights：Thirty Years after the Universal Declaration.（Hague：Martinus Nijhoff.1979）pp.28-29.
7. 陳隆志，《國際人權公約國內法化之方法與策略》，（台北：行政院研考會委託研究報告，2002）pp.198-201.
8. 王泰銓，《從尼斯條約看歐洲聯盟的變遷》，（台北：行政院國科會補助專題研究計畫成果報告，2004）p.134.
9. 王鐵崖等編，《國際法》，（台北：五南，1995）pp.64-65.
10. 李震山，《人性尊嚴與人權保障》，（台北：元照，2000）p.423.
11. 張文貞，〈國際人權法與內國憲法的匯流：台灣施行兩大人權公約之後〉，《TAHR報春季號：兩公約專輯》資料日期2010年3月17日。
http://www.tahr.org.tw/files/newsletter/201003/003.pdf下載日期2010年7月30日。
12. 陳志華，《中華民國憲法概要》，（台北：三民，2006）p.64.
13. 參考行政院人權保障推動小組編，《2005-2006年國家人權報告（試行報告）》2007年11月。
14. 廖福特，〈面對過去、把握現在、展望未來：我國還可以批准或內國法化哪些人權與人道公約？〉《TAHR報春季號：兩公約專輯》資料日期2010年3月17日。
http://www.tahr.org.tw/files/newsletter/201003/005.pdf下載日期2010年7月30日。
15. 見周陽山，〈促進善治，重振監察權〉，《中國時報》A10版，2008年8月13日。
16. 林騰鷂，《中華民國憲法》，（台北：三民，2005）p.177.
17. 法治斌，《人權保障與司法審查憲法專論》第二冊，（台北；月旦，1994）p.161.
18. 楊與齡、史錫恩、陳瑞堂、彭鳳至，《考察法、德、奧三國釋憲制度報告》，（台北：司法院，1990）p.1.
19. 吳庚，《憲法的解釋與適用》，（台北：三民，2004）pp.419-429.
20. 法治斌，《人權保障與司法審查憲法專論》第二冊，（台北；月旦，1994）p.152.
21. 王文玲，〈23項罪名免除死刑〉，《聯合報》第A8版，2010年6月19日。
22. 王文玲、蕭白雪，〈釋憲駁回2死囚最快下周槍決〉，《聯合報》第A2版，2010年5月29日。
23. 許福生，《刑事政策學》，（桃園：中央警察大學，2005）p.265.
24. 李震山，《人性尊嚴與人權保障》，（台北：元照，2000）p.33.
25. 李震山，《人性尊嚴與人權保障》，（台北：元照，2000）pp.31-58.
26. 許春金等，《死刑存廢之探討》，（台北：行政院研究發展考核委員會，1994）pp.73-79.
27. 黃富源、范國勇、張平吾，《犯罪學概論》，（桃園：中央警察大學出版社，2003）pp.442-443.

28. 王怡蘋、林宏濤譯，《法學導論》，古斯塔夫‧拉德布魯赫（Gustav Radbruch）著，（台北：商周出版，2000）pp.24-45.
29. 許家馨、李冠宜譯，《法律的概念》，（台北：商周，2000）pp.208-209.

第七章　人權保障與警察執法

學習地圖

　　本章介紹我國警察執法與人權保障；並且介紹人權保障的方法、避免侵犯人權的執法。本文亦舉出警察面對國家賠償法的指控案例，以供參考。本章所提及的相關課題，可參考以下的學習地圖。

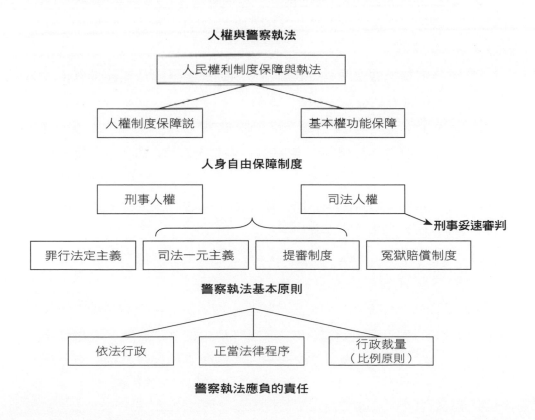

人權與警察執法

人民權利制度保障與執法

人權制度保障説　　　　基本權功能保障

人身自由保障制度

刑事人權　　　　司法人權　　　➤ **刑事妥速審判**

罪行法定主義　　司法一元主義　　提審制度　　冤獄賠償制度

警察執法基本原則

依法行政　　正當法律程序　　行政裁量（比例原則）

警察執法應負的責任

第一節　人權與警察執法

在二度政黨輪替過程中，兩位總統都曾經以「人權保障」作為號召，陳水扁提出的是「人權立國」；馬英九沒有延續這個說法，但是透過舉辦「人權大步走」，來彰顯對「人權保障」的重視。

「人權立國」、「人權大步走」都是執政者大力推動「人權保障」的作法。這個議題，大力的衝撞了警察執法的傳統思維。警察作為第一線的執法者，執勤時的言行是否符合「人權概念」，不斷的被媒體監督、民意監督。

2009年5月行政院推出「人權大步走計畫」，目標在於落實執行兩公約，政府重動員多個單位，各司其職，以期人權真的能夠「大步走」。其中規劃了：

(1) 法務部為統籌機關，負責辦理「培訓種子講師及編纂講義」、「製作宣導品」及督導執行成效。

(2) 教育部應將「兩公約」納入各級學校課程。

(3) 中央及地方各級機關均應派員接受種子講師培訓，主動對公務員宣導。

(4) 考試院及人事行政局應將「兩公約」內容納入公務人員訓練，並規劃國家考試加考國際法。

(5) 人事行政局將「兩公約」內容納入公務人員終身學習時數，每年不得少於4小時。

2009年9月，總統馬英九在「人權大步走」研習會致詞時指出，兩公約實施後，已經成為國內法，到底那些是人權？那些不是人權？所謂「人權」與「基本人權」又有何不同？例如「偵查辯護權」算不算是人權？

馬英九對公務員說：「我國憲法從第7到第22條所列舉或概括規定的，都是人權；但是現在人權的範圍可能不只這些。大部分的公務員都不知道人權是怎麼回事，這不能怪大家，因為我們過去的教育當中，很少提到這些」[1]。

在總統前述致詞過後，警政署立即對外表示，「按指紋」這項規定，並沒有法律上的依據，只是慣例而已；為了落實保障人權，警政署自2009年的10月1日起全面廢止警察機關要民眾「按指紋」的規定。除非是刑事案件嫌疑需要「按指紋」建檔，其餘行之有年的「按指紋」全部取消。包括製作筆錄、報案紀錄單等87項業務。

警政署的反應十分快速，一方面顯示從善如流；另一方面也顯示警察執法對總統談話有違反人權的陋習，而且積弊日久。

對此，內政部長還有進一步的說明，「我們的基本原則就是便民，最近一連串有一些跟警察、跟民眾接觸的事情，如果造成民眾感覺不方便的地方，我覺得應該由我們行政部門，特別是警察同仁加以改善」[2]。

警政署和內政部都快速回應了總統談話，將一個沒有法律依據而且擾民的「按指紋」快速取消，說明警察因循前例的作法，雖然沒有觸法，但「不尊重」人權的現象是長期存在的。

警察執法不尊重人權，不只是「按指紋」一件事而已。大部分的警察並不關心人權是怎麼回事，這不能怪大家，因為以往的警察教育，很少提到這些。

公務員代表國家行使公權力，其作為可能侵犯人權。而警察、檢調、司法體系的人員，職司對人民的干涉、取締與強制，更是最有機會侵犯人權的公務員。當「人權」及「普遍人權」的概念被重視後，人民權利制度保障，是基本權利客觀的價值秩序，也是警察執法之前應該具備的基本知識。

第二節 人民權利制度保障與執法

一、人權制度保障說

德國憲法學者施密特（Carl Schmitt）將人權制度保障的概念進行體系化。他認為，唯有先於國家存在的個人自然權利，才是純正的基本權利；「制度」和「基本權利」應該加以區分其不同的意義及作用。凡非屬出於人類自然本性的權利，原則上國家皆應提供一定的制度，以提供保障適用之空間。

制度性保障最初是指，某些既存或為憲法所認定的制度，必須受憲法直接保護，立法者不得以法律任意變更其核心價值內涵。現代意義的制度性保障，則指「國家必須建立某些制度或法律，確保其存在，並確保實現基本權利得以實現」。

「制度保障說」的要義，是防範憲法有時候僅能限制行政、司法機關卻可能無法防止立法機關以合於立法程序，製造出實質上對基本權利限制的法。因此，國家需要建立某些與基本權不同的「制度」，加以保障[3]。

制度保障說形成一種「法制上之保障」的功能，使整個制度能夠發揮受益權、保護義務、程序保障等功能的作用。被列入憲法制度保障之客體或者對象，除非修憲，否則該保障之憲法制度不能廢除[4]。

司法院大法官解釋而形成制度性保障的，有訴訟制度（釋字第393、396號）、服公職之權利制度，（釋字第483、575號）、大學自治制度（釋字第380號）、地方自治制度（釋字第467、481、498號）、婚姻制度（242、362、552、554、647號）等多種。

二、基本權功能保障

許宗力教授歸納我國司法院大法官的基本權利解釋，歸納得出五種基本權的功能，分別為防禦功能、受益功能、保護功能、程序保障功能、制度保障功能。這些功能都是我國經過實踐後，所得出人民基本權利得以確保的明證。整體而論，這五種功能，其實也是人民對抗警察執法侵害人權的「保證書」，簡介如下[5]：

（一）防禦功能

防禦功能是指當人民受到來自國家的侵害時，得請求國家停止其侵害。防禦功能可稱為「侵害停止請求權功能」，國家負有停止侵害的不作為義務。防禦功能的效力在於，宣告侵害基本權利的法律或命令違憲、無效，或要求廢棄侵害基本權利的行政處分與司法裁判，或要求停止任何其他侵害基本權的國家行為。

（二）受益功能

人民得直接根據基本權利之規定，請求國家提供特定之經濟或社會給付，國家亦有提供人民給付之義務；因此也稱為「請求給付權功能」。但是給付的標準受限於國家資源的分配，與權力分立原則的考量，受益功能的效力只願承認極少數特定基本權有受益功能。

（三）保護功能

國家對基本權既負有保護義務，則國家所採取手段必須足以達到保護目的；國家選擇保護手段時，負有「不足禁止原則」責任。而國家選擇干預手段時，則負有所謂「過度之禁止」義務。

（四）程序保障功能

程序保障功能發生在兩方面；在積極方面，課與國家有義務積極營造一個適合基本權實踐的環境，以幫助落實基本權。在消極方面，在於減少基本權實害的發生，亦即在基本權的實害未造成前，事先透過適當程序的採用，將實害的「發生機率減至最低」。

程序保障實務，例如司法院大法官釋字第384、396、436號，引用憲法「非經法定程序不得逮捕拘禁，非經法院依法定程序不得審問處罰」。又如釋字第535號：「臨檢自屬警察執行勤務方式之一種。臨檢實施之手段，檢查、路檢、取締或盤查等不問其名稱為何，均屬對人或物之查驗、干預，影響人民行動自由、財產權及隱私權等甚鉅，應恪遵法治國家警察執勤之原則。實施臨檢之要件、程序及對違法臨檢行為之救濟，均應有法律之明確規範，方符憲法保障人民自由權利之意旨」。

如果人民受到國家違法干預或侵犯時，透過程序保障的客觀基本權利，請求透過司法之法律途徑加以排除或要求國家行政機關應遵行正當法律程序行政，這權利不須依賴立法，人民直接援引基本權即可主張[6]。

（五）制度保障功能

廣義的制度保障功能，可以涵蓋所有的受益權功能、保護義務功能、以及程序保障功能。狹義的制度保障功能，則相當於程序保障功能，所指僅為法令與例規所形成的制度。

制度保障功能促使人權保障得以落實。依我國憲法，當人民權利受侵害時，救濟的方式除了可以追究公務員的民事、刑事、行政責任之外，還可依憲法第24條規定及國家賠償法或其他法律請求國家賠償。公務員侵害人民自由、權利係有故意或重大過失時，國家於賠償後，對公務員有求償權[7]。

第三節 人身自由保障與執法

我國憲法第8條詳盡列出對於人民身體自由保障的規定，其所約束的客體，除了檢察署、法院之外，幾乎全部都指向警察執法。憲法對於人身自由採取極為高調的重視，一方面顯示人身自由的神聖性及重要性；另一方面亦顯現出警察執法被要求要兼顧人權，在執法第一線接觸時，就已經開始了。憲法第8條全文如下：

> 人民身體之自由應予保障。除現行犯之逮捕由法律另定外，非經司法或警察機關依法定程序，不得逮捕拘禁。非由法院依法定程序，不得審問處罰。非依法定程序之逮捕、拘禁、審問、處罰，得拒絕之。
>
> 人民因犯罪嫌疑被逮捕拘禁時，其逮捕拘禁機關應將逮捕拘禁原因，以書面告知本人及其本人指定之親友，並至遲於二十四小時內移送該管法院審問。本人或他人亦得聲請該管法院，於二十四小時內向逮捕之機關提審。
>
> 法院對於前項聲請，不得拒絕，並不得先令逮捕拘禁之機關查覆。逮捕拘禁之機關，對於法院之提審，不得拒絕或遲延。
>
> 人民遭受任何機關非法逮捕拘禁時，其本人或他人得向法院聲請追究，法院不得拒絕，並應於二十四小時內向逮捕拘禁之機關追究，依法處理。

在刑案偵查活動進行時，警察除了要面對輿論監督與民意機關監督之外，最主要的是來自刑事訴訟法的規範。我國刑事人權保障內容，可以涵括罪刑法定主義、司法一元主義、提審制度以及冤獄賠償法。

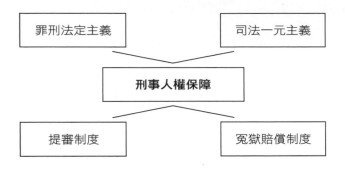

圖28　刑事訴訟的人權保障

一、刑事人權保障

（一）罪刑法定主義

　　罪刑法定主義用意在確保人身自由，免受專擅、獨斷的審判與懲罰。「法無明文規定不為罪，法無明文規定不處罰」，指出「罪的法定」和「刑的法定」。罪的法定是指只有當一人之行為符合刑法明文規定的犯罪構成要件，才能將該之視為犯罪。刑的法定是指當行為人被認定犯罪，亦必須依照刑法的規定將之處罰；在刑種、刑期、量刑等方面都不能超過刑法的明文規定。罪刑法定主義還有四項派生原則：構成要件和罪責明確性、禁止溯及既往、禁止類推適用、禁止習慣法等。

（二）司法一元主義

　　司法一元主義係指人民「非由法院依法定程序，不得審問處罰」。即只有普通法院，依刑事訴訟法之程序，才可審問或處罰犯罪者，而所謂普通法院是指法院組織法所規定的地方法院、高等法院、最高法院。

（三）提審制度

　　提審制度是指人民被法院以外機關，因犯罪嫌疑而遭逮捕或拘禁

時，本人或親友得要求管轄法院向執行逮捕拘禁的機關發出令狀，於一定時間內將拘禁者提交法院。依法審理，有罪治罪，無罪釋放。

（四）冤獄賠償制度

冤獄賠償制度係指人民為刑事被告，而審判結果認定為冤獄，則可向國家請求賠償的制度。我國冤獄賠償法規定：依刑事訴訟法、軍事審判法、少年事件處理法或檢肅流氓條例受理之案件，具有非法律規定之羈押或收容，受害人得請求國家賠償。其中包括「不起訴處分或無罪、不受理之判決確定前，曾受羈押或收容」。

二、刑事妥速審判法

保障人民有受公正、合法、迅速審判的速審權，亦屬於刑事被告的重要基本權之一。我國在2010年5月19日公布刑事妥速審判法，明定第5條第2至4項自101年5月19日施行；第9條自100年5月19日施行。宣示了我國司法人權更向前邁進。刑事速審法不僅規範了司法審判，對於因案羈押、收容，而致失去人身自由的情事，亦有更周延的規範。縱觀刑事妥速審判法的要義，略如下述：

（一）羈押是對人身自由最大的強制處分應優先密集審理

依速審法規定，羈押案件不分重罪或非重罪，均應「優先且密集集中審理」。配合同法「國家應建構有效率之訴訟制度，增加適當的司法人力，建立便於國民利用律師之體制及環境」之規定，足使羈押被告的人權保障與國際人權標準接軌。

（二）落實無罪推定及檢察官舉證責任。

無罪推定原則是刑事訴訟程序保障被告權利的基石。假如案件無證據可以支持，或是用以證明被告有罪之證據尚有可疑，法官就應判決被

告無罪。速審法強調貫徹無罪推定原則的重要性，要求檢察官講究精緻偵查，對於起訴的案件，應負提出證據及說服的實質舉證責任，強化被告人權的保障。

（三）妥速審判權受侵害之救濟

刑事妥速審判法第7條規定，自第一審繫屬日起已逾8年未能判決確定之案件，除依法應諭知無罪判決者外，經被告聲請，法院審酌下列事項，認侵害被告受迅速審判之權利，情節重大，有予適當救濟之必要者，得酌量減輕其刑：

1. 訴訟程序之延滯，是否係因被告之事由。

2. 案件在法律及事實上之複雜程度與訴訟程序延滯之衡平關係。

3. 其他與迅速審判有關之事項。

第8條規定，案件自第一審繫屬日起已逾6年且經最高法院第3次以上發回後，第二審法院更審維持第一審所為無罪判決，或其所為無罪之更審判決，如於更審前曾經同審級法院為2次以上無罪判決者，不得上訴於最高法院。

刑事案件應妥速審判，從人權保障而言是我國司法改革的一項進步，有助於及時實現公平正義。這部法律相當程度體現了普世人權價值，也是國人對司法的基本期待。世界主要人權國家，都將「適當期間接受裁判」、「迅速審判」等有關被告速審權的保障，列為重要的司法人權[8]。

第四節　人權保障與警察執法原則

人權概念與時俱進，為了讓警察能以「尊重人權」的方式執法，避免侵犯人權，本文認為，警察需要加強人權素養教育。主要是因為，警

察在日常生活中，最容易被辨識出公務員身分。警察的執法過程，也最容易被民眾、民意代表、傳播媒體監督；在被質疑侵犯人權的公務部門裡，警察機關當屬最高風險的單位。本文以「依法行政原則」作為核心概念，並介紹其他相原則。

一、依法行政原則

依法行政，係法治國家中行政權與立法權之互動關係之基本原則；意指行政權力之行使，必須依據法律之規範為之。在積極面，要求行政行為須有法律之依據；在消極面，則要求行政行為不得抵觸法律。有學者認為「行政法即具體化之憲法」或「行政法即活的憲法」，顯示法治國家行政法和憲法的密切關係[9]。依法行政原則從德國學者Otto Mayer創議以來，亦被區分為「法律優越」與「法律保留」兩項次原則。而行政裁量亦應在依法行政原則下為之。

（一）依法行政原則的次原則

1. 法律優位原則

行政行為或其他一切行政活動，均不得與法律相牴觸。所謂法律指形式意義的法律，意即立法院通過總統公布之法律。法律優位原則一方面涵蓋規範位階之意義，即行政命令及行政處分的各類行政行為，在規範位階上都低於法律；另一方面法律優位原則並不要求一切行政活動必有法律之明文依據，只須不違背法律即可，故亦稱為消極的依法行政。

依「法源位階理論」，大體可依憲法、法律、命令三位階加以劃分。三種位階之規範相互間有「效力優越」原則之適用。亦即，憲法之效力優於法律，法律之效力優於命令；都是「法律優位原則」之具體表現。

2. 法律保留原則

指沒有法律授權，行政機關即不能合法的作成行政行為。在法律保留原則下，行政行為不能以消極的不牴觸法律為已足，尚須有法律之明文依據，故又稱積極的依法行政[10]。

行政機關所為之行政行為，尤其是干預人民自由與權利者，其所依據之法規範應保留給立法者以法律明定。換言之，人民權益若需限制，或需賦予義務，皆必須由民選之民意代表以合議方式同意，而且除非有法律明確授權或本於職權，行政機關方得對法律作補充性或執行性之規定或解釋，以確實保障基本人權。

我國憲法第23條之規定：「以上各條列舉之自由權利，除為防止妨礙他人自由，避免緊急危難，維持社會秩序，或增進公共利益所必要者外，不得以法律限制之」；即有法律保留原則的意涵。

（二）依法行政原則的行政裁量情形

行政裁量權乃是法律許可行政機關在行使職權時，得為自由之判斷。由於法律無法就依每件個案分別為細密之規定，行政機關依「行政裁量權」作成行政決定或者處分，應遵循「依法行政原則」。

行政官署雖然在法律中獲得「裁量之授權」，在可以達成「法律目的」的前提下，就「是否已經達到採行行政措施與否」，或是「如何採行行政措施與否」擁有裁量之餘地。一般而言，原則上，前者屬於「決定裁量」，在立法有授權行政機關時（如在……情況下，官署「得」處以……措施）才存在。一般所稱的「行政裁量」，多指「選擇（手段）裁量」。依據行政合法性原則（或法律優位原則），任何行政權力不得違反法律之規定；行政裁量也不可以違反法律授權之目的與限度[11]。

行政機關之決定不能違背法律之規定；而且遇到相同事物時，應為相同之決定，不得有差別待遇。警察在執法時，不同的警察可能就同一

事件作出不同的裁量；若有不當，則可能引起「侵犯人權」的爭議。

二、行政裁量與比例原則

　　所謂「行政裁量權」乃是法律許可行政機關在行使職權時，得為自由之判斷。由於法律所作之規定，無法窮盡個案，因此賦予行政機關得就個案不盡相同部份，作出行政決定、處分，此即「行政裁量」。行政裁量權並非放任而無限制，通常行政機關仍然遵循法律優位原則、法律保留原則、公平原則、誠實信用原則、信賴保護原則及比例原則等等。

　　比例原則是法律所追求的「目的」和人民因此遭受權利的「損失」，有沒有一個「比例」之謂。因此，這個原則是以「法律目的」和「人權價值」作一個衡量[12]。國家對人民基本權利之限制，不僅應符合憲法第22條要求之法律保留原則，更應以比例原作為法律保留之界線，俾強調國家在進行基本權干預時，不得為達目的而不擇手段，應綜合考量目的之正當性、手段之必要性及限制之妥當性，以免對於人民基本權造成過度侵害。以比例原則作為人民基本權利的保障利器，其具體功能可以從三個層面表現出來。

（一）比例原則功能

(1) 視為一個「憲法委託」，要求之後立法者制定法律，應該要有所注意，有所節制。

(2) 視為「解釋標準」，來對法律內的規定予以闡釋，以制止所有國家權力，尤其行政權力可能侵犯人權之虞。

(3) 當作「司法審查」標準，並表現在其限制「立法權力」及「行政權力」兩個範疇[13]。

　　比例原則乃是依具體事件，衡諸衝突法益間各種狀況所作公正合理的個案決定，是個別正義的具體實現。

（二）比例原則之派生原則

比例原則有三大派生子原則：

(1) 適當性原則：國家所採取者必須是有助於達成目的的措施，又稱「合目的性原則」。

(2) 必要性原則：如果有多種措施均可達成目的，國家應採取對人民侵害最小者，又稱「侵害最小原則」或「最小侵害原則」。

(3) 比例性原則：國家所採取的行政措施和欲達成目的之間應該有相當的平衡，不能為了達成很小的目的使人民蒙受過大的損失。亦即，合法的手段和合法的目的之間存在的損害比例必須相當。

三、依法行政之信賴保護原則

為確保依法行政之原則，我國行政程序法明定，為使行政行為遵循公正、公開與民主之程序，以保障人民權益，提高行政效能，以期增進人民對行政之信賴，係其立法目的。

依我國行政程序法第7至8條規定，行政行為應受法律及一般法律原則之拘束，行政行為之內容應明確。而且非有正當理由，不得為差別待遇。行政行為，應依下列原則為之：

(1) 採取之方法應有助於目的之達成。

(2) 有多種同樣能達成目的之方法時，應選擇對人民權益損害最少者。

(3) 採取之方法所造成之損害不得與欲達成目的之利益顯失均衡。

信賴保護原則乃在保護人民對於國家正當合理的信賴，人民因信賴特定行政行為所形成之法秩序，而安排其生活或處置其財產時，不能因為嗣後行政行為之變更而影響人民之既得權益，使其遭受不可預見之損害。行政程序法第8條規定：「行政行為，應以誠實信用之方法為之，

並應保護人民正當合理之信賴」。

　　我國司法院大法官釋字第589號，解釋文認為，法治國原則為憲法之基本原則，首重人民權利之維護、法秩序之安定及信賴保護原則之遵守。制定或發布法規之機關依法定程序予以修改或廢止時，應兼顧規範對象信賴利益之保護。受規範對象如已在因法規施行而產生信賴基礎之存續期間內，對構成信賴要件之事實，有客觀上具體表現之行為，且有值得保護之利益者，即應受信賴保護原則之保障。

　　至於如何保障其信賴利益，究係採取減輕或避免其損害，或避免影響其依法所取得法律上地位等方法，則須衡酌法秩序變動所追求之政策目的、國家財政負擔能力等公益因素及信賴利益之輕重、信賴利益所依據之基礎法規所表現之意義與價值等為合理之規定。

四、正當法律程序原則

　　美國關於「正當法律程序原則」之原意，係指非經法律所制定的程序，不得剝奪或限制人民的生命、自由和其他權利。亦即其原意乃僅限於防止公權力不依法定程序而恣意侵害人身自由。時至今日正當法律程序原則之內涵已有變遷。質言之，正當法律程序應屬於憲法概念，係法院為保障人權得將難以允許之法律內容宣告為違憲之「最後武器」[14]。

　　「正當法律程序」原則於我國亦應具有憲法層次之「行政法之一般法律原則」，其適用範圍甚廣，無論行政、立法、司法皆受其拘束。其機能並不單純只是程序面，當亦包含實體面。

　　不以正當程序所取得之證據無效，是為「毒樹果實理論」。所謂毒樹果實理論（Fruit of the Poisonous Tree Doctrine），可說係未依正當法定程序的取證結果，不得作為證據效力。使用違法手段取證，猶如在土壤下毒一般，使用違法手段而直接取得之證據，即是「毒樹」（第一次證據）。由其中取得之資料，進而再獲取之其他證據，猶如從毒樹長出來的「毒果」（衍生證據）；換言之，由毒樹長出來的果實也是毒果。

因此，直接以非法方式取得之證據，以及因不法行為而間接取得之其他證據（衍生證據）都應被排除證據效力[15]。

正當法律程序，也對被告提供了防禦權。依我國司法院大法官釋字第582號解釋文來看，憲法第16條保障人民之訴訟權，就刑事被告而言，包含其在訴訟上應享有充分之防禦權。刑事被告詰問證人之權利，即屬該等權利之一，且屬憲法第8條第一項規定「非由法院依法定程序不得審問處罰」之正當法律程序所保障之權利。

刑事審判基於憲法正當法律程序原則，對於犯罪事實之認定，採證據裁判及自白任意性等原則。刑事訴訟法中規定了「嚴證法則」，此法則認可具證據能力之證據，必須經合法調查，使法院形成該等證據足證被告犯罪之心證，始能判決被告有罪；為避免過分偏重自白，有害於真實發見及人權保障，並規定被告之自白，不得作為有罪判決之唯一證據，仍應調查其他必要之證據，以察其是否與事實相符。以上即所謂：「嚴格證明法則」。

第五節　人權保障與刑事司法原則

一、無罪推定原則

1789年「法國人權宣言」第9條是首次出現無罪推定的文件；1948年聯合國的世界人權宣言，其第11條第1項即宣示無罪推定意旨。「無罪推定原則」如今已成為一項普世原則，也是警察執法時重要的人權觀念。

我國刑事訴訟法第154條：「被告未經審判證明有罪確定前，推定其為無罪。犯罪事實應依證據認定之，無證據不得認定犯罪事實」，此即無罪推定原則。其重點如下：

(1) 被告受無罪之推定，法庭成員應排除預斷。

(2) 控方應負實質舉證責任，方能推翻無罪推定。

(3) 罪證存疑時，應作有利於被告之認定。

與無罪推定原則有關的，還包括證據裁判原則、自由心證原則以及被告自白等。略述如下：

（一）證據裁判原則

犯罪事實應依證據認定之，無證據不得認定犯罪事實。證據，促使某項事實更臻明瞭之媒介，亦即該項事實獲得證明之原因。其證明之對象，即有待證明之該項事實，稱為「待證事實」。而用來認定待證事實之人、物或文書，則通稱「證據方法」；而調查所獲得之內容，則為「證據資料」。例如錄影帶（證物）為證據方法，而其經勘驗所獲得畫面影像，則為證據資料；書記官製作之勘驗筆錄（文書）為證據方法，而該項筆錄所載內容，則為證據資料。

（二）自由心證原則

刑事訴訟法第155條：「證據之證明力，由法院本於確信自由判斷。但不得違背經驗法則及論理法則」，是為自由心證原則。依自由心證原則，裁判者對於證據之價值有自由判斷之權；而於判斷之前，必須先有可供判斷之證據存在，否則，其判斷失所依據，憑空判斷，即非合法。

（三）被告（含犯罪嫌疑人）自白

自白乃犯罪嫌疑人或被告，承認全部或部份犯罪事實所為之陳述。於陳述時之身分，不以犯罪嫌疑人或被告為限。例如我國刑法172條所定情形。若是自白的陳述時點未必皆在本案訴訟中，而且犯罪於未發覺前，即對具有偵查犯罪職權之公務員陳述者，則為刑法62條之自首。陳

述方式以書面（如自白書）或言詞（如應訊供述經作成筆錄）均可[16]。

二、米蘭達警語

（一）米蘭達警語之由來

關於被告自白，美國「米蘭達警語」為警察獲取自白之過程，提出更進一步的人權保障作為；也對我國警察有所啟示。「米蘭達警語」為警察執法的正當法律程序之一。

1966年，美國最高法院根據米蘭達案，針對自白的證據力，再增加一項必要條件。即藉由宣讀程序，確保所有受警方拘禁之嫌犯，都知道憲法保障他們，有權可以不作使自己入罪的證詞；即「不自證己罪」。這就是著名的蘭達警語（Miranda warnings）或米蘭達法則（Miranda rules）。米蘭達案判決中，確定警察具有告知的義務，並明確了其告知的內容。

1963年3月13日，米蘭達（Ernesto Miranda）於家中被警方逮捕，在警局中經被害人指認後，即帶入偵訊室詢問，兩小時之後，米蘭達簽下自白，承認犯下兩起擄人與強姦案。自白書一開頭即註明：「此自白是基於自願而非威脅、且在完全了解法律上權利下所為」。米蘭達的律師主張此自白取得不合法，但亞利桑納州的最高法院仍支持警方的合法性，律師遂向聯邦最高法院提起上訴，最高法院否定了警察行為的正當性，排除被告自白。

（二）米蘭達警語之內容

1981年，最高法院案例再針對米蘭達警語作出解釋，即警語的內容並非「咒語」（incantation）不可更動，警察只需要完整的向嫌犯傳達其基本權利即可[17]。

米蘭達警語的內容，大致如下：

1 你有權保持緘默

you have a right to remain silent

這表示嫌犯可以行使緘默權（Right Of Silence），是「不自證己罪」的權利。意指被告有不被強行要求對自己為不利供述的權利，也就是禁止對刑事被告課以法律上供述之義務。

2 你所說的每一句話皆將成為法庭證言

anything you say may be used against you in court

被告若放棄緘默，則其陳述將成為法庭證言。英美法的被告一旦放棄緘默權，則不僅可以成為證人，同時也要兼負偽證的罪責。

3 你有權在任何偵訊的場合請求律師在場

you have the right to the presence of an attorney before and during any question

這是被告辯護權的表徵，在偵訊時可以請求律師在場。

4 假如你沒有能力僱用律師，那麼國家將會指定律師為你辯護

if you cannot afford an attorney, one will be appointed for you free of charge

為使無資力者亦能僱請律師，故有窮困辯護之設計，以維持平等原則。

上述標語式的警語是最基本的，亦可能為附加，但不能減少。

（三）米蘭達警語在我國之應用

我國刑事訴訟法第95條規定，訊問被告應先告知事項如下：

(1) 犯罪嫌疑及所犯所有罪名。罪名經告知後，認為應變更者，應再告知。

(2) 得保持緘默，無須違背自己之意思而為陳述。

(3) 得選任辯護人。

(4) 得請求調查有利之證據。

此外，少年事件處理法第3之1條規定，警察、檢察官、少年調查官、法官於偵查、調查或審理少年事件時，應告知少年犯罪事實或虞犯事由，聽取其陳述，並應告知其有選任輔佐人之權利。前述規定應相當於「米蘭達警語」之要旨。

第六節　警察執法應負的責任

警察應秉持民主制度人權保障的原則執法，如或不然，可能就需負起相關責任。依事件性質有別，責任亦輕重有別。在民主國家一般科層制度的組織裡，行政機關依層級節制向政治任命首長負責；政務官向民意機關負責；民意代表則向選民負責，形成一種課責鏈（accountibility chain）。

所謂課責（accountability），指涉一種權威的關係，亦即一個具有正式權威的人，可責求相對人順從之，且可對此相對人實施賞罰之謂。課責的性質，指行政人員基於其在制度上的角色，而非基於個人的偏好，被賦予一定的正式權威去履行特定的職責。依據其對上層權威者的命令之履行績效，來決定其獎懲。就警察執法而言，其被課責的方式，大致如下[18]：

一、層級課責

層級課責又稱行政課責（administrative accountability），它是一種垂直式的課責關係（vertical accountability）。層級課責的基本要求是服從，以成就效率性的核心價值。科層課責即指在組織內部，來自上層的課責，例如警察內部的主官督導、督察制度。其課責機制如下：

(1) 警察內部督導機制：包括主官督導、政風監察、督察督導、業務督導等系統。有時會以「專案」方式進行內部督導，像是警政署2006年開始實施的「靖紀專案考核計劃」，採用偵辦重大刑案的方式，來查處警察自己的風紀案件，即為一例。

(2) 警察內部行政規則：針對各種警察勤務方式和可能狀況，訂定出標準程序和裁量準則，或是訂定其他行政規則，提供員警執勤時的判斷依據。

(3) 警察內部績效評比：實施各種績效評比辦法，考核警察績效，實施獎懲措施。

(4) 民眾滿意度調查：實施問卷調查，瞭解民眾的感受及滿意度，以作為改進參考。

二、法律課責

法律課責的核心價值是對於法律之遵從，是指透過各種法律規定，例如刑法、公務員服務法、警察職權行使法等規定，加以課責。有時針對警察的裁量行為，司法機關就該裁量加以審查，是否有違背人民權利或違法裁量，是否有裁量瑕疵；即是否有「裁量逾越」、「裁量怠惰」或「裁量濫用」之情形。

其中裁量逾越是指裁量之結果，超出法律之授權範圍。裁量怠惰係指因過失或故意而消極的不行使裁量權之謂。裁量濫用則包括以下三種情形：

1. 衡量瑕疵

指行政裁量未充份審究應加斟酌的各項觀點，未適切符合授權意旨，所造成之瑕疵。

2. 濫用權力

指行政機關於行使裁量權時，摻雜與事件無關的因素，或以有悖於授權目的之動機，充作考量之基準。特別是行政機關追求法律授權以外之目的，或憑執法者個人的主觀好惡、個人恩怨，出現「選擇性執法」，極易引發「執法不公」或「執法不當」的爭議。

3. 違反法律一般原則及憲法保障基本權利意旨

行政機關行使行政裁量作成行政處分時，必須遵守比例原則、誠信原則、平等原則等。以避免違反法律一般原則，及憲法保障基本權利意旨。

三、專業課責

專業課責是以警察專業事項為課責的範圍。蓋警察皆經一定的專業能力及專業規範訓練；因此應就其可能違反專業部份，做必要的課責。增進警察專業能力，則有賴於以下二途徑：

(1) 警察常年訓練：警察機關對於新頒的法規、警政政策、勤務作為，以及行政倫理等課題，定期進行教育訓練；以期「行政中立」、「同一標準」服務社會與民眾。

(2) 應培養自律及民主法治的警察組織文化，經常自我要求及民主法治的精神，以期改正個別警察不當的裁量行為。

四、政治課責

政治課責假定政治與行政可互相區隔，而且由於民選的公職人員，皆擁有民意正當性，因此其地位應高於行政，因而得行使政治監督。例如，透過民選的立法委員、議員對警政質詢和預算審查，來監督警察所作所為是否偏離民意。民選的行政首長有時亦透過對於警察局長的調動，遂行政治課責。

第七節　國家賠償與救濟

我國憲法第24條：凡公務員違法侵害人民之自由或權利者，除依法律受懲戒外，應負刑事及民事責任。被害人民就其所受損害，並得依法律向國家請求賠償。

在實務上，我國實施國家賠償法以來，凡有人民權益受損，即使經法院裁判行政機關應負賠償之責，但行政機關仍不斷尋求上訴，以求免除賠償，究其原因，竟出自行政機關「預算不足」問題，並非為追求事實而採取上訴，實在是對人權保障最大的反諷。

被判應賠償的行政機關昧於人權保障意義在先，又昧於侵權事實，不肯履行賠償責任，一再拖延的爭議甚多，無異對人權的雙重侵犯。因此，關於國家賠償的原理、原則理論，實有釐清之必要，以期改正當前行政機關的官僚作風，與「保障人權」的「口是心非」作為。

一、國家賠償的理論

公務員執行職務行使公權力，不法侵害人民的自由或權利時，國家應負損害賠償責任，乃現代民主法治國家的職責所在。國家賠償責任的成立，係以民事侵權行為責任為基礎而產生，這項損害賠償責任，為現

今各國憲法及國家賠償法保障人權的基本規定。有關國家賠償責任觀念的形成，從歷史發展過程觀察，在學說及立法例上係由國家無責任論，隨著法學思想的演進，而進入國家代位責任論，並經由公平分擔的思想，轉而主張國家自己責任論，分述如下[19]：

（一）國家無責任論（否定階段）

國家無責任論的邏輯是，「國家不可能為惡，亦無授權公務員不法加害人民之理」。19世紀時期以前，歐陸各國基於國家權力至高無上思想，認為國家與人民之間，係屬權力服從關係，國家作為統治者享有絕對權利，而人民作為被統治者，應服從其權利，故公務員違法侵害人民的權利者，須由該公務員個人自負其責，國家不負賠償責任。同時，國家為統治者，享有絕對主權，並且係為公益而存在；居於公務員授權人地位的國家，對於受任人違反授權的行為，亦無故意或過失可言，因而也不須負其責任。當然，此說如今已完全不能成立。

（二）國家相對責任論（相對肯定階段）

公務員代表國家行使各種統治權之作用，例如徵兵、課稅、徵收土地、維持治安等。公務員為此行為時，縱使人民權利遭受損害，國家亦不負賠償責任，亦不依民法負責。然而公務員代表國家執行非屬權力作用之行為時，例如國家舉辦郵政事業、航空事業，因而損害他人權利，國家即應依民法負責。

（三）國家代位責任論（肯定階段）

國家雖然對被害人負賠償責任，但該賠償責任的本質上乃係公務員個人賠償責任之替代。故國家賠償責任之成立，須該行為亦構成公務員個人賠償責任為必要，即公務員因該行為須負損害賠償責任時，國家始負損害賠償責任。國家代替公務員承擔其賠償責任。

其考慮有二：

(1) 保護受害之人民，使受害人因此獲得償付。能力較強之債務人，即國家或其他公法人，亦可藉此使人民充分得到賠償。

(2) 增進行政效率，國家若不負責，而單由公務人員負責，則公務人員財力有限，其請求損害賠償，通常多為徒勞無功。

以今日觀之公務員其所為，原本即非為個人之利益，而係為國家執行公務。為鼓勵積極負責，拋棄「多做多錯，不做不錯」的消極退縮心態，再加上社會保險思想之推波助瀾，國家實責無旁貸，必須挺身而出。因而，公務員責任應由國家承認，國家為了保護人民權益，不應迴避概括承受公務員之責任。

（四）國家自己責任論

公務員於執行公務之際，所為不法行為時，其不法行為之效果應直接歸責於國家；是所謂的「國家自己責任論」。此論主張：國家對受害人負責，其原因是公務員不負賠償責任。公務員為國家機關，在於行使公權力時，其人格為國家所吸收，其行為即國家之行為，故公務員違反公法上義務時，實為公權力主體之機關違反義務。國家責任構成與否，不應該取決於公務員民事責任是否成立。

以前述諸論而言，國家自己責任論，才符合現代法治國家之人權保障信念。

在法治國原則的前提下，人民的權利如遭受侵害，依一般行政救濟而言，雖然有聲明不服、提起訴願、行政訴訟等途徑可循，但是行政爭訟僅能對違法或不當的行政行為，以撤銷、變更、或確認無效等方法，除去其法律效果，卻不能回復其現實上所受損害的權益。國家賠償制度則以國家為賠償義務人，對公務員執行職務行使公權力致人民權利受損害者，與以適當的救濟[20]。

我國國家賠償法第2條及第3條規定，國家賠償者，即公務員於執行

職務行使公權力時，因故意或過失不法侵害人民的自由或權利，或公共設施因設置或管理有欠缺，致人民的生命、身體或財產受損害，而由國家負賠償責任的一種制度。其特徵有三[21]：

1. 須由於公務員不法行為或公共設施因設置或管理欠缺，使人民受有損害。

2. 公務員的不法行為，須是執行職務行使公權力的行為，且須有故意或過失。

3. 由國家直接對被害人負責賠償損害。

換言之，加害行為雖由公務員所為，但國家必須為該行為所造成的損害，負賠償責任。但在實施時，未必能滿足民眾的期待。

縱觀我國之國家賠償制度，自民國70年7月1日施行以來，國家賠償多集中在公有公共設施的瑕疵案件，可能因其係採無過失責任，較容易成立國家賠償；至於公權力，必須以故意或過失為責任要件，成立較為困難。且加上行政官員欠缺人權素養，加上刻意規避責任，也使得國家賠償之成立，益加困難。

為落實人權保障，針對此一弊病，法務部在民國94年底組成「國家賠償法研究修正小組」，遲至民國99年才提出「國家賠償法修正草案」。

修正草案的主要內容包括，明定怠於執行職務之內涵，指「公務員就保護特定或可得確定人民權利之法規所定職務，依該法規已明確規定應執行且無不作為之裁量餘地而不執行者」。另對於「公有公共設施設置管理之欠缺」不再限於「公有」而注重「公共性」。此外還增訂「法官及檢察官為審判職務」及「追訴職務」之內容；建立對法官、檢察官行使求償之要件[22]。

二、警察被判賠償的實例

以下所舉案例，係以警察方面為「國家賠償」被告之實際案例；至於法院判決結果，可能採國家賠償或民事賠償並行。

（一）因違反偵查不公開被裁判賠償案例

1. 被告：警○署

案情：警○署警○雜誌網站「警政新聞」以「單純車禍演變為強盜」為題，刊登盧某全名指他是強盜犯，盧某後來獲不起訴處分。

盧某主張：2003年間渠在桃園縣大溪鎮與黃姓人士發生追撞，渠認為當時只是單純車禍糾紛，警○雜誌網站卻指渠涉及強盜、傷害等罪嫌，刊出他的全名；盧某認為警○雜誌侵權，提告求償280萬。

警○署主張：警政新聞由各分局及員警提供資料，若有人對網站內容有意見，警○雜誌網站會做事後處理。民國96年間盧某胞姊反映此事後，即將此報導撤下，各大搜尋網站雖仍可找到此報導，但已與警○雜誌無關。

台北地院裁判：員警偵辦案件階段，事實往往還不明確，當事人將來可能被認定不涉犯罪，警方應遵守「偵查不公開」原則，在報導警政新聞時採事前審查、隱去犯罪嫌疑人姓名或限制閱覽人。警方違反「偵查不公開」原則，未隱匿嫌犯姓名，警○署應付盧某國賠40萬，並在警○雜誌網站刊登道歉啟事3天。（案例來源：2010年3月，自由時報第B04D版）。

2. 被告：高〇市警察局

　　案情：高〇市刑警大隊某分隊於2006年根據檢舉，於網路查獲鄭姓嫌犯涉嫌販售空氣槍，影響治安甚鉅，警方埋伏蒐證後，將鄭嫌逮獲，並且查扣一把空氣槍。警方將空氣槍送往刑事局鑑定，因為空氣槍氣閥故障，而沒有殺傷力，檢方據此對鄭嫌裁定不起訴處分。

　　鄭某主張：警方在罪證確鑿前發佈新聞，涉嫌違反偵查不公開原則，讓他的名譽受損，也連帶造成其權益受到侵害，因此向法院提出民事回復名譽訴訟，並請求國賠。

　　高〇市刑大主張：警方係依當時的標準作業程序，對外發佈新聞稿，呼籲民眾不要因為好玩好奇在網路販售空氣槍，以免觸法。在新聞稿中未提及鄭嫌全名，但仍有媒體將鄭某全名刊登。

　　高雄地院裁判：裁定符合國家賠償要件，判決高〇市警局必須賠償鄭某8萬元。全案仍可上訴。（案例來源：2009年12月23日，台灣時報第11版）

3. 被告：高〇市警察局

　　案情：2006年12月5日，莊姓男子在高〇市一家咖啡店騎樓下喝咖啡，因斜對著櫃檯女服務員，涉嫌公然玩弄「小鳥」，被高雄地院依公然猥褻罪，一審被判有罪。二審合議庭法官調查後，認定罪證不足。

　　莊某主張：警方將資料給媒體刊載，內容包括全名、年齡、職業及照片，渠並因此被公司開除，名譽、權益皆受損，要求高〇市警察局賠償30萬元精神慰撫金和薪資損失60萬元。

　　高〇市警察局主張：案發當晚即解送莊到地檢署，沒有發佈新聞、展示證物及照片，並因派出所為開放地點，不乏洽公人士進出，他人洩漏莊個資也有可能，否認媒體取得信息與警方有關。且莊某因在公共場所裸露下體，被媒體報導後自願離職，其行為客觀上非社會風俗所能容

忍，莊應就自身行為負責並有過失。

　　高雄地院裁判：莊自願離開公司，與媒體報導無關，但員警未遵守偵查不公開，因而影響莊權益，應負過失或故意責任。警方未善盡保管個資之責有過失，判決賠償10萬元。（案例來源：2008年8月3日，自由時報第B02版）

（二）因使用警械不當被判賠償案例

1. 被告：台○市政府

　　案情：台大研究生江○德在2008年海協會會長陳雲林訪台時，前往台北市晶華酒店附近關切抗議活動，卻遭鎮暴警察打得頭破血流，江○德訴請台北市政府應負國賠責任。

　　江○德主張：民眾的錄影光碟可證明，江○德未拿武器，被員警拉進警方人群後不久即滿身是傷。

　　台北高等行政法院裁判：警方將江○德毆傷、血流如注，竟不予援救，也不做必要的蒐證，以利江○德事後維護其權益，除凸顯台○市政府對所屬市民生命、身體安全漠視外，也顯示對市警局職司保護社會安全有「督導不力」之處。江○德遭警察違反「警械使用條例」使用警械成傷，依國家賠償法特別規定，判台○市政府應賠償江某30萬元精神慰撫金、1600百餘元醫藥費。（案例來源：2010年9月16日，自由時報第A01版）。

2. 被告：高雄市警察局

　　案情：34歲男子黃建榮喝酒後毆打母親，被警方帶往三○第○分局○○派出所留置，半小時後卻遭發現以腳鐐纏頸休克，送醫前已死亡。家屬質疑警方看顧疏失，向法院提出國家賠償。

　　家屬主張：警方的腳鐐銬手原本就可能導致纏頸自殺，且死者休

克10多分鐘才遭發現，因為警方疏失而導致錯失搶救黃金時間，至為明確。故請求高〇市政府警察局賠償黃某之父含扶養費、慰撫金、殯葬費共385萬餘元：死者之母347萬餘元。

　　高〇市警察局主張：根據派出所監視器畫面，當時黃已呈現宿醉狀態，並不斷喃喃自語或與警方說話，15分鐘後開始用腳鐐纏頸，托腮打盹，不到10分鐘，一名員警上前查看，未發現異狀，該員警離去後不久，黃某滑下椅子，開始劇烈喘氣、抽搐，5分鐘後沒有呼吸。

　　高雄地院裁判：高〇市政府警察局須賠償死者父母共245萬餘元。全案仍可上訴。（案例來源：2006年12月28日，台灣時報第11版）

（三）因違法搜索被判賠償案例

　　被告：高〇市警察局

　　案情：寰〇公司與國軍高雄總醫院曾簽訂磁振造影設備維修契約，並於2003年某日下午，指派古姓等3名員工攜帶電腦等器材，前往該醫院磁振造影室進行醫療維修工作。苓〇分局徐姓偵查員等三人接獲線報，擅自前往執行搜索，查扣古等人隨身攜帶電腦、光碟，並帶回製作筆錄。

　　寰〇公司主張：警方違法搜索，因而無法完成維修工作，被醫院扣款及名譽受損；提告要求高雄市警察局賠償180萬元。古姓等3人則因人權遭侵犯，各要求賠償40萬元精神慰問金，總計300萬元。

　　高〇市警察局主張：徐姓偵查員等接獲奇〇亞洲醫療設備公司告發，趕往醫院追查有無違反著作權，當場查扣可疑維修手冊和電腦，並依規定逕行拘提後向院檢報備。而且，當天沒有搜索寰亞公司，於法有據。

　　高雄高分院裁判：員警違法搜索，將古等人帶回警局，致寰亞公司未能當天完成維修工作，損失29萬元，自應由市警局負擔。又查，古等人自願與警方回警局，並未造成其名譽受損，改判徐姓等偵查員勝訴，

不用負擔任何賠償。（案例來源：2006年12月25日，自由時報第B06A版）

三、警察被控國家賠償駁回案例

被告：花○縣警察局

案情：駕駛執照的歐姓少年，在民國95年就讀高中二年級時，於凌晨騎機車搭載魏姓女同學遇警方攔檢不停，被警車追逐約1公里，不幸撞上廣告招牌致死。

家屬主張：

死者父母提出國賠訴訟，要求花蓮縣警局賠償1000萬元。

花○縣警察局主張：

警察追蹤過程中，尚有一段距離，警方並無緊追不捨，難憑加油站監視器拍畫面認定。而歐姓少年家屬主張是警車擦撞絆倒機車才致歐死亡，但經檢驗，警車並無撞歐的機車痕跡，顯見機車絆倒與員警行為並無因果關係。

花蓮地方法院裁判：

駁回原告主張。駕車人對稽查任務人員有服從義務，本件是歐姓少年拒絕攔檢，加速逃逸，車速過快，煞車不及撞上人行道旁廣告招牌致死，乃自招危險所致，屬偶然事實。交通勤務警察對於稽查違反道路交通管理事件，應認真執行，不服稽查而逃逸人員、車，得追蹤稽查。員警進行追蹤檢查屬合法行為，亦符合比例原則。本件警察並無不法，亦無過失可言，自無不法侵害人民權利。本案仍可上訴。（案例來源：2008年6月3日，聯合報第18版）

第八節　本章小結

　　人權素養受到高度重視以來，警察首當其衝，因為警察執法經常與民眾發生互動，也容易引發人權爭議。

　　許多時候，警察因為欠缺人權教育，而觸犯到侵害人權的邊沿而不自知，許多在過去似是而非的觀念都在被檢驗，或者被重新認識。例如關於「偵查不公開」究竟是為了「有利於偵破案件」、「警察英雄主義」、「討好媒體」或者是「人權保障」，就是現在許多警察的迷思。如果不加以釐清，執法的警察可能因為侵害人權而觸法。

　　人權得到伸張，就是正義的實現；全世界的警察，都被視為「正義」的化身，更應堅守人權執法的信念。警察組織在實現「秩序維持、打擊犯罪」任務時，其內涵就是在追求正義公平。

　　然而，當前警察執法過程，也面臨到衝擊。此一衝擊來自於多元化社會中的意見自由市場、民主化變革中的人權意志。這些衝擊促成警察職能的蛻變，從早年「鎮壓的國家機器」漸次蛻變為「社會服務工作者」，在此時來探討「警察人權執法」，別具意義。

　　警察被視為國家公權力行使者，若探討其正當性，無可避免地必須提到公益（Gemeinwohl）的概念。但是在企圖掌握公益概念的內涵時，必須面對其內涵極度不確定，隨變動中的社會、政治及意識型態而形成其內容的特殊困難。然而，即使無法終局地確定公益概念的所有內涵，其作為所有國家行為最廣泛與最抽象的理念，應被理解成「生活共同體」的完善，以及共同體成員繁榮發展的狀態。為達到完善生活共同體的目標，必須致力於謀求公眾，而非生活共同體成員之個人或個別團體的利益。

　　長期以來，對警察而言，「民主」似乎是一項難有終止的挑戰。警察，不論是在概念上或實務運作上，經常與民主社會的某些特徵相衝突。警察是代表政府遇有必要時，強制人民守法所需運用的合法力量，此種帶有「限制」的強制力量，便與民主內涵的「自由權」相扞格。

　　政府的角色使得警察與民主制度難免存在衝突；政府存在的目的，一方面代表其人民，另一方面是服務其人民。在警察所提供的服務之中，有一些是人民不想要卻又無法避免的，例如警察取締交通違規。抽象上，人民雖然願意被政府統治；但在現實裡，人民卻經常抵制政府干預，包括警察的干預。民主代表的是共識、自由與平等的參與；但是警察代表的是政府加諸於人民的威權。即使警察已經不斷改善其服務效能，以及公正執法的態度，但仍然難免人民的批評、反對[23]。

　　警察在法律明確原則下執法，應該問題不大，依法行政、法治辦案即可。但從「人權」發展的淵源為本，透過邏輯歸納之後，可以發現人權另有一層意義。「普遍人權」的概念及內涵顯然都大於憲法的基本人權、大於法律，甚至也大於道德規範。這就進入「人權素養」的教育範疇了，但其中可能還會有一些執法空間需要進一步加以釐清。

　　例如，警察「釣魚辦案」，以誘導犯罪方式增加績效；或者警察隱匿拍照舉證交通違規，各級法院就出現不一致的判決。認定「釣魚辦案」不符程序正義的法官，認為這種作法已經違反人權。

　　「警察執法與人權保障」好像不能合而為一，甚至是一分為二的悖論。若是多數警察都持這樣的思維，那就說明警察的人權素養，還需要大力推動。警察執法應該是「為保障人權而執法」，「為人民服務」應該比「為政治服務」更為重要。警察唯有回歸憲法人權保障，才能受到人民支持，成功的轉型為「健康活力新形象」的「服務型警察」。希望這樣的結論，能對警察人權素養的通識教育有所助益。

第七章　學習回饋

🔍 關鍵詞

人身自由保障制度
提審制度
比例原則
法律保留原則
信賴保護原則
刑事妥速審判

📖 請回答以下問題

1. 我國憲法從第7到第22條所列舉或概括規定的，都是人權；但是現在人權的範圍可能不只這些。請說明「偵查辯護權」、「偵查不公開」算不算是人權？所謂「人權」與「基本人權」有沒有差別？

2. 試人權保障的方法為何？執法者有那些原則可以避免侵犯人權？

✏️ 試作以下測驗題

1. 我國憲法對於人民自由權利之保障，係以下列那一種方式為之？
   （98警察三特）
   (A) 人民於法律所定範圍內方享有憲法所列之各項自由權利

(B) 憲法所定之人民各項自由權利受憲法直接保障，國家僅能於不違憲的範圍內，以法律限制

(C) 人民自由權利既受憲法保障，故不得以法律限制之

(D) 憲法所定之人民各項自由權利，經大法官確認者方受憲法直接保障

2. 提審制度是下列那一階段之程序保障？（98警察三特）
   (A) 逮捕程序　　　　　　(B) 再審程序
   (C) 審判程序　　　　　　(D) 上訴程序

3. 依憲法本文規定，人民因犯罪嫌疑被捕時，得聲請下列何者，向逮捕之機關提審？（98四等基層警察）
   (A) 該管檢察署　　　　　(B) 該管法院
   (C) 司法院　　　　　　　(D) 監察院

4. 有關正當法律程序之敘述，下列何者正確？（98四等基層警察）
   (A) 審判原則上不應公開　　(B) 被告無緘默權
   (C) 傳喚被告須有傳票　　　(D) 被告無選任辯護人之權利

5. 下列何者為法律保留原則之內容？（98四等基層警察）
   (A) 與人民權利有重要關聯之事項，應由法律自行規定之
   (B) 命令與法律牴觸者無效
   (C) 對於人民權利之限制，必須採取干涉最小之手段
   (D) 無實質上正當理由，不得對人民為差別待遇

6. 依憲法本文之規定，司法院大法官解釋憲法，並有統一解釋下列何者之權限？（99警察三特）
   (A) 法律與命令　　　　　(B) 法律與判例
   (C) 法律與條約　　　　　(D) 法律與習慣

7. 人民團體法規定申請設立人民團體有主張共產主義或分裂國土之情形者，不予許可設立。司法院大法官釋字第644號解釋認為，此規定顯已逾越必要程度，請問該解釋意旨與下列何種原則有關？（99

警察三特）

(A) 信賴保護原則　　　　　　(B) 不當聯結禁止原則

(C) 比例原則　　　　　　　　(D) 誠實信用原則

8. 院大法官釋字第295號解釋，財政部會計師懲戒覆審委員會對會計師所為懲戒處分之覆審決議，被懲戒人如不服，可提起行政訴訟，旨在維護被懲戒人何項憲法保障之權利？（99警察四特）

(A) 應考試權　　　　　　　　(B) 財產權

(C) 訴訟權　　　　　　　　　(D) 名譽權

9　關於我國國家賠償之方法，依國家賠償法規定，下列敘述何者正確？（98警察三特）

(A) 以回復原狀為原則，金錢賠償為例外

(B) 以金錢賠償為原則，回復原狀為例外

(C) 由賠償義務機關決定

(D) 國家賠償與民事賠償之方法相同

註釋：

1. 陳志賢，〈馬：人權為何，公務員多不知〉，《中國時報》第A16版，2009年9月18日。
2. 蕭承訓，〈保障人權，刑事文書免按指紋〉，《中國時報》第A1版，2009年9月19日。
3. 吳庚，《憲法的解釋與適用》，（台北：三民，2004）p.121.
4. 法治斌，董保城，《憲法新論》（台北：三民，2003）pp.107-108.
5. 許宗力，〈基本權的功能與司法審查〉，收於《憲法與法治國行政》，（台北：元照，1999）pp.155-176.
6. 蕭文生，〈自程序與組織觀點論基本權利之保障〉，《憲政時代》第25卷第3期，2000年1月，p.29.
7. 林騰鷂，《中華民國憲法》，（台北：三民，2005）p.177.
8. 高年億，〈司法之窗：速審法今施行人權里程碑〉，聯合報第A11版，2010年9月11日。
9. 吳庚，《行政法之理論與實用》，（台北：作者自行出版，2003）p.36.
10. 吳庚，《憲法的解釋與適用》，（台北：三民，2004）pp.54-56.
11. 陳新民，《憲法基本權利之基本理論》上冊，（台北：元照，1999）pp.273-274.
12. 陳新民，《憲法基本權利之基本理論》上冊，（台北：元照，1999）pp.271-272.
13. 陳新民，《憲法基本權利之基本理論》上冊，（台北：元照，1999）pp.266-267.
14. 林國漳，〈淺釋行政法學上之「正當法律程序」原則〉，收於城仲模主編，《行政法之一般法律原則》（一），（台北：三民，1999）。
15. 涂永欽，〈竊聽取證之適法性及證據能力之研究〉，《刑事科學》第32期，1991年9月，pp.134-172.
16. 朱石炎，《刑事訴訟法論》，（台北：三民書局，2007）pp.138-158.
17. 高忠義譯，《刑事偵訊與自白》，（台北：商周，2000）pp.284-289.
18. 朱金池，《警察績效管理》，（桃園：中央警察大學出版社，2007）pp.212-219.
19. 參考法治斌‧董保城著《憲法新論》，（台北：元照，2010）pp.173-177.。吳庚，《行政法之理論與實用》增訂7版，（台北：三民，2001）p.482以下。陳敏，《行政法總論》，（台北：神州，2003）pp.1073-1075.董保城、湛中樂，《國家責任法：兼論大陸地區行政補償與行政賠償》，（台北：元照，2005）pp.39-49.
20. 曹競輝，《國家賠償立法與案例研究》，（台北：三民，1986）p.48.
21. 廖義男，《國家賠償法：行政法論述之一》，（台北：作者自刊，1993）p.8.
22. 法治斌‧董保城著《憲法新論》，（台北：元照，2010）pp.173-177.
23. 孟維德，《犯罪分析與安全治理》，（台北：五南，2007）pp.132-133

本書各章學習回饋測驗題參考答案

第一章學習回饋測驗題
1. C　2. D　3. B　4. D　5. C

第二章學習回饋測驗題
1. C　2. B　3. A　4. D　5. A

第三章學習回饋測驗題
1. D　2. A　3. C　4. C　5. B

第四章學習回饋測驗題
1. D　2. A　3. B　4. C　5. A

第五章學習回饋測驗題
1. D　2. C　3. D　4. C　5. C

第六章學習回饋測驗題
1. C　2. B　3. C　4. C　5. B

第七章學習回饋測驗題
1. B　2. A　3. B　4. C　5. A　6.A　7.C　8.C　9.B

本書參考文獻

一、中文部份

王文玲、蕭白雪，2010年5月29日，〈釋憲駁回2死囚最快下周槍決〉，《聯合報》第A2版。

王文玲，2010年6月19日，〈23項罪名免除死刑〉，《聯合報》第A8版。

王育三，1983，《美國政府》，台北：商務。

王怡蘋、林宏濤譯，2000《法學導論》，古斯塔夫‧拉德布魯赫（Gustav Radbruch）著，台北：商周出版。

王佳煌譯，2000，《現代社會的法律》，台北：商周出版。

王泰銓，2004，《從尼斯條約看歐洲聯盟的變遷》，台北：行政院國科會補助專題研究計畫成果報告。

王章輝等譯，1993，《革命的年代》，台北：麥田。

王曾才，《西洋近世史》，1996，台北：正中。

王業立主編，韋洪武譯校，2004，《最新美國政治》，台北：韋伯。

王澤鑑，2000，《民法總則》，台北：三民。

王躍生，1997，《新制度主義》，台北：揚智。

王鐵崖等編，1995，《國際法》，台北：五南。

尤英夫，2002年8月7日，〈全民指紋建檔個人隱私並未遭侵犯〉，《自由時報》第15版。

石之瑜，1995，〈近代中國對外關係新論：政治文化與心理分析〉，《當代國際政治學中的戰爭迷思》，台北：五南。

田弘茂，1997，〈台灣民主鞏固的展望〉，田弘茂、朱雲漢主編，《新興民主的機遇與挑戰》，台北：業強。

丘昌泰，1994，《公共政策：當代政策科學理論之研究》，台北：巨流。

左潞生，1988，《比較憲法》，台北：正中。

白巴根等譯，2009，《日本憲法與公共哲學》，北京：法律出版社。

幼獅文化公司編譯，1995，《法國大革命與英國》，台北：幼獅文化。

幼獅文化公司編譯，1995，《盧梭與法國》，台北：幼獅文化。

任卓宣，1980，《民主政治新論》，台北：帕米爾書店。

任卓宣著，1982，《民主理論與實踐》，台北：帕米爾書店。

任德厚，1978年9月，〈發展中之國家憲政問題〉，《憲政思潮》第43期。

朱石炎，2007，《刑事訴訟法論》，台北：三民。

朱金池，2007，《警察績效管理》，桃園：中央警察大學出版社。.

朱堅章主譯，1978，《參與和民主理論》，台北：幼獅。

朱雲漢，2004，〈台灣民主發展的困境和挑戰〉，《台灣民主季刊》第1卷第1期。

江岷欽，2003，〈企業型政府新詮〉，張潤書主編，《行政管理論文選輯》第17輯，台北：銓敘部。

朱貴生著，1995，《第二次世界大戰》，台北：聯經。

行政院人權保障推動小組編，2007，《2005-2006年國家人權報告（試行報告）》。

呂亞力、吳乃德編譯，1979，《民主理論選讀》，高雄：德馨室出版社。

呂亞力，1979，《政治發展與民主》，台北：五南。

呂亞力，1994，《政治學》，台北：三民。

汪子錫，2003年3月，〈中共「三個代表」與文化霸權〉，《中共研究》第37卷第3期。

汪子錫，2009年3月，〈中共警察「執法為民」的困境探析：從楊佳襲警殺人事件說起〉，《中共研究》第43卷第3期。

汪子錫，2009年10月，〈中共憲法人權保障與警察戕害人身自由的矛盾探析〉，《展望與探索》第7卷第10期。

汪子錫，2009，《警察與傳播關係研究》，台北：秀威資訊。

李少軍、尚新建譯，1995，《民主的模式》，台北：桂冠。

李永熾譯，1993，《歷史之終結與最後一人》，台北：時報文化。

李永熾，2005，〈從人民主權看台灣制憲的正當性〉，黃昆輝總策劃，《台灣新憲法》，台北：財團法人群策會。

李西潭，1991，《中山先生主權在民理論之研究》，台北：正中。

李西潭，2001，〈邁向先進的民主：二十一世紀台灣民主化的展望〉，收於高永光編，《民主與憲政論文彙編》，台北：國立政治大學中山人文社會科學研究所。

李念祖，2000，〈憲政主義在台灣的發展與政治影響〉，《法令月刊》第51卷第10期。

李念祖，2001年10月，〈從現行憲法規定論創制、複決之種類及其憲法基礎〉，《憲政時代》第27卷第2期。

李培元譯，2004，《政治思想史》，台北：韋伯。

李宗勳，2005，〈從全球化觀點看政府公共安全治理模式〉，收於陳志民、劉淑惠編，《全球化與政府治理》，台北：韋伯。

李柏光，林猛譯，1999，《論民主》，台北：聯經。

李威儀譯，2001，《中國新霸權》，台北：立緒文化。

李建良，1998，〈環境議題的形成與國家任務的變遷：「環境國家」理念的初步研究〉收於《憲法體制與法治行政（一）》，台北：三民。

李建良，1999，《憲法理論與實踐(一)》，台北：學林。

李建良，2004，《憲法理論與實踐》，台北：學林。

李珩譯，1975，《科學史》，北京：商務印書館。

李惠宗，1999，《權力分立與基本權保障》，台北：韋伯。

李惠宗，2001，《憲法要義》，台北：元照。

李惠宗，2003，《中華民國憲法概要》，台北：元照。

李震山，2000，《人性尊嚴與人權保障》，台北：元照。

李鴻禧，1985，〈改造憲政體制之若干憲法學見解：修憲與制憲之探索〉，收於《憲法與人權》，台北：台大法學叢書編輯委員會。

李鴻禧，1988，〈我國人權之概況與展望〉，收入《人權呼聲：當代人權論叢》，台北：中國人權協會。

何兆武譯，1987，《社會契約論》，台北：唐山出版社。

何思因，1993，《美英日提名制度與黨紀》，台北：理論與政策雜誌。

沈有忠，2009年3月，〈從半總統制談威瑪憲法的制憲理論與實際：議會民主到行政獨裁〉，《中研院法學期刊》第4期。

沈宗瑞等譯，2001，《全球化大轉變》，台北：韋伯。

吳玉山，2000，《俄羅斯轉型1992-1999：一個政治經濟學的分析》，台北：五南。

吳庚，1996，〈純粹法學與違憲審查制度〉，《當代法學名家論文集》，台北：法學叢刊雜誌社。

吳庚，2001，《行政法之理論與實用》增訂7版，台北：三民。

吳庚，2003，《行政法之理論與實用》，台北：作者自刊。

吳庚，2004，《憲法的解釋與適用》，台北：三民。

吳定等著，2009，《行政學析論》，台北：五南。

吳學燕，1993，《三民主義與警政現代化》，台北：正中。

吳懿婷譯，2001，《隱私的權利》，台北：商周。

周世輔、周陽山，1992，《中山思想新詮：總論與民族主義》，台北：三民。

周世輔、周陽山，2000，《中山思想新詮：民權主義與中華民國憲法》，台北：三民。

周陽山，1992，《學術與政治的對話》，台北：正中書局。

周陽山，1993，《民族與民主的當代詮釋》，台北：正中書局。

周陽山，1995，〈民權主義與中華民國憲法〉，收於胡佛等著《中華民國憲法與立國精神》，台北：三民。

周陽山，1996年8月，〈總統制、議會制、半總統制與政治穩定〉，《問題與研究》，第35卷第8期。

周陽山，1996，〈制度化與民主化概念的省思〉，收錄於陳文俊主編，《台灣民主化：回顧、檢討及展望》。高雄：中山大學。

周陽山，2007，〈從「善治」看五權憲法〉，收錄於《孫中山與現代中國學術研討會論文集》，台北：國父紀念館。

周陽山，2008年8月13日，〈促進善治，重振監察權〉，《中國時報》A10版。

周道濟、蕭行易、馮滬祥編著，1988，《國父思想理論與實踐》，台北：大海文化事業。

法治斌，1993，《人權保障與釋憲法制》，台北：月旦。

法治斌，1994，《人權保障與司法審查憲法專論》第二冊，台北：月旦。

法治斌、董保城，2003，《憲法新論》，台北：三民。

法治斌、董保城，2010，《憲法新論》，台北：元照。

明居正，1993，〈兩岸關係與大陸政策〉，黃中天、張五岳主編，《中國統一的理論建構：「國家統一綱領」的背景及理論意涵》，台北：五南。

林文斌、劉兆隆譯，1998，《政治學》下冊，台北：韋伯。

林立樹，2001，《美國通史》，台北：五南。

林水波著，1999，《政府再造》，台北：智勝文化。

林金莖、陳水亮，1993，《日本國憲法論》，台北：中日關係研究發展基金會。

林紀東，1984，《中華民國憲法釋論》，台北：大中國圖書。

林紀東，1991，《比較憲法》，台北：五南。

林國漳，1999，〈淺釋行政法學上之「正當法律程序」原則〉，收於城仲模主編，《行政法之一般法律原則》(一)，台北：三民。

林鐘沂、林文斌譯，1999，《公共管理新論》，台北：韋伯。

林騰鷂，2005，《中華民國憲法》，台北：三民。

林騰鷂，2009，《中華民國憲法概要》，台北：三民。

孟維德，2007，《犯罪分析與安全治理》，台北：五南。

苗永序，1996，《各國政府制度及其類型》，台北：專上圖書。.

胡佛，1998，《憲政結構與政府體制》，台北：三民。

胡祖慶，1994，《西洋政治外交史》，台北：五南。

胡建平譯，1997，《民主制》，台北：桂冠。

倪達仁譯，1995，《政治學》，台北：雙葉書廊。

南方朔，2006年8月23日，〈抵抗權：人民的最後防線〉，《中國時報》第A4版。

范揚等譯，1961，《法哲學原理》，北京：商務。

高年億，2010年9月11日，〈司法之窗：速審法今施行，人權里程碑〉，《聯合報》第A11版。

高忠義譯，2000，《刑事偵訊與自白》，台北：商周。

高希均，1993，〈序：政府部門也可以做得有聲有色〉，劉毓玲譯《新政府運動》，台北：天下文化。

高家偉譯，2002，《行政法學總論》，台北：元照。

高朗等譯，1991，《美國憲政法改革論》，台北：國民大會憲政研討委員會。

高隸民，1997，〈台灣民主化的鞏固〉，田弘茂、朱雲漢主編，《新興民主的機遇與挑戰》，台北：業強。

袁傳偉譯，1997，《西洋中古史》，台北；五南。

徐仁輝，1995，〈新制度經濟學與公共行政〉，《世新學報》第5期。

徐偉傑譯，2000，《全球化》，台北：弘智。

徐斯勤，2001，〈新制度主義與當代中國政治研究：理論與應用之間對話的初步觀察〉，《政治學報》32期。

涂永欽，1991年9月，〈竊聽取證之適法性及證據能力之研究〉，《刑事科學》第32期。

唐士其，2001，《美國政府與政治》，台北：揚智。

陶百川，1978，《為人權法治呼號》，台北：傳記文學出版社。

荊知仁，1991，《美國憲法與憲政》，台北：三民。

畢英賢主編，1983，《蘇聯》，台北：國立政治大學國際關係研究中心。

秦孝儀主編，1989，《國父全集》第一冊，台北：近代中國出版社。

馬起華，1981，〈三民主義的本質與中國之統一〉，收於林桂圃主編《三民主義統一中國論集》，台北：東方文物出版社。

馬起華，1983，《憲法導論》，台北：漢苑出版社。

陳介玄、翟本瑞、張維安編著，1989，《韋伯論西方社會的合理化》，台北：巨流圖書。

陳世敏，1992，〈新聞自由與接近使用媒介權〉，收於翁秀琪，蔡明誠編，《大眾傳播法手冊》，台北：政治大學新聞研究所。

陳志華，2006，《中華民國憲法概要》，台北：三民。

陳志賢，2009年9月18日，〈馬：人權為何，公務員多不知〉，《中國時報》第A16版。

陳美智、楊開雲，2000年12月，〈組織真是理性的嗎？〉，《東海社會科學學報》第20期。

陳春龍，1993，《民主政治與法治大權》，北京：社會科學文獻出版社。

陳新民，1999，《憲法基本權利之基本理論》上冊，台北：元照。

陳敏、蔡志方譯，1985，《德國憲法學》，台北：國民大會憲政研討委員會。

陳敏，2003，《行政法總論》，台北：神州。

陳坤森，1995，〈新制度主義與政治制度的構思：代譯序〉，陳坤森譯《當代民主類型與政治》，台北：桂冠。

陳滄海，1996，〈憲法的作用與本質〉，《立法院院聞》24卷5期。

陳隆志，2002，《國際人權公約國內法化之方法與策略》，台北：行政院研考會委託研究報告。

陳德禹，1996，《行政管理》，台北：三民。

陳愛娥，1999年3月，〈代議民主體制是民主原則的不完美形式？加強、補充代議民主體制的可能途徑〉，《中央警察大學法學論集》4期。

陳瑞樺譯，2001，《法國為何出現左右共治？歷史、政治、憲法的考察》，台北：貓頭鷹出版社。

陳豐榮譯，1989，《比較憲法》，台北：國民大會憲政研討委員會。

陳鴻瑜，1981，《約翰密爾的政治理論》，台北：商務。

陳鴻瑜譯，1985，《當代政治思想》，台北：商務。

黃昭元，2000，〈兩國論的憲法分析：憲法的挑戰與突破〉，黃昭元主編，《兩國論與台灣國家定位》，台北：學林。

黃昭元等編，2002，《學林綜合小六法》，台北：學林。

黃俊傑，1981，《古代希臘城邦與民主政治》，台北：台灣學生書局。

黃錦堂，1998，〈行政法的概念、性質、起源與發展〉，收於翁岳生編《行政法》，編者自刊。

黃德福，2001，〈少數政府與責任政治：台灣「半總統制」之下的政黨競爭〉，收錄於明居正、高朗主編，《憲政體制新走向》，台北：新台灣人基金會。

黃富源、范國勇、張平吾，2003，《犯罪學概論》，桃園：中央警察大學出版社。

黃華光譯，2001，《歐洲民主史：從孟德斯鳩到凱爾森》，北京：社會科學文獻出

版社。
許志雄，1993，《憲法之基礎理論》，台北：稻禾。
許宗力，1996，〈基本權利對國庫行為之限制〉，收於《法國家權力》，台北：月旦。
許宗力，1999，〈基本權的功能與司法審查〉，收於《憲法與法治國行政》，台北：元照。
許宗力，2000，〈兩岸關係法律定位百年來的演變與最新發展：台灣的角度出發〉，黃昭元主編，《兩國論與台灣國家定位》，台北：學林。
許育典，2003年6月，〈民主共和國〉，《月旦法學教室》第9期。
許春金等，1994，《死刑存廢之探討》，台北：行政院研究發展考核委員會。
許福生，2005，《刑事政策學》，桃園：中央警察大學出版社。
許家馨、李冠宜譯，2000，《法律的概念》，台北：商周。
許慶雄，1991，《社會權》，台北：眾文。
許慶雄，2000，〈人民自決、制憲、公民投票與建國的關係〉，廖宜恩、林青昭編，《台灣建國的理論基礎》，台北：前衛。
莊輝濤，1998，《重建民主理論》，台北：韋伯。
常健，1997，《人權的理想、爭論與現實》，台北：洛克出版社。
郭俊鉌譯，1994，《日本軍國主義的社會基礎》，台北：金禾出版社。
國立編譯館編，1988，《西洋政治思想史》，台北：正中。
章光明、黃啟賓，2003，《現代警政理論與實務》，台北：揚智。
莫紀宏，2005，《國際人權公約與中國》，北京：世界知識出版社。
張世熒，2000，《中華民國憲法與憲政》，台北：五南。
張台麟，2003，《法國政府與政治》，台北：五南。
張佑宗譯，2000，〈邁向鞏固的民主體制〉，收於田弘茂等主編，《鞏固第三波民主》，台北：業強。
張君勱，1971年12月，〈英國大憲章提要〉，《再生》第5期。
張金鑑，1991，《行政學典範》，台北：中國行政學會。
張明貴譯，1986，《憲政主義》，台北：國民大會憲政研討會。
張明貴，1998，《當代政治思潮》，台北：風雲論壇。
張明貴，2003，《民主理論》，台北：五南。
張明貴，2005，《意識型態與當代政治》，台北：五南。
張佛泉，1955，《自由與人權》，香港：亞洲出版社。
張桐銳，2002，〈合作國家〉，《當代公法新論（中）》，台北：元照。
張煥文，1993，〈中華傳統文化與人權〉，收於《世界人權縱橫》，北京：時事出

版社。

張學明，1988年6月，〈大憲章與英國的自由傳統〉，《歷史月刊》第5期。

張繼良、王寶治、褚江麗編，2004，《公民權利與憲政歷程》，北京：中國社會科學出版社。

曹金增，2002年10月，〈公民投票之理論〉，收錄於《憲政時代》。

曹競輝，1986，《國家賠償立法與案例研究》，台北：三民。

程全生，1995，《憲法與政府論》，台北：植根。

湯德宗，1998，《權力分立新論》，台北：作者自刊。

湯德宗，2000，《權力分立新論》，台北：元照。

彭淮棟譯，2000，《西洋政治思想史》，台北：商業周刊。

彭堅文等，1998，《中華民國憲法概論》，台北：今古文化。

彭錦鵬，2003，〈行政學的未來與挑戰〉，張潤書主編，《行政管理論文選輯》第17輯，台北：銓敘部。

賀凌虛譯，1968年10月，〈認識憲法：憲法為管制權力的基本工具〉，《憲政思潮》第4期。

葉俊榮、張文貞，2006年11月，〈路徑相依或制度選擇？論民主轉型與憲法變遷的模式〉，《問題與研究》第45卷第6期。

葉啟芳、瞿菊農譯，1986，《政府論次講》，台北：唐山。

傅鏗、姚欣榮譯，1991，《自由主義》，台北：桂冠。

費昌勇，2009年11月26日，〈其實動物權也是人權〉，《中國時報》第A18版。

楊日清等譯，1999，《政治學新論》，台北：韋伯。

楊日青等譯，2002，《最新政治學新論》，台北：韋伯。

楊智傑譯，1982，《憲法與政治理論》，台北：韋伯。

楊與齡、史錫恩、陳瑞堂、彭鳳至，1990，《考察法、德、奧三國釋憲制度報告》，台北：司法院。

逯扶東，2001，《西洋政治思想史》，台北：三民。

雷飛龍，1977，《英國政治制度論集》，台北：台灣商務印書館。

雷飛龍譯，1998，《比較憲政工程》，台北：國立編譯館。

雷崧生譯，1974，《法律與國家》，台北：正中。

雷賓南譯，1930，《英憲精義》，上海：商務書局。

董保城、湛中樂，2005，《國家責任法：兼論大陸地區行政補償與行政賠償》，台北：元照。

董翔飛，1992，〈從憲法與憲政兩個面向探討我國總統、行政、立法三者間之互動關

係〉，《法律評論》第58卷第12期。

董翔飛，1997，《中國憲法與政府》，台北：三民。

賈士蘅譯，1997，《帝國的年代》，台北：麥田。

黎思復、黎廷弼譯，1996，《利維坦》，台北：商務印書館。

廖義男，1993，《國家賠償法：行政法論述之一》，台北：作者自刊。

鄭永年2001，〈中國的民族主義與民主政治〉，收於林佳龍、鄭永年主編《民族主義
　　與兩岸關係》，台北：新自然主義。

鄭竹園，2001，〈孫中山思想的傳承與獨創〉，收於林家友、高橋強主編，《理
　　想、道德、大同：孫中山與世界和平國際學術研討會論文集》，廣州：中山大學
　　出版社。

劉升平、夏勇，1996，《人權與世界》，北京：人民法院出版社。

劉北城等譯，1998，《韋伯思想與學說》，台北：桂冠。

劉屏，2005年3月9日，〈反分裂法特別報導〉，《中國時報》第A4版。

劉屏，2010年7月1日，〈兩岸簽ECFA美國主動表歡迎〉，《中國時報》第A1版。

劉家寧，1980，《法國憲政共治之研究》，台北：商務。

劉軍寧譯，2008，《第三波：二十世紀末的民主化浪潮》，台北：五南。

劉慶瑞，1975，《中華民國憲法要義》，台北：三民。

劉慶瑞、劉憶如，1999，《中華民國憲法要義》，台北：自刊。

劉漢廷，2004，〈制憲與修憲之法理及相關問題研析〉，收於立法院法制局編印，
　　《憲政制度與陽光法案之研究》，台北：立法院。

劉爾效譯，1997，《德國與日本的省思》，台北：絲路出版社。

蔡宗珍，1999年4月，〈威瑪憲法與政黨政治〉，《當代》第140期。

賴麗琇，2003，《德國史》下冊，台北：五南。

盧政春，2000，〈工作權保障與勞工福利〉，《東吳社會學報》第9期。

謝啟武，1997，《洛克》，台北：東大圖書。

謝叔斐譯，1966，《聯邦論》，台北：今日世界。

謝瑞智，1999，《憲法新論》，台北：文笙書局。

閻紀予譯，2005，《強國論》，台北：時報文化。

薩孟武、劉慶瑞，1985，《各國憲法及其政府》，台北：三民。

龍冠海主編，1971，《雲五社會學大辭典第一冊：社會學》，台北：臺灣商務。

韓大元主編，2006，《憲法學》，北京：高等教育出版社。

羅志淵主編，1985，《雲五社會科學大辭典第三冊政治學》，台北：台灣商務。

蕭文生，2000年1月，〈自程序與組織觀點論基本權利之保障〉，《憲政時代》第25卷

第3期。

蕭承訓，2009年9月19日，〈保障人權，刑事文書免按指紋〉，《中國時報》第A1版。

蘇永欽著，2001，〈從憲法的角度看兩岸政策〉，《歷史月刊》第166期。

二、西文部份

Ann, Kent.1993. Between Freedom and Subsistence: China and Human Rights. Hong Kong:Oxford University Press.

Bachrach, P. 1967.The Theory of Democratic Elitism: A Critique . Boston: Little, Brown.

Bottomore, T. 1992."Citizenship and social class, forty years on. "In T. H. Marshall & T. Bottomore （Eds.）, Citizenship and social class. Concord, MA: Pulto Press.

Dahl, Robert A.1971. Polyarchy: Participation and Opposition. New Haven: Yale University Press.

Donnelly, Jack 1993. International Human Rights. Boulder: Westview Press.

Duverger, Maurice.1980. "A New Political System Model: Semi-Presidentialist Government, "European Journal of Political Research. 2, pp.165-187.

Duverger, Maurice.1992. "A New Political System Model: Semi-Presidential Government,"in Arend Lijphart, ed., Parliamentary Versus Presidential Government. N.Y.: Oxford University Press.

Epstein, Leon1980. Political Parties in Western Democracies. New Brunswick, NJ: Transaction Books.

Hood, C. 1995."The New Public Management in the 1980s：Variations on a Theme." Accounting, Organization and Society. 20（2/3）, 93-109.

Humphrey, John P. 1979."The Universal Declaration of Human Rights：Its History ,Impact and Juridical Character,"in Ramcharan, B.G.（ed.）,Human Rights：Thirty Years after the Universal Declaration. Hague：Martinus Nijhoff.

Kariel, H.S. 1961.The Decline of American Pluralism. Stanford, CA: Stanford University Press.

Kariel, Herry S.（ed.）1970.Frontiers of Democratic Theory,ew York：Random House.

Kelsen, Hans 1960.What is Justice, California：University of California press.

Lijphat, A.1968. The Politics of Accommodation: Pluralism and Democracy in the Netherlands. Berkeley: University of California Press.

Linz, Juan J.1994. "Presidential or Parliamentary Democracy: Does it Make a Difference?" in The Failure of Presidential Democracy: Comparative Perspectives, edited by Juan J. Linz & Arturo Valenzuela. The Johns Hopkins University Press.

March, James G., & Olsen, Johan P. 1984. " The New Institutionalism: Organizational Factors in Political Life," American Political Science Review, Vol. 78, No. 3.

Marshall, T. H.1963."Citizenship and Social Class, in Marshall,"Marshall,T. H. (ed.) Sociology at the Crossroads, London: Heinemann.

McQuail, D.2000. McQuail' s Mass Communication. 4th Edition. London : Sage.

Menon,P. K.1994. The Law of Recognition in International Law: Basic Principles, New York: The Edwin Mellen Press.

Meyer, John W., & Rowan, Brian.1977" Institutionalized Organizations: Formal Structure as Myth and Ceremony, " American Journal of Sociology, (83) pp.340-363.

North, D.1990. Institutions, Institutional Change and Economic Performance. New York: Cambridge University Press.

Oppenheim, L.1955. International Law: A Treatise, vol. 1, ed. by Lauterpacht, H. 8th ed., London: Longman.

Reich, Robert B. 1992 ."As I Predicted, Only Worse".The American Prospect, Vol. 16, No. 6, pp.28.

Rosenbloom, D. H. & Kravchuk, R. S. 2002.Public Administration Understanding Management Politics, and Law in the Public Sector. 5th ed. McGraw-Hill Companies.

Sartori, Giovanni. 1997.Comparative Constitutional Engineering, New York: New York University Press.

Sartori, Giovanni.1987. The Theory of Democracy Revisited，New Jersey: Chatham House.

Scott, W. Richard.1995. Institutions and Organizations. California：Sage.

Shaw, Malcolm N.2003. International Law 5th ed. (New York：Cambridge University Press.

Tawney, R. H. 1961. Equality, London: Unwin.

Thomson, Jancie E.1995. "State Sovereignty in International Relations: Bridging the Gap between Theory and Empirical Practice," International Studies Quarterly, Vol. 39, No.2.pp.227-228.

Vasak, Karel .1997."Human Rights: A Thirty-Year Struggle," UNESCO Courier (31)Nov.

Weber, Max.1946. " Bureaucracy. "Hans H. Gerth & C. Wright Mills (eds.) Max Weber: Essays in Sociology . New York: Oxford University Press.

Weber, Max1964. Theory of Social and Economic Organization, translated by A. M. Henderson and Talcott Parsons, New York: Free Press.

Weber, Max 1978. Economy and Society: An Outline of Interpretive Sociaology, Guether Roth & Claus Wittich (eds.), University of California Press.

Weaver, R.K. and Rockman, B.A. 1993."Assessing the Effects of Institutions." In Weaver, R.K. and Rockman, B.A.eds. Do Institutions Matter？Washington, D.C. :The Brookings Institution.

Wolfgang J. Mommsen, 1989.The Political and Social Theory of Max Webter: Collected Essays, Cambridge, U.K.: Polity Press.

Wheare , K. C.1966. Modern Constitution . London : Oxford University Press.

三、網頁部份

中國文化大學《中華百科全書》多媒體版網頁，蕭富美撰〈民約論〉
　　http://ap6.pccu.edu.tw/Encycloped ia/data.asp?id=1324
　　下載日期：2010年7月20日。

王從聖，〈各國如何建立民主憲政制度？〉
　　http://www.libertas2004.net/Article/ShowArticle.asp?ArticleID=325
　　下載日期：2010年7月20日。

百度百科網頁「俄羅斯聯邦憲法」http://baike.baidu.com/view/1676993.htm
　　下載日期：2010年7月1日。

侯學賓，〈美國憲法解釋中的不同民主觀—原旨主義和能動主義之比較〉，http://www.d1lw.com/a/falvlunwen/xianfa/20100608/4052.html
　　下載日期：2010年7月20日。

桂宏誠，〈經濟全球化對民族國家主權的挑戰 〉，http://old.npf.org.tw/PUBLICATION/IA/090/IA-C-090-212.htm
　　下載日期：2010年7月30日。

張文貞，〈國際人權法與內國憲法的匯流：台灣施行兩大人權公約之後〉，《TAHR報春季號：兩公約專輯》
　　http://www.tahr.org.tw/files/newsletter/201003/003.pdf
　　下載日期：2010年7月30日。

廖福特，〈面對過去、把握現在、展望未來：我國還可以批准與內國法化哪些人權與人道公約?〉《TAHR報春季號：兩公約專輯》
　　http://www.tahr.org.tw/files/newsletter/201003/005.pdf
　　下載日期2010年7月30日。

維基百科「中華民國外交」http://zh.wikipedia.org/zh-tw/
　　下載日期：2010年7月1日。

維基百科「國際聯盟」http://zh.wikipedia.org/zh-tw
　　　　下載日期：2010年7月30。

附件

附件一、我國司法院大法官釋憲文選讀

附件二、公民與政治權利國際公約及經濟社會文化權利國際公約施行法

附件三、世界人權宣言

（The Universal Declaration of Human Rights）

附件四、公民與政治權利國際公約

（International Covenant on Civil and Political Rights）

附件五、經濟社會文化權利國際公約

（International Covenant on Economic, Social and Cultural Rights）

附件一、我國司法院大法官釋憲文選讀

（一）釋字第251號：違警罰法處罰程序諸多與憲法意旨不符

解釋日期：民國79年1月19日

參考資料：《司法院公報》第32卷3期3-5頁

主旨：違警罰法規定由警察官署裁決之拘留、罰役，係關於人民身體
自由所為之處罰，應迅改由法院依法定程序為之，以符憲法第
八條第一項之本旨，業經本院於中華民國六十九年十一月七日
作成釋字第一六六號解釋在案。依違警罰法第二十八條規定所
為「送交相當處所，施以矯正或令其學習生活技能」之處分，
同屬限制人民之身體自由，其裁決由警察官署為之，亦與憲法
第八條第一項之本旨不符，應與拘留、罰役之裁決程序，一併
改由法院依法定程序為之。前述解釋之拘留、罰役及本件解釋
之處分裁決程序規定，至遲應於中華民國八十年七月一日起失
其效力，並應於此期限前修訂相關法律。本院釋字第一六六號
解釋應予補充。

理由書摘要：

　　按人民身體之自由，應予保障，除現行犯之逮捕由法律另定外，非
經司法或警察機關依法定程序不得逮捕拘禁，非由法院依法定程序不得
審問處罰，憲法第八條第一項定有明文。違警罰法所定之違警罰中，
由警察官署裁決之拘留、罰役，係關於人民身體自由所為之處罰，應迅

改由法院依法定程序為之,以符上開憲法規定之本旨,前經本院於中華民國六十九年十一月七日作成釋字第一六六號解釋公布在案。

違警罰法第二十八條規定:「因遊蕩或懶惰而有違警行為之習慣者,得加重處罰。並得於執行完畢後,送交相當處所,施以矯正或令其學習生活技能」。其所謂送交相當處所,施以矯正或令其學習生活技能,係附隨於違警罰之一種處分,同屬限制人民之身體自由。此種處分由警察官署逕為裁決,依前述解釋之同一理由,亦不符憲法第八條第一項之本旨,應與拘留、罰役之裁決程序,一併改由法院依法定程序為之。前述解釋之拘留、罰役及本件解釋之處分裁決程序規定,至遲應於中華民國八十年七月一日起失其效力,並應於此期限前修訂相關法律。本院釋字第一六六號解釋應予補充。

早期台灣警察要取締人民的理由繁多,主要就是依據民國32年公布的《違警罰法》,處罰的項目繁多,例如「應加覆蓋之飲食物,不加覆蓋,陳列售賣者」、「污濕人之身體或其衣著者」、「奇裝異服,有礙風化者」都在警察處罰之列;這個時期台灣的警察權力大得驚人。

(二)釋字第384號:檢肅流氓條例諸多條文與憲法意旨不符

解釋日期:民國84年7月28日

參考資料:《司法院公報》第37卷9期1-31頁

主旨:憲法第八條第一項規定:「人民身體之自由應予保障。除現行犯之逮捕由法律另定外,非經司法或警察機關依法定程序,不得逮捕拘禁。非由法院依法定程序,不得審問處罰。非依法定程序之逮捕,拘禁,審問,處罰,得拒絕之。」其所稱「依法定程序」,係指凡限制人民身體自由之處置,不問其是否屬於刑事被告之身分,國家機關所依據之程序,須以法律規定,其內容更須實質正當,並符合憲法第二十三條所定相關之條件。檢肅流氓條例第六條及第七條授權警察機關得逕行強制人民到案。無

須踐行必要之司法程序；第十二條關於秘密證人制度，剝奪被移送載定人與證人對質結問之權利，並妨礙法院發見真實；第二十一條規定使受刑之宣告及執行者，無論有無特別預防之必要，有再受感訓處分而喪失身體自由之虞，均逾越必要程度，欠缺實質正當，與首開憲法意旨不符。又同條例第五條關於警察機關認定為流氓並予告誡之處分，人民除向內政部警政署聲明異議外，不得提起訴願及行政訴訟，亦與憲法第十六條規定意旨相違。均應自本解釋公布之日起，至遲於中華民國八十五年十二月三十一日失其效力。

理由書摘要：

人民身體自由享有充分保障，乃行使其憲法上所保障其他自由權利之前提，為重要之基本人權。故憲法第八條對人民身體自由之保障，特詳加規定。該條第一項規定：「人民身體之自由應予保障。除現行犯之逮捕由法律另定外，非經司法或警察機關依法定程序，不得逮捕拘禁。非由法院依法定程序，不得審問處罰。非依法定程序之逮捕，拘禁，審問，處罰，得拒絕之。」係指凡限制人民身體自由之處置，在一定限度內為憲法保留之範圍，不問是否屬於刑事被告身分，均受上開規定之保障。除現行犯之逮捕，由法律另定外，其他事項所定之程序，亦須以法律定之，且立法機關於制定法律時，其內容更須合於實質正當，並應符合憲法第二十三條所定之條件，此乃屬人身自由之制度性保障。舉凡憲法施行以來已存在之保障人身自由之各種建制及現代法治國家對於人身自由所普遍賦予之權利與保護，均包括在內，否則人身自由之保障，勢將徒託空言，而首開憲法規定，亦必無從貫徹。

前述實質正當之法律程序，兼指實體法及程序法規定之內容，就實體法而言，如須遵守罪刑法定主義；就程序法而言，如犯罪嫌疑人除現行犯外，其逮捕應踐行必要之司法程序、被告自白須出於自由意志、犯

罪事實應依證據認定、同一行為不得重覆處罰、當事人有與證人對質或詰問證人之權利、審判與檢察之分離、審判過程以公開為原則及對裁判不服提供審級救濟等為其要者。除依法宣告戒嚴或國家、人民處於緊急危難之狀態，容許其有必要之例外情形外，各種法律之規定，倘與上述各項原則悖離，即應認為有違憲法上實質正當之法律程序。現行檢肅流氓條例之制定，其前身始於戒嚴及動員戡亂時期而延續至今，對於社會秩序之維護，固非全無意義，而該條例（指現行法，下同）第二條所列舉之行為，亦非全不得制定法律加以防制，但其內容應符合實質正當之法律程序，乃屬當然。

按同條例第四條對於列為流氓之告誡列冊輔導處分，非但影響人民之名譽，並有因此致受感訓處分而喪失其身體自由之虞，自屬損害人民權益之行政處分。惟依同條例第五條規定：經認定為流氓受告誡者，如有不服，得於收受告誡書之翌日起十日內，以書面敘述理由，經由原認定機關向內政部警政署聲明異議，對內政部警政署所為決定不服時，不得再聲明異議。排除行政爭訟程序之適用，顯然違反憲法第十六條保障人民訴願及訴訟之權。

同條例第六條規定：「經認定為流氓而其情節重大者，直轄市警察分局、縣（市）警察局得不經告誡，逕行傳喚之；不服傳喚者，得強制其到案。」及第七條規定：「經認定為流氓於告誡後一年內，仍有第二條各款情形之一者，直轄市警察分局、縣（市）警察局得傳喚之；不服傳喚者，得強制其到案。對正在實施中者，得不經傳喚強制其到案。」授權警察機關可逕行強制人民到案，但流氓或為兼犯刑事法之犯罪人或僅為未達犯罪程度之人，而犯罪人之拘提逮捕，刑事訴訟法定有一定之程式及程序，上開條文不問其是否在實施犯罪行為中，均以逮捕現行犯相同之方式，無須具備司法機關簽發之任何文書，即強制其到案，已逾越必要程度，並有違憲法第八條第一項明白區分現行犯與非現行犯之逮捕應適用不同程序之規定意旨。

同條例第十二條第一項規定：「警察機關及法院受理流氓案件，如檢舉人、被害人或證人要求保密姓名、身分者，應以秘密證人之方式個別訊問之；其傳訊及筆錄、文書之製作，均以代號代替真實姓名、身分，不得洩漏秘密證人之姓名、身分」。第二項規定：「被移送裁定人及其選任之律師不得要求與秘密證人對質或詰問」，不問個別案情，僅以檢舉人、被害人或證人要求保密姓名、身分，即限制法院對證人應依秘密證人方式個別訊問，並剝奪被移送裁定人及其選任律師與秘密證人之對質或詰問，用以防衛其權利，俾使法院發見真實，有導致無充分證據即使被移送裁定人受感訓處分之虞，自非憲法之所許。

同條例第二十一條關於受感訓處分人其行為同時觸犯刑事法律者之執行規定，使受刑之宣告及執行之人，不問有無特別預防之必要，有再受感訓處分而喪失身體自由之危險。又同一行為觸犯刑事法者，依刑法之規定，刑事審判中認須施予保安處分者，於裁判時併宣告之（參照刑法第九十六條），已有保安處分之處置。感訓處分為刑法及保安處分執行法所定保安處分以外之處分，而受感訓處分人，因此項處分身體自由須受重大之限制，其期間又可長達三年，且依上開規定，其執行復以感訓處分為優先，易造成據以裁定感訓處分之行為事實，經警察機關以同時觸犯刑事法律，移送檢察機關，檢察官或法院依通常程序為偵查或審判，認不成立犯罪予以不起訴處分或諭知無罪，然裁定感訓處分之裁定已經確定，受處分人亦已交付執行，雖有重新審理之規定（同條例第十六條第一項第七款），但其喪失之身體自由，已無從彌補。凡此均與保障人民身體自由、維護刑事被告利益久經樹立之制度，背道而馳。檢肅流氓條例上開規定，縱有防止妨害他人自由，維護社會秩序之用意，亦已逾越必要程度，有違實質正當，自亦為憲法所不許。

綜上所述，檢肅流氓條例第五條與憲法第十六條保障人民訴願及訴訟之權有違，第六條、第七條、第十二條及第二十一條則與憲法第八條第一項保障人民身體自由之意旨不符，均應自本解釋公布之日起，至遲

於中華民國八十五年十二月三十一日失其效力。在此期間有關機關應本於保障個人權利及維護社會秩序之均衡觀點，對檢肅流氓條例通盤檢討。

（三）釋字第445號：集會遊行法部份條文與憲法保障集會自由意旨不符

解釋日期：民國87年1月23日

參考資料：《司法院公報》第40卷3期1-28頁。

主旨：集會遊行法第十一條第一、二、三款規定違反同法第四條規定者，為不予許可之要件，有欠具體明確，對於在舉行集會、遊行以前，尚無明顯而立即危險之事實狀態，僅憑將來有發生之可能，即由主管機關以此作為集會、遊行准否之依據部分，與憲法保障集會自由之意旨不符，均應自本解釋公布之日起失其效力。

理由書摘要：

　　憲法第十四條規定人民有集會之自由，此與憲法第十一條規定之言論、講學、著作及出版之自由，同屬表現自由之範疇，為實施民主政治最重要的基本人權。國家為保障人民之集會自由，應提供適當集會場所，並保護集會、遊行之安全，使其得以順利進行。以法律限制集會、遊行之權利，必須符合明確性原則與憲法第二十三條之規定。集會遊行法第八條第一項規定室外集會、遊行除同條項但書所定各款情形外，應向主管機關申請許可。同法第十一條則規定申請室外集會、遊行除有同條所列情形之一者外，應予許可。其中有關時間、地點及方式等未涉及集會、遊行之目的或內容之事項，為維持社會秩序及增進公共利益所必要，屬立法自由形成之範圍，於表現自由之訴求不致有所侵害，與憲法保障集會自由之意旨尚無牴觸。集會遊行法第十一條第一款規定違反同

法第四條規定者，為不予許可之要件，乃對「主張共產主義或分裂國土」之言論，使主管機關於許可集會、遊行以前，得就人民政治上之言論而為審查，與憲法保障表現自由之意旨有違；同條第二款規定：「有事實足認為有危害國家安全、社會秩序或公共利益之虞者」，第三款規定：「有危害生命、身體、自由或對財物造成重大損壞之虞者」，有欠具體明確，對於在舉行集會、遊行以前，尚無明顯而立即危險之事實狀態，僅憑將來有發生之可能，即由主管機關以此作為集會、遊行准否之依據部分，與憲法保障集會自由之意旨不符，均應自本解釋公布之日起失其效力。

（四）釋字第471號：槍砲彈藥刀械管制條例部份條文不合憲法比例原則

解釋日期：民國87年12月18日

參考資料：《司法院公報》第41卷1期15-69頁

主旨：槍砲彈藥刀械管制條例第十九條第一項規定經判處有期徒刑者，應於刑之執行完畢或赦免後，令入勞動場所，強制工作，其期間為三年。此項規定其所採措施與所欲達成預防矯治之目的及所需程度，不合憲法第二十三條所定之比例原則。

理由書摘要：

人民身體之自由應予保障，憲法第八條設有明文。限制人身自由之法律，其內容須符合憲法第23條所定要件。保安處分係對受處分人將來之危險性所為拘束其身體、自由等之處置，以達教化與治療之目的，為刑罰之補充制度。本諸法治國家保障人權之原理及刑法之保護作用，其法律規定之內容，應受比例原則之規範，使保安處分之宣告，與行為人所為行為之嚴重性、行為人所表現之危險性，及對於行為人未來行為之期待性相當。槍砲彈藥刀械管制條例第十九條第一項規定：「犯第七

條、第八條、第十條、第十一條、第十二條第一項至第三項、第十三條第一項至第三項之罪，經判處有期徒刑者，應於刑之執行完畢或赦免後，令入勞動場所，強制工作，其期間為三年。」此項規定不問對行為人有無預防矯治其社會危險性之必要，一律宣付強制工作三年，限制其中不具社會危險性之受處分人之身體、自由部分，其所採措施與所欲達成預防矯治之目的及所需程度，不合憲法第二十三條所定之比例原則。犯上開條例第十九條所定之罪，不問對行為人有無預防矯治其社會危險性之必要，一律宣付強制工作三年之部分，與本解釋意旨不符，應自本解釋公布之日起不予適用。犯該條例第十九條第一項所列舉之罪，依個案情節符合比例原則部分，固應適用該條例宣告保安處分；至不符合部分而應宣告保安處分者，則仍由法院斟酌刑法第九十條第一項規定之要件，依職權為之，於此，自無刑法第二條第二項之適用，亦即仍有從新從輕原則之適用。

新修正的槍砲彈藥刀械管制條例於2001年11月14日經總統公布後正式生效，新法刪除原先違反第19條一律強制工作3年的規定，本條文曾在1998年12月18日的釋字第471號解釋宣告部分違憲，在是次的修法中將此條文予以刪除。

（五）釋字第531號：道路交通管理處罰條例第67條第1項未符憲法保障人權

解釋日期：民國90年10月19日

參考資料：《司法院公報》第43卷12期1-8頁

主旨：道路交通管理處罰條例第67條第1項明定，因駕車逃逸而受吊銷駕駛執照之處分者，不得再行考領駕駛執照，凡因而逃逸者，吊銷其駕駛執照後，對於吊銷駕駛執照之人已有回復適應社會能力或改善可能之具體事實者，是否應提供於一定條件或相當年限後，予肇事者重新考領駕駛執照之機會，有關機關應

就相關規定一併儘速檢討，使其更符合憲法保障人民權益之
意旨。

理由書摘要：

中華民國75年5月21日修正公布之道路交通管理處罰條例第62條第2
項（本條項已於86年1月22日修正併入第62條第1項）規定，汽車駕駛
人駕駛汽車肇事致人受傷或死亡，應即採取救護或其他必要措施，並向警
察機關報告，不得逃逸，違者吊銷駕駛執照。其目的在增進行車安全、
保護他人權益，以維護社會秩序，與憲法第23條並無牴觸（本院釋字第
284號解釋參照）。又道路交通管理處罰條例第67條第1項明定，因駕車
逃逸而受吊銷駕駛執照之處分者，不得再行考領駕駛執照（本條項業於
90年1月17日修正公布為終身不得考領駕駛執照）。該規定係為維護車
禍事故受害人生命安全、身體健康必要之公共政策，且在責令汽車駕駛
人善盡行車安全之社會責任，屬維持社會秩序及增進公共利益所必要，
與憲法第23條尚無違背。惟凡因而逃逸者，吊銷其駕駛執照後，對於吊
銷駕駛執照之人已有回復適應社會能力或改善可能之具體事實者，是否
應提供於一定條件或相當年限後，予肇事者重新考領駕駛執照之機會，
有關機關應就相關規定一併儘速檢討，使其更符合憲法保障人民權益之
意旨。

（六）釋字第535號：現行警察執行職務法規有欠完備限期檢討訂定

解釋日期：民國90年12月14日

參考資料：《司法院公報》第44卷1期21-27頁

主旨：現行警察執行職務法規有欠完備，有關機關應於本解釋公布之
日起二年內依解釋意旨，且參酌社會實際狀況，賦予警察人員執
行勤務時應付突發事故之權限，俾對人民自由與警察自身安全

之維護兼籌並顧，通盤檢討訂定。

理由書摘要：

　　警察勤務條例規定警察機關執行勤務之編組及分工，並對執行勤務得採取之方式加以列舉，已非單純之組織法，實兼有行為法之性質。依該條例第11條第三款，臨檢自屬警察執行勤務方式之一種。臨檢實施之手段：檢查、路檢、取締或盤查等不問其名稱為何，均屬對人或物之查驗、干預，影響人民行動自由、財產權及隱私權等甚鉅，應恪遵法治國家警察執勤之原則。實施臨檢之要件、程序及對違法臨檢行為之救濟，均應有法律之明確規範，方符憲法保障人民自由權利之意旨。上開條例有關臨檢之規定，並無授權警察人員得不顧時間、地點及對象任意臨檢、取締或隨機檢查、盤查之立法本意。除法律另有規定外，警察人員執行場所之臨檢勤務，應限於已發生危害或依客觀、合理判斷易生危害之處所、交通工具或公共場所為之，其中處所為私人居住之空間者，並應受住宅相同之保障；對人實施之臨檢則須以有相當理由足認其行為已構成或即將發生危害者為限，且均應遵守比例原則，不得逾越必要程度。臨檢進行前應對在場者告以實施之事由，並出示證件表明其為執行人員之身分。臨檢應於現場實施，非經受臨檢人同意或無從確定其身分或現場為之對該受臨檢人將有不利影響或妨礙交通、安寧者，不得要求其同行至警察局、所進行盤查。其因發現違法事實，應依法定程序處理者外，身分一經查明，即應任其離去，不得稽延。

　　前述條例第11條第3款之規定，於符合上開解釋意旨範圍內，予以適用，始無悖於維護人權之憲法意旨。現行警察執行職務法規有欠完備，有關機關應於本解釋公布之日起二年內依解釋意旨，且參酌社會實際狀況，賦予警察人員執行勤務時應付突發事故之權限，俾對人民自由與警察自身安全之維護兼籌並顧，通盤檢討訂定。

（七）釋字第564號：道路交通管理處罰條例關於處罰攤販應予 具體規範

解釋日期：民國92年8月8日

參考資料：《司法院公報》第45卷9期12-21頁

主旨：道路交通管理處罰條例第八十二條第一項第十款規定，在公告 禁止設攤之處擺設攤位者，主管機關除責令行為人即時停止並 消除障礙外，處行為人或其雇主罰鍰。規定尚欠具體明確，相 關機關應儘速檢討修正，或以其他法律為更具體之規範。

理由書摘要：

人民之財產權應予保障，憲法第15條設有明文。惟基於增進公共利 益之必要，對人民依法取得之土地所有權，國家並非不得以法律為合理 之限制。道路交通管理處罰條例第82條第1項第10款規定，在公告禁止 設攤之處擺設攤位者，主管機關除責令行為人即時停止並消除障礙外， 處行為人或其雇主新台幣1200元以上2400元以下罰鍰，就私有土地言， 雖係限制土地所有人財產權之行使，然其目的係為維持人車通行之順 暢，且此限制對土地之利用尚屬輕微，未逾越比例原則，與憲法保障財 產權之意旨並無牴觸。行政機關之公告行為如對人民財產權之行使有所 限制，法律就該公告行為之要件及標準，須具體明確規定，前揭道路 交通管理處罰條例第82條第1項第10款授予行政機關公告禁止設攤之權 限，自應以維持交通秩序之必要為限。該條例第3條第1款所稱騎樓既屬 道路，其所有人於建築之初即負有供公眾通行之義務，原則上未經許可 即不得擺設攤位，是主管機關依上揭條文為禁止設攤之公告或為道路擺 設攤位之許可（參照同條例第83條第二款），均係對人民財產權行使之 限制，其公告行為之作成，宜審酌准否設攤地區之交通流量、道路寬度 或禁止之時段等因素而為之，前開條例第82條第1項第10款規定尚欠具

體明確，相關機關應儘速檢討修正，或以其他法律為更具體之規範。

（八）釋字第570號：關於玩具槍取締規定應符法律保留原則

解釋日期：民國92年12月26日

參考資料：《司法院公報》第46卷2期7-21頁

主旨：禁止製造、運輸、販賣、攜帶或公然陳列類似真槍之玩具槍
枝，並對違反者予以處罰，涉及人民自由權利之限制，應由法
律或經法律明確授權之命令規定。以職權命令未經法律授權，
限制人民之自由權利，其影響又非屬輕微，與憲法第二十三條
規定之法律保留原則不符，均應不予適用。

理由書摘要：

行政機關之公告行為，如對人民之自由權利有所限制時，應以法律
就該公告行為之要件及標準，具體明確規定，本院釋字第五六四號解釋
足資參照。社會秩序維護法第六十三條第一項第八款固規定，製造、運
輸、販賣、攜帶或公然陳列經主管機關公告查禁之器械者，處三日以下
拘留或新台幣三萬元以下罰鍰。惟該條款所謂「經主管機關公告」，係
指主管機關，依據對該公告行為之要件及標準為具體明確規定之法律，
所為適法之公告而言，尚不得以該條款規定，作為發布限制人民自由權
利公告之授權依據。

中華民國八十一年十二月十八日經濟部、內政部會銜修正發布玩
具槍管理規則，其第八條之一規定：「玩具槍類似真槍而有危害治安之
虞者，由內政部公告禁止之」。內政部乃於八十二年一月十五日依據警
察法第二條及第九條第一款、玩具槍管理規則第八條之一，發布公告
（自九十一年五月十日起停止適用）：「一、為維護公共秩序，確保社
會安寧，保障人民生命財產安全，自公告日起，未經許可不得製造、運
輸、販賣、攜帶或公然陳列類似真槍之玩具槍枝，如有違反者，依社會

秩序維護法有關條文處罰」，係主管機關為維護社會治安，於法制未臻完備之際，基於警察職權所發布之命令，固有其實際需要，惟禁止製造、運輸、販賣、攜帶或公然陳列類似真槍之玩具槍枝，並對違反者予以處罰，涉及人民自由權利之限制，且其影響非屬輕微，應由法律或經法律授權之命令規定，始得為之。警察法第二條及第九條第一款、社會秩序維護法第六十三條第一項第八款規定，均不足以作為上開職權命令之授權依據，已如前述。又八十九年十二月二十七日增訂、九十年十二月二十八日修正公布之行政程序法第一百七十四條之一規定，乃基於法安定性原則所訂定之過渡條款，縱可作為該法施行前須以法律規定或以法律明列其授權依據訂定之事項，行政機關以職權命令訂定者，於該法施行後二年內繼續有效之法律依據，惟此一不涉及適法與否之效力存續規定，尚不得作為相關職權命令之概括授權法律，且本件行為時及裁判時，行政程序法尚未公布施行，故不發生該法第一百七十四條之一規定，對於系爭玩具槍管理規則及內政部台（八二）內警字第八二七〇〇二〇號公告之效力有何影響之問題。綜上所述，上開職權命令未經法律授權，限制人民之自由權利，其影響又非屬輕微，與憲法第二十三條規定之法律保留原則不符，均應不予適用。

（九）釋字第575號：因不同制度人員間原適用不同人事法令而須重新審定俸級之特別規定，乃維護公務人員人事制度健全與整體平衡所為之必要限制，與憲法保障平等權之意旨亦無牴觸。

解釋日期：民國93年4月2日

參考資料：《司法院公報》第46卷5期25-59頁

主旨：憲法第十八條規定人民有服公職之權利，旨在保障人民有依法令從事於公務，暨由此衍生享有之身分保障、俸給與退休金等權利。機關因改組、解散或改隸致對公務人員之憲法所保障服

公職之權利產生重大不利影響,應設適度過渡條款或其他緩和
措施,以資兼顧。因不同制度人員間原適用不同人事法令而須
重新審定俸級之特別規定,乃維護公務人員人事制度健全與整
體平衡所為之必要限制,與憲法保障平等權之意旨亦無牴觸。

理由書摘要:

憲法第十八條規定人民有服公職之權利,旨在保障人民有依法令從
事於公務,暨由此衍生享有之身分保障、俸給與退休金請求等權利。公
務人員如因服務機關之改組、解散或改隸致其憲法所保障之服公職權利
受到重大不利影響,國家應制定適度之過渡條款或其他緩和措施,以兼
顧公務人員權利之保障。

六十二年七月十七日修正公布之戶籍法第七條第二項規定:「動員
戡亂時期,戶政事務所得經行政院核准,隸屬直轄市、縣警察機關;其
辦法由行政院定之。」遂使警察人員原依戶警合一實施方案、戡亂時期
台灣地區戶政改進辦法等規定,可辦理戶政業務之戶警合一制度而有法
律依據。嗣為因應動員戡亂時期之終止,八十一年六月二十九日修正公
布之戶籍法第七條將原第二項刪除,並修正同條第一項及該法施行細則
第三條,回復戶警分立制度,乃配合國家憲政秩序回歸正常體制所為機
關組織之調整。

戶政單位回歸民政系統後,戶政人員之任用,自應依公務人員任用
法、各戶政單位員額編制表及相關人事法令規定為之。故原於戶政事務
所辦理戶政業務之警察人員,其不具一般公務人員資格者,因其任用資
格與人事體制規定不符,若無其他法令依據,即不得留任;產生此種後
果,固係因機關組織回歸民政系統以及既有之人事制度使然,但顯已對
該等人員服公職權利產生重大不利之影響。國家自有義務對相關人事為
相應之安置,例如制定過渡條款或其他緩和措施,以適度降低制度變更
對其權益所造成之衝擊。

　　內政部基於保障人民權利之考慮，而以八十一年六月十日台（八一）內戶字第八一〇三五三六號函發布、同年七月一日實施之「戶警分立實施方案」，其第四之（二）點，即規劃該等任用資格與相關人事法令有所不符之警察人員，隨同業務移撥後仍得以原任用資格繼續留任於戶政事務所，再依其志願辦理回任警職，已賦予該等人員審慎評估未來服公職計畫之機會，即使該等人員未於五年內依內政部八十一年六月二十四日台（八一）內警字第八一八〇一三〇號函發「戶警分立移撥民（戶）政單位具警察官任用資格人員志願回任警察機關職務作業要點」申請回任，仍繼續執行原職務者，復容許其得轉任為一般公務人員，繼續留任原職。至於回任之意願應於五年內表示之限制，係基於行政效能之考量，以及職務分配之需要，俾於相當期間內確定各機關之職缺以達人事之安定。綜此，戶警分立實施方案已充分考量當事人之意願、權益及重新調整其工作環境所必要之期限，足使機關改隸後原有人員身分權益所受不利益減至最低，應認國家已選擇對相關公務員之權利限制最少，亦不至於耗費過度行政成本之方式以實現戶警分立。當事人就職缺之期待，縱不能盡如其意，相對於遵守法治國原則、適當分配警察任務與一般行政任務以回復憲政體制此一重大公益之重要性與必要性，其所受之不利影響，或屬輕微，或為尊重當事人個人意願之結果，並未逾越期待可能性之範圍，與法治國家比例原則之要求，尚屬相符。

　　前開實施方案相關規定，涉及人民之自由權利，其未以法律定之，固有未洽。惟此乃主管機關於憲政轉型期為因應立法院於修正戶籍法時，未制定過渡條款或其他緩和措施之不得已之舉，因其內容並非限制人民之自由權利，尚難謂與憲法第二十三條規定之法律保留原則有違。茲動員戡亂時期既經終止，憲政體制已回復常態，前開情事不復存在，過渡條款若有排除或限制法律適用之效力，且非行政機關於組織或人事固有權限範圍內之事項者，仍應一併以法律定之或以法律授權相關機關以為適當規範，方符法治國家權力分立原則，併此指明。

七十二年十一月二十一日修正公布之警察人員管理條例第二十二條第二項附表（警察人員俸表）附註規定：「警察人員依本表規定敘級後，如轉任非警察官職務時，應依所轉任職務適用之俸給法，按其原敘警察官俸級，換敘轉任職務之相當俸級，以至最高年功俸為止，如有超出，仍予保留」，係因不同制度人員間原適用不同之任用、敘薪、考績（成）、考核規定，警察人員轉任非警察官職務時，須重新審定俸級所為之特別規定，以確保同一體系內公務人員之待遇公平，並保障警察人員依法敘級後之俸給利益。該規定未因轉任是否基於自願而訂定差別待遇，乃在避免具有正當目的之人事調度難以執行，係維護公務人員人事制度健全與整體平衡所為之必要限制，其手段亦屬適當，與憲法第七條保障平等權之意旨亦無牴觸。

（十）釋字第588號：行政執行法部份條文有違憲法第二十三條意旨

解釋日期：民國94年1月28日

參考資料：《司法院公報》第47卷3期1-59頁

主旨：行政執行法第十七條第二項依同條第一項規定得聲請法院裁定管收之事由中，除第一項第一、二、三款規定以外，其餘同項第四、五、六款事由顯已逾越必要程度，與憲法第二十三條規定之意旨不能謂無違背。上開行政執行法有違憲法意旨之各該規定，均應自本解釋公布之日起至遲於屆滿六個月時失其效力。

理由書摘要：

立法機關基於重大之公益目的，藉由限制人民自由之強制措施，以貫徹其法定義務，於符合憲法上比例原則之範圍內，應為憲法之所許。行政執行法關於「管收」處分之規定，係在貫徹公法上金錢給付義務，於法定義務人確有履行之能力而不履行時，拘束其身體所為間接強制其

履行之措施，尚非憲法所不許。惟行政執行法第十七條第二項依同條第一項規定得聲請法院裁定管收之事由中，除第一項第一、二、三款規定：「顯有履行義務之可能，故不履行者」、「顯有逃匿之虞」、「就應供強制執行之財產有隱匿或處分之情事者」，難謂其已逾必要之程度外，其餘同項第四、五、六款事由：「於調查執行標的物時，對於執行人員拒絕陳述者」、「經命其報告財產狀況，不為報告或為虛偽之報告者」、「經合法通知，無正當理由而不到場者」，顯已逾越必要程度，與憲法第二十三條規定之意旨不能謂無違背。上開行政執行法有違憲法意旨之各該規定，均應自本解釋公布之日起至遲於屆滿六個月時失其效力。

另，憲法第八條第一項所稱「非經司法或警察機關依法定程序，不得逮捕、拘禁」之「警察機關」，並非僅指組織法上之形式「警察」之意，凡法律規定，以維持社會秩序或增進公共利益為目的，賦予其機關或人員得使用干預、取締之手段者均屬之，是以行政執行法第十九條第一項關於拘提、管收交由行政執行處派執行員執行之規定，核與憲法前開規定之意旨尚無違背。

（十一）釋字第590號：法官「裁定停止訴訟程序」包括各該事件或案件之訴訟或非訟程序之裁定停止在內。

解釋日期：民國94年2月25日

參考資料：《司法院公報》第47卷4期1-31頁

主旨：所謂「法官於審理案件時」，係指法官於審理刑事案件、行政訴訟事件、民事事件及非訟事件等而言，因之，所稱「裁定停止訴訟程序」自亦包括各該事件或案件之訴訟或非訟程序之裁定停止在內。裁定停止訴訟或非訟程序，乃法官聲請釋憲必須遵循之程序。惟訴訟或非訟程序裁定停止後，如有急迫之情形，法官即應探究相關法律之立法目的、權衡當事人之權益及

公共利益、斟酌個案相關情狀等情事，為必要之保全、保護或其他適當之處分。本院釋字第三七一號及第五七二號解釋，應予補充。

理由書摘要：

本件聲請人聲請意旨，以其審理台灣苗栗地方法院九十年度護字第三一號兒童保護安置事件時，認須適用兒童及少年性交易防制條例第十六條之規定，確信該條及相關之同條例第九條及第十五條第二項規定，有牴觸憲法第八條及第二十三條之疑義，乃依司法院釋字第三七一號解釋提出釋憲聲請，然為免受保護者遭受不利益，故先為本案之終局裁定，並請求就依該號解釋聲請釋憲時，是否必須停止訴訟程序為補充解釋等語。本院審理本件聲請案件，對此所涉之聲請程序問題，認上開解釋確有補充之必要，爰予補充解釋。

依本院釋字第三七一號及第五七二號解釋，法官於審理案件時，對於應適用之法律，依其合理之確信，認為有牴觸憲法之疑義者，各級法院得以之為先決問題，裁定停止訴訟程序，並提出客觀上形成確信法律為違憲之具體理由，聲請本院大法官解釋，以排除法官對遵守憲法與依據法律之間可能發生之取捨困難，亦可避免司法資源之浪費。此所謂「法官於審理案件時」，係指法官於審理刑事案件、行政訴訟事件、民事事件及非訟事件等而言。因之，所稱「裁定停止訴訟程序」自亦包括各該事件或案件之訴訟或非訟程序之裁定停止在內。

法官聲請解釋憲法時，必須一併裁定停止訴訟程序，蓋依憲法第七十八條及憲法增修條文第五條第四項規定，宣告法律是否牴觸憲法，乃專屬司法院大法官之職掌。各級法院法官依憲法第八十條之規定，應依據法律獨立審判，並無認定法律為違憲而逕行拒絕適用之權限。因之，法官於審理案件時，對於應適用之法律，依其合理之確信，認為有牴觸憲法之疑義而有聲請大法官解釋之必要者，該訴訟程序已無從繼續

進行，否則不啻容許法官適用依其確信違憲之法律而為裁判，致違反法治國家法官應依實質正當之法律為裁判之基本原則，自與本院釋字第三七一號及第五七二號解釋意旨不符。是以，裁定停止訴訟或非訟程序，乃法官依上開解釋聲請釋憲必須遵循之程序。

（十二）釋字第604號：對於違規停車行為連續舉發之授權應以法律明定

解釋日期：民國94年10月21日

參考資料：《司法院公報》第48卷1期1-57頁

主旨：有關對於汽車駕駛人違規停車之行為連續舉發之授權，其目的與範圍仍以法律明定為宜。仍須符合憲法第23條之比例原則及法律授權明確性原則。

理由書摘要：

　　道路交通管理處罰條例係為加強道路交通管理、維護交通秩序、確保交通安全而制定。依中華民國八十六年一月二十二日增訂公布第八十五條之一規定，係對於汽車駕駛人違反同條例第五十六條第一項各款而為違規停車之行為，得為連續認定及通知其違規事件之規定，乃立法者對於違規事實一直存在之行為，考量該違規事實之存在對公益或公共秩序確有影響，除使主管機關得以強制執行之方法及時除去該違規事實外，並得藉舉發其違規事實之次數，作為認定其違規行為之次數，從而對此多次違規行為得予以多次處罰，並不生一行為二罰之問題，故與法治國家一行為不二罰之原則，並無牴觸。立法者固得以法律規定行政機關執法人員得以連續舉發及隨同多次處罰之遏阻作用以達成行政管制之目的，但仍須符合憲法第23條之比例原則及法律授權明確性原則。鑑於交通違規之動態與特性，則立法者欲藉連續舉發以警惕及遏阻違規行為人任由違規事實繼續存在者，得授權主管機關考量道路交通安全等相

347

關因素,將連續舉發之條件及前後舉發之間隔及期間以命令為明確之規範。道路交通管理處罰條例第85條之1得為連續舉發之規定,就連續舉發時應依何種標準為之,並無原則性規定。雖主管機關依道路交通管理處罰條例第九十二條之授權,於九十年五月三十日修正發布「違反道路交通管理事件統一裁罰標準及處理細則」,其第十二條第四項規定,以「每逾二小時」為連續舉發之標準,衡諸人民可能因而受處罰之次數及可能因此負擔累計罰鍰之金額,相對於維護交通秩序、確保交通安全之重大公益而言,尚未逾越必要之程度。惟有關連續舉發之授權,其目的與範圍仍以法律明定為宜。

道路交通管理處罰條例第五十六條第二項關於汽車駕駛人不在違規停放之車內時,執法人員得於舉發其違規後,使用民間拖吊車拖離違規停放之車輛,並收取移置費之規定,係立法者衡量各種維護交通秩序之相關因素後,合理賦予行政機關裁量之事項,不能因有此一規定而推論連續舉發並為處罰之規定,違反憲法上之比例原則。

(十三)釋字第617號:針對猥褻之文字、圖畫、聲音或影像之附著物及物品,不問屬於犯人與否,一概沒收,其管制目的核屬正當。

解釋日期:民國95年10月26日

參考資料:《司法院公報》第49卷1期1-75頁

主旨:憲法對言論及出版自由之保障並非絕對,應依其性質而有不同之保護範疇及限制之準則,國家於符合憲法第二十三條規定意旨之範圍內,得以法律明確規定對之予以適當之限制。刑法第二百三十五條第三項規定針對猥褻之文字、圖畫、聲音或影像之附著物及物品,不問屬於犯人與否,一概沒收,亦僅限於違反前二項規定之猥褻資訊附著物及物品。其管制目的核屬正當。法官於審判時,應依本解釋意旨,衡酌具體案情,判斷個

別案件是否已達猥褻而應予處罰之程度。

理由書摘要：

男女共營社會生活，其關於性言論、性資訊及性文化等之表現方式，有其歷史背景與文化差異，乃先於憲法與法律而存在，並逐漸形塑為社會多數人普遍認同之性觀念及行為模式，而客觀成為風化者。社會風化之概念，常隨社會發展、風俗變異而有所不同。然其本質上既為各個社會多數人普遍認同之性觀念及行為模式，自應由民意機關以多數判斷特定社會風化是否尚屬社會共通價值而為社會秩序之一部分，始具有充分之民主正當性。為維持男女生活中之性道德感情與社會風化，立法機關如制定法律加以規範，則釋憲者就立法者關於社會多數共通價值所為之判斷，原則上應予尊重。惟性言論與性資訊，因閱聽人不同之性認知而可能產生不同之效應，舉凡不同社群之不同文化認知、不同之生理及心理發展程度，對於不同種類及內容之性言論與性資訊，均可能產生不同之反應。故為貫徹憲法第十一條保障人民言論及出版自由之本旨，除為維護社會多數共通之性價值秩序所必要而得以法律或法律授權訂定之命令加以限制者外，仍應對少數性文化族群依其性道德感情與對社會風化之認知而形諸為性言論表現或性資訊流通者，予以保障。

有關性之描述或出版品，屬於性言論或性資訊，如客觀上足以刺激或滿足性慾，並引起普通一般人羞恥或厭惡感而侵害性的道德感情，有礙於社會風化者，謂之猥褻之言論或出版品。猥褻之言論或出版品與藝術性、醫學性、教育性等之言論或出版品之區別，應就各該言論或出版品整體之特性及其目的而為觀察，並依當時之社會一般觀念定之，本院釋字第四〇七號解釋足資參照。

刑法第二百三十五條規定：「散布、播送或販賣猥褻之文字、圖畫、聲音、影像或其他物品，或公然陳列，或以他法供人觀覽、聽聞者，處二年以下有期徒刑、拘役或科或併科三萬元以下罰金。」（第一

項）「意圖散布、播送、販賣而製造、持有前項文字、圖畫、聲音、影像及其附著物或其他物品者，亦同。」（第二項）「前二項之文字、圖畫、聲音或影像之附著物及物品，不問屬於犯人與否，沒收之。」（第三項）是性資訊或物品之閱聽，在客觀上足以引起普通一般人羞恥或厭惡感而侵害性的道德感情，有礙於社會風化者，對於平等和諧之社會性價值秩序顯有危害。侵害此等社會共同價值秩序之行為，即違反憲法上所保障之社會秩序，立法者制定法律加以管制，其管制目的核屬正當（United States Code, Title 18, PartⅠ, Chapter 71, Section 1460、日本刑法第一七五條可資參照）。

　　另基於對少數性文化族群依其性道德感情與對性風化認知而形諸為性言論表現或性資訊流通者之保障，故以刑罰處罰之範圍，應以維護社會多數共通之性價值秩序所必要者為限。

　　依本解釋意旨，上開規定對性言論之表現與性資訊之自由流通，並未為過度之封鎖與歧視，對人民言論及出版自由之限制尚屬合理，與憲法第二十三條之比例原則要無不符，並未違背憲法第十一條保障人民言論及出版自由之本旨。至性言論之表現與性資訊之流通，是否有害社會多數人普遍認同之性觀念或性道德感情，常隨社會發展、風俗變異而有所不同。法官於審判時，應依本解釋意旨，衡酌具體案情，判斷個別案件是否已達猥褻而應予處罰之程度。

（十四）釋字第618號：大陸地區人非在臺灣地區設有戶籍滿十年，不得擔任公務人員與憲法意旨尚無違背。

解釋日期：民國95年11月3日

參考資料：《司法院公報》第49卷1期76-87頁

主旨：鑑於兩岸目前仍處於分治與對立之狀態，且政治、經濟與社會
　　　等體制具有重大之本質差異，為確保臺灣地區安全、民眾福祉
　　　暨維護自由民主之憲政秩序，所為之特別規定，大陸地區人民

經許可進入臺灣地區者，非在臺灣地區設有戶籍滿十年，不得擔任公務人員部分，其目的洵屬合理正當。予以區別對待，亦屬合理，與憲法第七條之平等原則及憲法增修條文第十一條之意旨尚無違背。

理由書摘要：

八十九年十二月二十日修正公布之臺灣地區與大陸地區人民關係條例第二十一條第一項前段規定，大陸地區人民經許可進入臺灣地區者，非在臺灣地區設有戶籍滿十年，不得擔任公務人員部分（與八十一年七月三十一日制定公布之第二十一條規定相同），乃係基於公務人員經國家任用後，即與國家發生公法上職務關係及忠誠義務，其職務之行使，涉及國家之公權力，不僅應遵守法令，更應積極考量國家整體利益，採取一切有利於國家之行為與決策，並鑒於兩岸目前仍處於分治與對立之狀態，且政治、經濟與社會等體制具有重大之本質差異，為確保臺灣地區安全、民眾福祉暨維護自由民主之憲政秩序，所為之特別規定，其目的洵屬合理正當。基於原設籍大陸地區人民設籍臺灣地區未滿十年者，對自由民主憲政體制認識與其他臺灣地區人民容有差異，故對其擔任公務人員之資格與其他臺灣地區人民予以區別對待，亦屬合理，與憲法第七條之平等原則及憲法增修條文第十一條之意旨尚無違背。又系爭規定限制原設籍大陸地區人民，須在臺灣地區設有戶籍滿十年，作為擔任公務人員之要件，實乃考量原設籍大陸地區人民對自由民主憲政體制認識之差異，及融入臺灣社會需經過適應期間，且為使原設籍大陸地區人民於擔任公務人員時普遍獲得人民對其所行使公權力之信賴，尤需有長時間之培養，若採逐案審查，非僅個人主觀意向與人格特質及維護自由民主憲政秩序之認同程度難以嚴密查核，且徒增浩大之行政成本而難期正確與公平，則系爭規定以十年為期，其手段仍在必要及合理之範圍內。至於何種公務人員之何種職務於兩岸關係事務中，足以影響臺灣地區安

全、民眾福祉暨自由民主之憲政秩序,釋憲機關對於立法機關就此所為之決定,宜予以尊重,系爭法律就此未作區分而予以不同之限制,尚無明顯而重大之瑕疵,難謂違反憲法第二十三條規定之比例原則。

(十五)釋字第623號:電子訊號、電腦網路與廣告物、出版品、廣播、電視等其他媒體之資訊取得方式尚有不同,如衡酌科技之發展可嚴格區分其閱聽對象,應由主管機關建立分級管理制度,以符比例原則之要求。

解釋日期:民國96年1月26日

參考資料:《司法院公報》第49卷4期1-63頁

主旨:商業言論所提供之訊息,內容為真實,無誤導性,以合法交易為目的而有助於消費大眾作出經濟上之合理抉擇者,應受憲法言論自由之保障。惟憲法之保障並非絕對。促使人為性交易之訊息,固為商業言論之一種,惟係促使非法交易活動,因此立法者基於維護公益之必要,自可對之為合理之限制。惟電子訊號、電腦網路與廣告物、出版品、廣播、電視等其他媒體之資訊取得方式尚有不同,如衡酌科技之發展可嚴格區分其閱聽對象,應由主管機關建立分級管理制度,以符比例原則之要求。

理由書摘要:

促使人為性交易之訊息,乃促使人為有對價之性交或猥褻行為之訊息(兒童及少年性交易防制條例第二條、第二十九條參照),為商業言論之一種。至於其他描述性交易或有關性交易研究之言論,並非直接促使人為性交或猥褻行為,無論是否因而獲取經濟利益,皆不屬於促使人為性交易之訊息,自不在兒童及少年性交易防制條例第二十九條規範之範圍。

　　兒童及少年之心智發展未臻成熟，與其為性交易行為，係對兒童及少年之性剝削。性剝削之經驗，往往對兒童及少年產生永久且難以平復之心理上或生理上傷害，對社會亦有深遠之負面影響。從而，保護兒童及少年免於從事任何非法之性活動，乃普世價值之基本人權（聯合國於西元一九八九年十一月二十日通過、一九九〇年九月二日生效之兒童權利公約第十九條及第三十四條參照），為重大公益，國家應有採取適當管制措施之義務，以保護兒童及少年之身心健康與健全成長。

　　保護兒童及少年免於因任何非法之性活動而遭致性剝削，乃普世價值之基本人權，為國家應以法律保護之重要法益，上開規定以刑罰為手段，取締促使人為性交易之訊息，從根本消弭對於兒童少年之性剝削，自為達成防制、消弭以兒童少年為性交易對象事件之立法目的之有效手段；又衡諸保護兒童及少年免於從事任何非法之性活動之重大公益，相對於法律對於提供非法之性交易訊息者權益所為之限制，則上開規定以刑罰為手段，並以傳布以兒童少年性交易或促使其為性交易為內容之訊息，或向未滿十八歲之兒童少年或不特定年齡之多數人傳布足以促使一般人為性交易之訊息為其適用範圍，以達防制、消弭以兒童少年為性交易對象事件之立法目的，尚未逾越必要合理之範圍，與憲法第二十三條規定之比例原則，並無牴觸。

　　兒童及少年性交易防制條例第二十九條規定為危險犯，與同條例第二十二條、第二十三條、第二十四條、刑法第二百二十七條、社會秩序維護法第八十條規定之實害犯之構成要件不同，立法目的各異，難以比較其刑度或制裁方式孰輕孰重；另電子訊號、電腦網路與廣告物、出版品、廣播、電視等其他媒體之資訊取得方式尚有不同，如衡酌科技之發展可嚴格區分其閱聽對象，應由主管機關建立分級管理制度，以符比例原則之要求。

（十六）釋字第626號：中央警察大學九十一學年度入學考試招生簡章與憲法並無牴觸。

解釋日期：民國96年6月8日

參考資料：《司法院公報》第49卷8期9-27頁

主旨：中央警察大學九十一學年度研究所碩士班入學考試招生簡章第七點第二款及第八點第二款，以有無色盲決定能否取得入學資格之規定，係為培養理論與實務兼備之警察專門人才，並求教育資源之有效運用，藉以提升警政之素質，促進法治國家之發展，其欲達成之目的洵屬重要公共利益；因警察工作之範圍廣泛、內容繁雜，職務常須輪調，隨時可能發生判斷顏色之需要，色盲者因此確有不適合擔任警察之正當理由，是上開招生簡章之規定與其目的間尚非無實質關聯，與憲法第七條及第一百五十九條規定並無牴觸。

理由書摘要：

　　警大係內政部為達成研究高深警察學術、培養警察專門人才之雙重任務而設立之大學（內政部組織法第八條及中央警察大學組織條例第二條參照），隸屬內政部，負責警察之養成教育，並與國家警政水準之提升與社會治安之維持，息息相關。其雖因組織及任務上之特殊性，而與一般大學未盡相同，然「研究高深警察學術」既屬其設校宗旨，就涉及警察學術之教學、研究與學習之事項，包括入學資格條件，警大即仍得享有一定程度之自治權。是警大就入學資格條件事項，訂定系爭具大學自治規章性質之「中央警察大學九十一學年度研究所碩士班入學考試招生簡章」，明定以體格檢查及格為錄取條件，既未逾越自治範圍，即難指摘與法律保留原則有違。

　　按人民受教育之權利，依其憲法規範基礎之不同，可區分為「受國民教育之權利」及「受國民教育以外教育之權利」。前者明定於憲法第二十一條，旨在使人民得請求國家提供以國民教育為內容之給付，國家亦有履行該項給付之義務。至於人民受國民教育以外教育之權利，固為憲法第二十二條所保障（本院釋字第三八二號解釋參照），惟鑑於教育資源有限，所保障者係以學生在校接受教育之權利不受國家恣意限制或剝奪為主要內容，並不包括賦予人民請求給予入學許可、提供特定教育給付之權利。是國民教育學校以外之各級各類學校訂定特定之入學資格，排除資格不符之考生入學就讀，例如系爭招生簡章排除色盲之考生進入警大就讀，尚不得謂已侵害該考生受憲法保障之受教育權。除非相關入學資格條件違反憲法第七條人民在法律上一律平等暨第一百五十九條國民受教育之機會一律平等之規定，而不當限制或剝奪人民受教育之公平機會，否則即不生牴觸憲法之問題。

　　警大因兼負培養警察專門人才與研究高深警察學術之雙重任務，期其學生畢業後均能投入警界，為國家社會治安投注心力，並在警察工作中運用所學，將理論與實務結合；若學生入學接受警察教育，卻未能勝任警察、治安等實務工作，將與警大設校宗旨不符。為求上開設校宗旨之達成及教育資源之有效運用，乃以無色盲為入學條件之一，預先排除不適合擔任警察之人。是項目的之達成，有助於警政素質之提升，並使社會治安、人權保障、警察形象及執法威信得以維持或改善，進而促進法治國家之發展，自屬重要公共利益。因警察工作之範圍廣泛、內容繁雜，職務常須輪調，隨時可能發生判斷顏色之需要，色盲者因此確有不適合擔任警察之正當理由。是系爭招生簡章規定排除色盲者之入學資格，集中有限教育資源於培育適合擔任警察之學生，自難謂與其所欲達成之目的間欠缺實質關聯。雖在現行制度下，警大畢業之一般生仍須另行參加警察特考，經考試及格後始取得警察任用資格而得擔任警察；且其於在校期間不享公費，亦不負有畢業後從事警察工作之義務，以致警

大並不保障亦不強制所有一般生畢業後均從事警察工作。然此仍不妨礙警大在其所得決策之範圍內，儘可能追求符合設校宗旨及有效運用教育資源之目的，況所採排除色盲者入學之手段，亦確有助於前開目的之有效達成。是系爭招生簡章之規定與該目的間之實質關聯性，並不因此而受影響，與憲法第七條及第一百五十九條規定並無牴觸。

（十七）釋字第627號：一、總統不受刑事訴究之特權或豁免權，乃針對總統之職位而設，故僅擔任總統一職者，享有此一特權；擔任總統職位之個人，原則上不得拋棄此一特權。二、審理總統核定之國家機密資訊作為證言或證物，是否妨害國家之利益，應依解釋原則辦理。

解釋日期：民國96年6月15日

參考資料：《司法院公報》第49卷9期1-39頁

主旨：

一、總統之刑事豁免權

依本院釋字第三八八號解釋意旨，總統不受刑事上之訴究，乃在使總統涉犯內亂或外患罪以外之罪者，暫時不能為刑事上訴究，並非完全不適用刑法或相關法律之刑罰規定，故為一種暫時性之程序障礙，而非總統就其犯罪行為享有實體之免責權。是憲法第五十二條規定「不受刑事上之訴究」，係指刑事偵查及審判機關，於總統任職期間，就總統涉犯內亂或外患罪以外之罪者，暫時不得以總統為犯罪嫌疑人或被告而進行偵查、起訴與審判程序而言。但對總統身分之尊崇與職權之行使無直接關涉之措施，或對犯罪現場之即時勘察，不在此限。

總統之刑事豁免權，不及於因他人刑事案件而對總統所為之證據調查與證據保全。惟如因而發現總統有犯罪嫌疑者，雖不得開始以總統

為犯罪嫌疑人或被告之偵查程序，但得依本解釋意旨，為必要之證據保全，即基於憲法第五十二條對總統特殊身分尊崇及對其行使職權保障之意旨，上開因不屬於總統刑事豁免權範圍所得進行之措施及保全證據之處分，均不得限制總統之人身自由，例如拘提或對其身體之搜索、勘驗與鑑定等，亦不得妨礙總統職權之正常行使。其有搜索與總統有關之特定處所以逮捕特定人、扣押特定物件或電磁紀錄之必要者，立法機關應就搜索處所之限制、總統得拒絕搜索或扣押之事由，及特別之司法審查與聲明不服等程序，增訂適用於總統之特別規定。於該法律公布施行前，除經總統同意者外，無論上開特定處所、物件或電磁紀錄是否涉及國家機密，均應由該管檢察官聲請高等法院或其分院以資深庭長為審判長之法官五人組成特別合議庭審查相關搜索、扣押之適當性與必要性，非經該特別合議庭裁定准許，不得為之，但搜索之處所應避免總統執行職務及居住之處所。其抗告程序，適用刑事訴訟法相關規定。

總統之刑事豁免權，亦不及於總統於他人刑事案件為證人之義務。惟以他人為被告之刑事程序，刑事偵查或審判機關以總統為證人時，應準用民事訴訟法第三百零四條：「元首為證人者，應就其所在詢問之」之規定，以示對總統之尊崇。

總統不受刑事訴究之特權或豁免權，乃針對總統之職位而設，故僅擔任總統一職者，享有此一特權；擔任總統職位之個人，原則上不得拋棄此一特權。

二、總統之國家機密特權

總統依憲法及憲法增修條文所賦予之行政權範圍內，就有關國家安全、國防及外交之資訊，認為其公開可能影響國家安全與國家利益而應屬國家機密者，有決定不予公開之權力，此為總統之國家機密特權。其他國家機關行使職權如涉及此類資訊，應予以適當之尊重。

總統依其國家機密特權，就國家機密事項於刑事訴訟程序應享有

拒絕證言權，並於拒絕證言權範圍內，有拒絕提交相關證物之權。立法機關應就其得拒絕證言、拒絕提交相關證物之要件及相關程序，增訂適用於總統之特別規定。於該法律公布施行前，就涉及總統國家機密特權範圍內國家機密事項之訊問、陳述，或該等證物之提出、交付，是否妨害國家之利益，由總統釋明之。其未能合理釋明者，該管檢察官或受訴法院應審酌具體個案情形，依刑事訴訟法第一百三十四條第二項、第一百七十九條第二項及第一百八十三條第二項規定為處分或裁定。總統對檢察官或受訴法院駁回其上開拒絕證言或拒絕提交相關證物之處分或裁定如有不服，得依本解釋意旨聲明異議或抗告，並由前述高等法院或其分院以資深庭長為審判長之法官五人組成之特別合議庭審理之。特別合議庭裁定前，原處分或裁定應停止執行。其餘異議或抗告程序，適用刑事訴訟法相關規定。總統如以書面合理釋明，相關證言之陳述或證物之提交，有妨害國家利益之虞者，檢察官及法院應予以尊重。總統陳述相關證言或提交相關證物是否有妨害國家利益之虞，應僅由承辦檢察官或審判庭法官依保密程序為之。總統所陳述相關證言或提交相關證物，縱經保密程序進行，惟檢察官或法院若以之作為終結偵查之處分或裁判之基礎，仍有造成國家安全危險之合理顧慮者，應認為有妨害國家利益之虞。

　　法院審理個案，涉及總統已提出之資訊者，是否應適用國家機密保護法及「法院辦理涉及國家機密案件保密作業辦法」相關規定進行其審理程序，應視總統是否已依國家機密保護法第二條、第四條、第十一條及第十二條規定核定相關資訊之機密等級及保密期限而定；如尚未依法核定為國家機密者，無從適用上開規定之相關程序審理。惟訴訟程序進行中，總統如將系爭資訊依法改核定為國家機密，或另行提出其他已核定之國家機密者，法院即應改依上開規定之相關程序續行其審理程序。其已進行之程序，並不因而違反國家機密保護法及「法院辦理涉及國家機密案件保密作業辦法」相關之程序規定。至於審理總統核定之國家機

密資訊作為證言或證物，是否妨害國家之利益，應依前述原則辦理。又檢察官之偵查程序，亦應本此意旨為之。

理由書摘要：

一、總統之刑事豁免權

　　憲法第五十二條規定：「總統除犯內亂或外患罪外，非經罷免或解職，不受刑事上之訴究」，是為總統之刑事豁免權。其本質為抑制國家刑事司法權，而賦予總統除涉犯內亂或外患罪外，非經罷免或解職，不受刑事上訴究之特權，乃法治國家法律之前人人平等原則之例外。此一例外規定，係憲法基於總統為國家元首，對內肩負統率全國陸海空軍等重要職責，對外代表中華民國之特殊身分，為對總統特別尊崇與保障所為之政策決定。

　　依本院釋字第三八八號解釋意旨，總統不受刑事上之訴究，既為一種暫時性之程序障礙，而非總統就其犯罪行為享有實體之免責權，是憲法第五十二條規定「不受刑事上之訴究」，應指刑事偵查及審判機關，於總統任職期間，就總統涉犯內亂或外患罪以外之罪者，暫時不得以總統為犯罪嫌疑人或被告而進行偵查、起訴與審判程序而言。因此總統就任前尚未開始以其為犯罪嫌疑人或被告之刑事偵查、審判程序，自其就職日起，不得開始；總統就任前已開始以其為犯罪嫌疑人或被告之刑事偵查、審判程序，自其就職日起，應即停止。但為兼顧總統經罷免、解職或卸任後仍受刑事上訴究之總統刑事豁免權之本旨，故刑事偵查、審判機關，對以總統為犯罪嫌疑人或被告之刑事案件，得為對總統之尊崇與職權之行使無直接關涉之措施，如檢察官對告訴、告發、移送等刑事案件，及法院對自訴案件，得為案件之收受、登記等；總統就任前已開始以其為犯罪嫌疑人或被告之偵查程序，於其就職之日，應即停止；總統就任前以其為被告之刑事審判程序，於其就職之日，應為停止審判之

裁定等,俟總統經罷免、解職或卸任之日起,始續行偵查、審判程序。

總統之刑事豁免權僅係暫時不能為刑事上訴究之程序障礙,總統如涉有犯罪嫌疑者,於經罷免、解職或卸任後仍得依法訴究,故刑事偵查及審判機關,於總統任職期間,就總統涉犯內亂或外患罪以外之罪者,固然暫時不得以總統為犯罪嫌疑人或被告而進行偵查、起訴與審判程序,但就犯罪現場為即時勘察(刑事訴訟法第二百三十條第三項、第二百三十一條第三項參照),不在此限。總統之刑事豁免權,僅及於其個人犯罪之暫緩訴究,不及於因他人刑事案件而於偵查或審判程序對總統所為之證據調查與證據保全。惟如因而發現總統有犯罪嫌疑者,雖不得開始以總統為犯罪嫌疑人或被告之偵查程序,為避免證據湮滅,致總統經罷免、解職或卸任後已無起訴、審判之可能,仍得依本解釋意旨,為必要之證據保全程序,例如勘驗物件或電磁紀錄、勘驗現場、調閱文書及物件,以及自總統以外之人採集所需保全之檢體等。但基於憲法第五十二條對總統特殊身分尊崇及對其行使職權保障之意旨,上開證據調查與證據保全措施,均不得限制總統之人身自由,例如拘提或對其身體之搜索、勘驗與鑑定等,亦不得妨礙總統職權之正常行使。其有搜索與總統有關之特定處所以逮捕特定人、扣押特定物件或電磁紀錄之必要者,立法機關應就搜索處所之限制、總統得拒絕搜索或扣押之事由,及特別之司法審查與聲明不服等程序,增訂適用於總統之特別規定。於該法律公布施行前,除經總統同意者外,無論上開特定處所、物件或電磁紀錄是否涉及國家機密,均應由該管檢察官聲請高等法院或其分院以資深庭長為審判長之法官五人組成特別合議庭審查相關搜索、扣押之適當性與必要性,非經該特別合議庭裁定准許,不得為之,但搜索之處所應避免總統執行職務及居住之處所。其抗告程序,適用刑事訴訟法相關規定。

總統於他人刑事案件為證人之義務,並非憲法第五十二條所謂之「刑事上之訴究」,因此不在總統刑事豁免權之範圍內。惟以他人為被

告之刑事程序，刑事偵查及審判機關如以總統為證人時，應準用民事訴訟法第三百零四條：「元首為證人者，應就其所在詢問之」之規定，以示對總統之尊崇，但總統得捨棄此項優遇而到場作證。

依本院釋字第三八八號解釋意旨，所謂總統不受刑事訴究之特權或豁免權之規範目的，乃針對其職位而設，因此擔任總統職位之個人，就總統刑事豁免權保障範圍內之各項特權，原則上不得拋棄。所謂原則上不得拋棄，係指總統原則上不得事前、概括拋棄其豁免權而言，以免刑事偵查、審判程序對總統之尊崇與職權之有效行使，造成無可預見之干擾。但總統之刑事豁免權，本質上為總統之憲法上特權，行使總統職權者，就個別證據調查行為，事實上是否造成總統尊崇與職權行使之損傷或妨礙，應有其判斷餘地。故除以總統為被告之刑事起訴與審判程序，或其他客觀上足認必然造成總統尊崇之損傷與職權行使之妨礙者外，其餘個別證據調查行為，縱為總統刑事豁免權所及，惟經總統自願配合其程序之進行者，應認為總統以個別證據調查行為，事實上並未造成總統尊崇與職權行使之損傷或妨礙而拋棄其個案豁免權，與憲法第五十二條之規範目的，尚無違背。總統得隨時終止其拋棄之效力而回復其豁免權，自不待言。至總統於上開得拋棄之範圍內，其刑事豁免權之拋棄是否違反本解釋意旨，若該案件起訴者，由法院審酌之。又總統刑事豁免權既係針對其職位而設，故僅擔任總統一職者，享有此一特權，其保障不及於非擔任總統職位之第三人。共同正犯、教唆犯、幫助犯以及其他參與總統所涉犯罪之人，不在總統刑事豁免權保障之範圍內；刑事偵查、審判機關對各該第三人所進行之刑事偵查、審判程序，自不因總統之刑事豁免權而受影響。

二、總統之國家機密特權

憲法並未明文規定總統之「國家機密特權」，惟依權力分立與制衡原則，行政首長依其固有之權能，就有關國家安全、國防及外交之國家

機密事項，有決定不予公開之權力，屬行政首長行政特權之一部分，本院釋字第五八五號解釋足資參照，此即我國憲法上所承認行政首長之國家機密特權。

總統依憲法及憲法增修條文所賦予之職權略為：元首權（憲法第三十五條）、軍事統帥權（憲法第三十六條）、公布法令權（憲法第三十七條、憲法增修條文第二條第二項）、締結條約、宣戰及媾和權（憲法第三十八條）、宣布戒嚴權（憲法第三十九條）、赦免權（憲法第四十條）、任免官員權（憲法第四十一條）、授與榮典權（憲法第四十二條）、發布緊急命令權（憲法第四十三條、憲法增修條文第二條第三項）、權限爭議處理權（憲法第四十四條）、國家安全大政方針決定權、國家安全機關設置權（憲法增修條文第二條第四項）、立法院解散權（憲法增修條文第二條第五項）、提名權（憲法第一百零四條、憲法增修條文第二條第七項、第五條第一項、第六條第二項、第七條第二項）、任命權（憲法第五十六條、憲法增修條文第三條第一項、第九條第一項第一款及第二款）等，為憲法上之行政機關。總統於憲法及憲法增修條文所賦予之行政權範圍內，為最高行政首長，負有維護國家安全與國家利益之責任。是總統就其職權範圍內有關國家安全、國防及外交資訊之公開，認為有妨礙國家安全與國家利益之虞者，應負保守秘密之義務，亦有決定不予公開之權力，此為總統之國家機密特權。立法者並賦予總統單獨核定國家機密且永久保密之權限，此觀國家機密保護法第七條第一項第一款、第十二條第一項自明。其他國家機關行使職權如涉及此類資訊，應予以適當之尊重。惟源自於行政權固有權能之「國家機密特權」，其行使仍應符合權力分立與制衡之憲法基本原則，而非憲法上之絕對權力。

總統依其國家機密特權，就國家機密事項於刑事訴訟程序應享有拒絕證言權，並於拒絕證言權範圍內，有拒絕提交相關證物之權。立法機關應就其得拒絕證言、拒絕提交相關證物之要件及相關程序，增訂適

用於總統之特別規定。於該法律公布施行前，就涉及總統國家機密特權範圍內國家機密事項之訊問、陳述，或該等證物之提出、交付，是否妨害國家之利益，由總統釋明之。其未能合理釋明者，該管檢察官或受訴法院應審酌具體個案情形，依刑事訴訟法第一百三十四條第二項、第一百七十九條第二項及第一百八十三條第二項規定為處分或裁定。總統對檢察官或受訴法院駁回其上開拒絕證言或拒絕提交相關證物之處分或裁定如有不服，得依本解釋意旨聲明異議或抗告，並由前述高等法院或其分院以資深庭長為審判長之法官五人組成之特別合議庭審理之。特別合議庭裁定前，原處分或裁定應停止執行。其餘異議或抗告程序，適用刑事訴訟法相關規定。總統如以書面合理釋明，相關證言之陳述或證物之提交，有妨害國家利益之虞者，檢察官及法院應予以尊重。總統陳述相關證言或提交相關證物是否有妨害國家利益之虞，應僅由承辦檢察官或審判庭法官依保密程序為之。總統所陳述相關證言或提交相關證物，縱經保密程序進行，惟檢察官或法院若以之作為終結偵查之處分或裁判之基礎，仍有造成國家安全危險之合理顧慮者，應認為有妨害國家利益之虞。

　　法院審理個案，涉及總統已提出之資訊者，是否應適用國家機密保護法及「法院辦理涉及國家機密案件保密作業辦法」相關規定進行其審理程序，應視總統是否已依國家機密保護法第二條、第四條、第十一條及第十二條規定核定相關資訊之機密等級及保密期限而定；如尚未依法核定為國家機密者，無從適用上開規定之相關程序審理。惟訴訟程序進行中，總統如將系爭資訊依法改核定為國家機密，或另行提出其他已核定之國家機密者，法院即應改依上開規定之相關程序續行其審理程序。其已進行之程序，並不因而違反國家機密保護法及「法院辦理涉及國家機密案件保密作業辦法」相關之程序規定。至於審理總統核定之國家機密資訊作為證言或證物，是否妨害國家之利益，應依前述原則辦理。又檢察官之偵查程序，亦應本此意旨為之。

（十八）釋字第630號：刑法第三百二十九條之規定尚未違背罪刑相當原則，與憲法第二十三條比例原則意旨並無不符。

解釋日期：民國96年7月13日

參考資料：《司法院公報》第49卷10期1-29頁

主旨：刑法第三百二十九條之規定旨在以刑罰之手段，保障人民之身體自由、人身安全及財產權，免受他人非法之侵害，以實現憲法第八條、第二十二條及第十五條規定之意旨。立法者就竊盜或搶奪而當場施以強暴、脅迫者，僅列舉防護贓物、脫免逮捕或湮滅罪證三種經常導致強暴、脅迫行為之具體事由，係選擇對身體自由與人身安全較為危險之情形，視為與強盜行為相同，而予以重罰。至於僅將上開情形之竊盜罪與搶奪罪擬制為強盜罪，乃因其他財產犯罪，其取財行為與強暴、脅迫行為間鮮有時空之緊密連接關係，故上開規定尚未逾越立法者合理之自由形成範圍，難謂係就相同事物為不合理之差別對待。經該規定擬制為強盜罪之強暴、脅迫構成要件行為，乃指達於使人難以抗拒之程度者而言，是與強盜罪同其法定刑，尚未違背罪刑相當原則，與憲法第二十三條比例原則之意旨並無不符。

理由書摘要：

　　查刑法第三百二十九條準強盜罪之規定，將竊盜或搶奪之行為人為防護贓物、脫免逮捕或湮滅罪證而當場施強暴、脅迫之行為，視為施強暴、脅迫使人不能抗拒而取走財物之強盜行為，乃因準強盜罪之取財行為與施強暴、脅迫行為之因果順序，雖與強盜罪相反，卻有時空之緊密連接關係，以致竊盜或搶奪故意與施強暴、脅迫之故意，並非截然可分，而得以視為一複合之單一故意，亦即可認為此等行為人之主觀不法與強盜行為人之主觀不法幾無差異；復因取財行為與強暴、脅迫行為之

因果順序縱使倒置，客觀上對於被害人或第三人所造成財產法益與人身法益之損害卻無二致，而具有得予以相同評價之客觀不法。故擬制為強盜行為之準強盜罪構成要件行為，雖未如刑法第三百二十八條強盜罪之規定，將實施強暴、脅迫所導致被害人或第三人不能抗拒之要件予以明文規定，惟必於竊盜或搶奪之際，當場實施之強暴、脅迫行為，已達使人難以抗拒之程度，其行為之客觀不法，方與強盜行為之客觀不法相當，而得與強盜罪同其法定刑。據此以觀，刑法第三百二十九條之規定，並未有擴大適用於竊盜或搶奪之際，僅屬當場虛張聲勢或與被害人或第三人有短暫輕微肢體衝突之情形，因此並未以強盜罪之重罰，適用於侵害人身法益之程度甚為懸殊之竊盜或搶奪犯行，尚無犯行輕微而論以重罰之情形，與罪刑相當原則即無不符，並未違背憲法第二十三條比例原則之意旨。

（十九）釋字第631號：通訊保障及監察法部份條文不符憲法保障人民秘密通訊自由之意旨

解釋日期：民國96年7月20日

參考資料：《司法院公報》第49卷10期30-64頁

主旨：通訊保障及監察法第五條第二項規定：「前項通訊監察書，偵查中由檢察官依司法警察機關聲請或依職權核發」，未要求通訊監察書原則上應由客觀、獨立行使職權之法官核發，而使職司犯罪偵查之檢察官與司法警察機關，同時負責通訊監察書之聲請與核發，難謂為合理、正當之程序規範，而與憲法第十二條保障人民秘密通訊自由之意旨不符，應自本解釋公布之日起，至遲於九十六年七月十一日修正公布之通訊保障及監察法第五條施行之日失其效力。

理由書摘要：

憲法第十二條規定：「人民有秘密通訊之自由。」旨在確保人民就通訊之有無、對象、時間、方式及內容等事項，有不受國家及他人任意侵擾之權利。國家採取限制手段時，除應有法律依據外，限制之要件應具體、明確，不得逾越必要之範圍，所踐行之程序並應合理、正當，方符憲法保護人民秘密通訊自由之意旨。

鑒於通訊監察侵害人民基本權之程度強烈、範圍廣泛，並考量國家執行通訊監察等各種強制處分時，為達成其強制處分之目的，被處分人事前防禦以避免遭強制處分之權利常遭剝奪。為制衡偵查機關之強制處分措施，以防免不必要之侵害，並兼顧強制處分目的之達成，則經由獨立、客觀行使職權之審判機關之事前審查，乃為保護人民秘密通訊自由之必要方法。是檢察官或司法警察機關為犯罪偵查目的，而有監察人民秘密通訊之需要時，原則上應向該管法院聲請核發通訊監察書，方符憲法上正當程序之要求。

職司犯罪偵查之檢察官與司法警察機關，同時負責通訊監察書之聲請與核發，未設適當之機關間權力制衡機制，以防免憲法保障人民秘密通訊自由遭受不必要侵害，自難謂為合理、正當之程序規範，而與憲法第十二條保障人民秘密通訊自由之意旨不符，應自本解釋公布之日起，至遲於九十六年七月十一日修正公布之通保法第五條施行之日失其效力。另因通訊監察對人民之秘密通訊自由影響甚鉅，核發權人於核發通訊監察書時，應嚴格審查通保法第五條第一項所訂要件；倘確有核發通訊監察書之必要時，亦應謹守最小侵害原則，明確指示得為通訊監察之期間、對象、方式等事項，且隨時監督通訊監察之執行情形。

（二十）釋字第636號：檢肅流氓條例諸多條文與憲法意旨不符

解釋日期：民國97年2月1日

參考資料：《司法院公報》第50卷4期第1-72頁

主旨：檢肅流氓條例第二條第三款關於欺壓善良之規定，以及第五款關於品行惡劣、遊蕩無賴之規定，與法律明確性原則不符。同條例第十三條第二項但書關於法院毋庸諭知感訓期間之規定，有導致受感訓處分人身體自由遭受過度剝奪之虞，相關機關應予以檢討修正之。本條例第二條第三款關於欺壓善良，第五款關於品行惡劣、遊蕩無賴之規定，及第十二條第一項關於過度限制被移送人對證人之對質、詰問權與閱卷權之規定，與憲法意旨不符部分，應至遲於本解釋公布之日起一年內失其效力。

理由書摘要：

檢肅流氓條例（以下簡稱本條例）第二條第三款關於敲詐勒索、強迫買賣及其幕後操縱行為之規定，同條第四款關於經營、操縱職業性賭場，私設娼館，引誘或強逼良家婦女為娼，為賭場、娼館之保鏢或恃強為人逼討債務行為之規定，第六條第一項關於情節重大之規定，皆與法律明確性原則無違。第二條第三款關於霸佔地盤、白吃白喝與要挾滋事行為之規定，雖非受規範者難以理解，惟其適用範圍，仍有未盡明確之處，相關機關應斟酌社會生活型態之變遷等因素檢討修正之。第二條第三款關於欺壓善良之規定，以及第五款關於品行惡劣、遊蕩無賴之規定，與法律明確性原則不符。

本條例第二條關於流氓之認定，依據正當法律程序原則，於審查程序中，被提報人應享有到場陳述意見之權利；經認定為流氓，於主管之警察機關合法通知而自行到案者，如無意願隨案移送於法院，不得將其強制移送。

　　本條例第二條第三款規定之欺壓善良、第五款規定之品行惡劣、遊蕩無賴均屬對個人社會危險性之描述,其所涵攝之行為類型過於空泛,非一般人民依其日常生活及語言經驗所能預見,亦非司法審查所能確認,實務上常須與強暴、脅迫、恐嚇等行為或與同條文其他各款規定合併適用。此基本構成要件所涵攝之行為內容既不明確,雖第五款另規定「有事實足認為有破壞社會秩序或危害他人生命、身體、自由、財產之習慣」,亦不能使整體構成要件適用之範圍具體明確,因此上開欺壓善良及品行惡劣、遊蕩無賴之規定,與法律明確性原則不符。

　　本條例第十二條第一項規定,未依個案情形考量採取其他限制較輕微之手段,是否仍然不足以保護證人之安全或擔保證人出於自由意志陳述意見,即得限制被移送人對證人之對質、詰問權與閱卷權之規定,顯已對於被移送人訴訟上之防禦權,造成過度之限制,與憲法第二十三條比例原則之意旨不符,有違憲法第八條正當法律程序原則及憲法第十六條訴訟權之保障。

　　本條例第二十一條第一項相互折抵之規定,與憲法第二十三條比例原則並無不符。同條例第十三條第二項但書關於法院毋庸諭知感訓期間之規定,有導致受感訓處分人身體自由遭受過度剝奪之虞,相關機關應予以檢討修正之。

　　本條例第二條第三款關於欺壓善良,第五款關於品行惡劣、遊蕩無賴之規定,及第十二條第一項關於過度限制被移送人對證人之對質、詰問權與閱卷權之規定,與憲法意旨不符部分,應至遲於本解釋公布之日起一年內失其效力。

　　(中華民國98年1月21日總統華總一義字第09800012321號令公布廢止檢肅流氓條例)

（廿一）釋字第639號：刑事訴訟法中若干有關羈押之被告規範與憲法尚無牴觸。

解釋日期：民國97年3月21日

參考資料：《司法院公報》第50卷5期31-52頁

主旨：刑事訴訟法第四百十六條第一項第一款及第四百十八條使羈押之被告僅得向原法院聲請撤銷或變更該處分，不得提起抗告之審級救濟，為立法機關基於訴訟迅速進行之考量所為合理之限制，未逾立法裁量之範疇，與憲法第十六條、第二十三條尚無違背。且因向原法院聲請撤銷或變更處分之救濟仍係由依法獨立行使職權之審判機關作成決定，故已賦予人身自由遭羈押處分限制者合理之程序保障，尚不違反憲法第八條之正當法律程序。至於刑事訴訟法第四百零三條、第四百零四條第二款、第四百十六條第一項第一款與第四百十八條之規定，使羈押被告之決定，得以裁定或處分之方式作成，並因而形成羈押之被告得否抗告之差別待遇，與憲法第七條保障之平等權尚無牴觸。

理由書摘要：

刑事訴訟法第四百十六條第一項第一款規定：「對於審判長、受命法官、受託法官或檢察官所為下列處分有不服者，受處分人得聲請所屬法院撤銷或變更之：一、關於羈押……之處分」，第四百十八條第一項前段及第二項分別規定：「法院就第四百十六條之聲請所為裁定，不得抗告」、「依本編規定得提起抗告，而誤為撤銷或變更之聲請者，視為已提抗告；其得為撤銷或變更之聲請而誤為抗告者，視為已有聲請」，旨在求訴訟之迅速進行，並對直接影響人民自由之決定賦予即時救濟之機會。其雖限制人民提起抗告之權利，惟審級制度並非訴訟權保障之核心內容，立法機關非不得衡量訴訟案件之性質、訴訟制度之功能及司法

資源之有效運用等因素，決定是否予以限制，迭經本院解釋在案（本院釋字第三九六號、第四四二號、第五一二號及第五七四號解釋參照）。上開規定為立法機關基於訴訟經濟之考量所為合理之限制，未逾立法裁量之範疇，與憲法第十六條、第二十三條尚無違背。

至於刑事訴訟法第四百零三條、第四百零四條第二款及同法第四百十六條第一項第一款與第四百十八條之規定，使羈押被告之決定，得以裁定或處分之方式作成，並因而形成羈押之被告向上級法院抗告或向原所屬法院另組合議庭聲請撤銷或變更之差別待遇，是否違反憲法第七條保障之平等權而違憲之問題。按行合議審判之案件，由審判長、受命法官或受託法官一人作成之羈押決定為「處分」，其餘偵查中聲請羈押之案件，由輪值法官一人或三人，及審判中由獨任法官一人或合議庭法官三人作成之羈押決定，均屬「裁定」，是刑事訴訟法第四百十六條第一項係以決定方式之不同，作為不同救濟途徑之分類標準。系爭不同救濟制度之差別待遇固涉及限制人身自由之訴訟救濟，然因審級制度尚非訴訟權保障之核心內容，且由上級法院或原所屬法院之另一合議庭管轄羈押救濟程序，其在訴訟救濟功能上均由職司獨立審判之法院為之，實質差異亦甚為有限，故無採取較嚴格審查之必要。查系爭規定僅賦予羈押之被告向原所屬法院之另一合議庭聲請撤銷或變更，而不許向上級法院抗告，乃立法者基於訴訟經濟及維繫訴訟體系一致性之考量，目的洵屬正當。且上開分類標準暨差別待遇之手段與該目的之間亦有合理關聯。是刑事訴訟法第四百十六條第一項第一款與第四百十八條之規定，未逾越立法裁量之範疇，與憲法第七條尚無牴觸。

（廿二）釋字第644號：以「主張共產主義」作為不予許可設立人民團體之理由與憲法意旨不符，自本解釋公布之日起失其效力。

解釋日期：民國97年6月20日

參考資料：《司法院公報》第50卷9期1-25頁

主旨：人民團體法第二條規定：「人民團體之組織與活動，不得主張共產主義，或主張分裂國土。」同法第五十三條前段關於「申請設立之人民團體有違反第二條…之規定者，不予許可」之規定部分，乃使主管機關於許可設立人民團體以前，得就人民「主張共產主義，或主張分裂國土」之政治上言論之內容而為審查，並作為不予許可設立人民團體之理由，顯已逾越必要之程度，與憲法保障人民結社自由與言論自由之意旨不符，於此範圍內，應自本解釋公布之日起失其效力。

理由書摘要：

　　人民團體法將人民團體分為職業團體、社會團體及政治團體。職業團體係以協調同業關係，增進共同利益，促進社會經濟建設為目的，由同一行業之單位、團體或同一職業之從業人員組成之團體（同法第三十五條）；社會團體係以推展文化、學術、醫療、衛生、宗教、慈善、體育、聯誼、社會服務或其他以公益為目的，由個人或團體組成之團體（同法第三十九條）；政治團體係國民以共同民主政治理念，協助形成國民政治意志，促進國民政治參與為目的而組成之團體（同法第四十四條）；性質上皆屬非營利團體。

　　人民團體法第二條規定：「人民團體之組織與活動，不得主張共產主義，或主張分裂國土。」同法第五十三條前段規定：「申請設立之人民團體有違反第二條……之規定者，不予許可」。由此可知該法對於非

營利性人民團體之設立，得因其主張共產主義或分裂國土而不予許可。

　　言論自由有實現自我、溝通意見、追求真理、滿足人民知的權利，形成公意，促進各種合理的政治及社會活動之功能，乃維持民主多元社會正常發展不可或缺之機制（本院釋字第五〇九號解釋參照），其以法律加以限制者，自應符合比例原則之要求。所謂「主張共產主義，或主張分裂國土」原係政治主張之一種，以之為不許可設立人民團體之要件，即係賦予主管機關審查言論本身之職權，直接限制人民言論自由之基本權利。

　　雖然憲法增修條文第五條第五項規定：「政黨之目的或其行為，危害中華民國之存在或自由民主之憲政秩序者為違憲。」惟組織政黨既無須事前許可，須俟政黨成立後發生其目的或行為危害中華民國之存在或自由民主之憲政秩序者，經憲法法庭作成解散之判決後，始得禁止，而以違反人民團體法第二條規定為不許可設立人民團體之要件，係授權主管機關於許可設立人民團體以前，先就言論之內容為實質之審查。關此，若人民團體經許可設立後發見其有此主張，依當時之事實狀態，足以認定其目的或行為危害中華民國之存在或自由民主之憲政秩序者，主管機關自得依中華民國七十八年一月二十七日修正公布之同法第五十三條後段規定，撤銷（九十一年十二月十一日已修正為「廢止」）其許可，而達禁止之目的；倘於申請設立人民團體之始，僅有此主張即不予許可，則無異僅因主張共產主義或分裂國土，即禁止設立人民團體，顯然逾越憲法第二十三條所定之必要範圍，與憲法保障人民結社自由與言論自由之意旨不符，前開人民團體法第二條及第五十三條前段之規定部分於此範圍內，應自本解釋公布之日起失其效力。

（廿三）釋字第645號：公民投票，由人民直接決定之，並不違反我國憲政體制為代議民主之原則。行政院公民投票審議委員會，關於委員之任命牴觸權力分立原則。

解釋日期：民國97年7月11日

參考資料：《司法院公報》第50卷10期1-33頁

主旨：一、公民投票法第十六條第一項旨在使立法院就重大政策之爭議，而有由人民直接決定之必要者，得交付公民投票，由人民直接決定之，並不違反我國憲政體制為代議民主之原則，亦符合憲法主權在民與人民有創制、複決權之意旨；此一規定於立法院行使憲法所賦予之權限範圍內，且不違反憲法權力分立之基本原則下，與憲法尚無牴觸。

二、行政院公民投票審議委員會，關於委員之任命，實質上完全剝奪行政院依憲法應享有之人事任命決定權，顯已逾越憲法上權力相互制衡之界限，自屬牴觸權力分立原則，應自本解釋公布之日起，至遲於屆滿一年時，失其效力。

理由書摘要：

設於行政院內之全國性公民投票審議委員會，對全國性公民投票提案成立與否具有實質決定權限，對外則以行政院名義作成行政處分，行政院對於該委員會所為之決定並無審查權，領銜提案人對其決定如有不服，則循訴願及行政訴訟程序謀求救濟。

全國性公民投票審議委員會之組織係置於行政院內，並非獨立之行政機關，而是在行政程序上執行特定職務之組織，屬行政程序法第一百十四條第一項第四款所稱「參與行政處分作成之委員會」；其職務係就個別全國性公民投票案，審議是否符合規定而屬得交由人民創制或複決之事項，具有協助人民正當行使創制、複決權之功能，性質上屬行

政權。因行政掌法律之執行，執行則有賴人事，是行政權依法就所屬行政機關之具體人事，不分一般事務官或政治任命之政務人員，應享有決定權，為民主法治國家行政權發揮功能所不可或缺之前提要件。該委員會既設於行政院內，並參與行政院作成行政處分之程序，故對該委員會委員之產生，行政院自應享有人事任命決定權。惟有鑑於全國性公民投票審議委員會之功能與一般行政機關須為政策之決定及執行者不同，故其委員之產生並非憲法第五十六條之規範範圍，立法院固非不得參與或以其他方式予以適當之制衡，但其制衡應有界限。

關於委員之任命，由政黨依立法院各黨團席次之比例獨占人事任命決定權，使行政院院長對於委員之人選完全無從置喙，僅能被動接受提名與送交總統任命，實質上完全剝奪行政院應享有之人事任命決定權，顯已逾越憲法上權力相互制衡之界限，自屬牴觸權力分立原則，應自本解釋公布之日起，至遲於屆滿一年時，失其效力。

（廿四）釋字第646號：電子遊戲場業管理條例第22條與憲法規定尚無牴觸。

解釋日期：民國97年9月5日

參考資料：《司法院公報》第50卷11期4-25頁

主旨：電子遊戲場業管理條例（以下簡稱本條例）第二十二條規定：「違反第十五條規定者，處行為人一年以下有期徒刑、拘役或科或併科新臺幣五十萬元以上二百五十萬元以下罰金」。目的洵屬正當，所採取之手段對目的之達成亦屬必要，符合憲法第二十三條比例原則之意旨，與憲法第八條、第十五條規定尚無牴觸。

理由書摘要：

我國對電子遊戲場業之管制，由來已久。初期由警政機關主管，一度採取全面禁止之管制措施，中華民國七十九年起，改由教育部負責，

同年訂定發布遊藝場業輔導管理規則。由於欠缺法律位階之有效法規，主管機關僅得援用公司法、商業登記法、營業稅法及其他相關法規，對包括未經登記即行營業在內之違規行為加以處罰。嗣由於電子遊戲場業之經營對社會治安與善良風俗之影響甚鉅，相關弊案引發社會普遍之關注與疑慮，電子遊戲場業於八十五年間改由經濟部為主管機關，八十九年制定公布電子遊戲場業管理條例，以期透過專法導正經營，並使電子遊戲場業之經營正常化與產業化。

依內政部警政署提供之數據，自八十五年起至九十六年止，查獲無照營業之電子遊戲場所中有高達九成以上涉嫌賭博行為，另統計九十六年查緝之電子遊戲場賭博案件中，有照營業涉嫌賭博行為者，尚不及一成，而高達九成係無照營業者所犯，顯見未辦理營利事業登記與賭博等犯罪行為間確有高度關聯，故立法者為尋求對法益較周延之保護，毋待危害發生，就無照營業行為，發動刑罰制裁，應可認係在合乎事理而具有可支持性之事實基礎上所為合理之決定。是系爭刑罰手段具有必要性，可資肯定。

依本條例第二十二條規定科處刑罰，雖可能造成未辦理營利事業登記而經營電子遊戲場業之人，即使其經營未涉及賭博或其他違法情事，亦遭刑事制裁，惟因系爭規定之法定刑已賦予法院針對行為人犯罪情節之輕重，施以不同程度處罰之裁量空間，再配合刑事訴訟法第二百五十三條微罪不舉、第二百五十三條之一緩起訴、刑法第五十九條刑之酌減及第七十四條緩刑等規定，應足以避免過苛之刑罰。且實務上屢發現業者為規避營利事業登記之申請及其附隨之諸多管制，不再於固定地點開設電子遊戲場，而藉由散見各處之小型便利超商或一般獨資、合夥商號作為掩護，設置機檯經營賭博，相較於其他娛樂事業，電子遊戲場業此種化整為零之經營方式，顯已增加管制之難度，並相對提升對法益之危害程度，相關機關因此決定採較重之刑事罰制裁，其判斷亦屬合乎事理，應可支持。

（廿五）釋字第649號：身心障礙者保護法按摩業專由視障者從事 之規定，不符平等權及比例原則，應三年內失其效力。

解釋日期：民國97年10月31日

參考資料：《司法院公報》第50卷12期31-48頁

主旨：身心障礙者保護法第三十七條第一項前段規定：「非本法所稱
　　　視覺障礙者，不得從事按摩業。」上開規定之「非本法所稱
　　　視覺障礙者」，經修正為「非視覺功能障礙者」，並移列為第
　　　四十六條第一項前段，規定意旨相同)與憲法第七條平等權、第
　　　十五條工作權及第二十三條比例原則之規定不符，應自本解釋
　　　公布之日起至遲於屆滿三年時失其效力。

理由書摘要：

　　　九十年十一月二十一日修正公布之身心障礙者保護法第三十七條第
一項前段規定：「非本法所稱視覺障礙者，不得從事按摩業。」係以保
障視覺障礙者工作權為目的所採職業保留之優惠性差別待遇，亦係對非
視障者工作權中之選擇職業自由所為之職業禁止，自應合於憲法第七條
平等權、第十五條工作權及第二十三條比例原則之規定。

　　　按憲法基本權利規定本即特別著重弱勢者之保障，憲法第
一百五十五條後段規定：「人民之老弱殘廢，無力生活，及受非常災害
者，國家應予以適當之扶助與救濟。」以及憲法增修條文第十條第七項
規定：「國家對於身心障礙者之保險與就醫、無障礙環境之建構、教
育訓練與就業輔導及生活維護與救助，應予保障，並扶助其自立與發
展。」顯已揭櫫扶助弱勢之原則。職是，國家保障視障者工作權確實具
備重要公共利益，其優惠性差別待遇之目的合乎憲法相關規定之意旨。

　　　對職業自由之限制，因其內容之差異，在憲法上有寬嚴不同之容許
標準。關於從事工作之方法、時間、地點等執行職業自由，立法者為追

求一般公共利益，非不得予以適當之限制。至人民選擇職業之自由，如屬應具備之主觀條件，乃指從事特定職業之個人本身所應具備之專業能力或資格，且該等能力或資格可經由訓練培養而獲得者，例如知識、學位、體能等，立法者欲對此加以限制，須有重要公共利益存在。而人民選擇職業應具備之客觀條件，係指對從事特定職業之條件限制，非個人努力所可達成，例如行業獨占制度，則應以保護特別重要之公共利益始得為之。且不論何種情形之限制，所採之手段均須與比例原則無違。

保障視障者之工作權，為特別重要之公共利益，應由主管機關就適合視障者從事之職業予以訓練輔導、保留適當之就業機會等促進就業之多元手段採行具體措施，並應對按摩業及相關事務為妥善之管理，兼顧視障與非視障者、消費與供給者之權益，且注意弱勢保障與市場機制之均衡，以有效促進視障者及其他身心障礙者之就業機會，踐履憲法扶助弱勢自立發展之意旨、促進實質平等之原則與精神。此等措施均須縝密之規劃與執行，故系爭規定應自本解釋公布之日起至遲於屆滿三年時失其效力。

（廿六）釋字第653號：羈押法部份條文有違憲法保障人民訴訟權之意旨

解釋日期：民國97年12月26日

參考資料：《司法院公報》第51卷4期1-36頁

主旨：羈押法第六條及同法施行細則第十四條第一項之規定，不許受羈押被告向法院提起訴訟請求救濟之部分，與憲法第十六條保障人民訴訟權之意旨有違，相關機關至遲應於本解釋公布之日起二年內，依本解釋意旨，檢討修正羈押法及相關法規，就受羈押被告及時有效救濟之訴訟制度，訂定適當之規範。

理由書摘要：

　　羈押係拘束刑事被告身體自由，並將其收押於一定處所之強制處分，此一保全程序旨在確保訴訟程序順利進行，使國家刑罰權得以實現。羈押刑事被告，限制其人身自由，將使其與家庭、社會及職業生活隔離，非特予其心理上造成嚴重打擊，對其名譽、信用等人格權之影響亦甚重大，係干預人身自由最大之強制處分，自僅能以之為保全程序之最後手段，允宜慎重從事，其非確已具備法定要件且認有必要者，當不可率然為之（本院釋字第三九二號解釋參照）。是執行羈押機關對受羈押被告所為之決定，如涉及限制其憲法所保障之權利者，仍須符合憲法第二十三條之規定。

　　按羈押法第六條係制定於中華民國三十五年，其後僅對受理申訴人員之職稱予以修正。而羈押法施行細則第十四條第一項則訂定於六十五年，其後並未因施行細則之歷次修正而有所變動。考其立法之初所處時空背景，係認受羈押被告與看守所之關係屬特別權力關係，如對看守所之處遇或處分有所不服，僅能經由申訴機制尋求救濟，並無得向法院提起訴訟請求司法審判救濟之權利。司法實務亦基於此種理解，歷來均認羈押被告就不服看守所處分事件，僅得依上開規定提起申訴，不得再向法院提起訴訟請求救濟。惟申訴在性質上屬機關內部自我審查糾正之途徑，與得向法院請求救濟之訴訟審判並不相當，自不得完全取代向法院請求救濟之訴訟制度。是上開規定不許受羈押被告向法院提起訴訟請求救濟之部分，與憲法第十六條規定保障人民訴訟權之意旨有違。

　　受羈押被告不服看守所之處遇或處分，得向法院提起訴訟請求救濟者，究應採行刑事訴訟、行政訴訟或特別訴訟程序，所須考慮因素甚多，諸如爭議事件之性質及與所涉刑事訴訟程序之關聯、羈押期間之短暫性、及時有效之權利保護、法院組織及人員之配置等，其相關程序及制度之設計，均須一定期間妥為規畫。惟為保障受羈押被告之訴訟權，

相關機關仍應至遲於本解釋公布之日起二年內，依本解釋意旨，檢討修正羈押法及相關法規，就受羈押被告及時有效救濟之訴訟制度，訂定適當之規範。

羈押法第六條及同法施行細則第十四條第一項規定之申訴制度雖有其功能，惟其性質、組織、程序及其相互間之關聯等，規定尚非明確；相關機關於檢討訂定上開訴訟救濟制度時，宜就申訴制度之健全化、申訴與提起訴訟救濟之關係等事宜，一併檢討修正之，併此指明。

（廿七）釋字第654號：羈押法部份條文條未符比例原則，亦牴觸憲法第十六條保障訴訟權之規定

解釋日期：民國98年1月23日

參考資料：《司法院公報》第51卷5期1-57頁

主旨：羈押法第二十三條第三項規定，律師接見受羈押被告時，有同條第二項應監視之適用，不問是否為達成羈押目的或維持押所秩序之必要，亦予以監聽、錄音，違反憲法第二十三條比例原則之規定，不符憲法保障訴訟權之意旨；同法第二十八條之規定，使依同法第二十三條第三項對受羈押被告與辯護人接見時監聽、錄音所獲得之資訊，得以作為偵查或審判上認定被告本案犯罪事實之證據，在此範圍內妨害被告防禦權之行使，牴觸憲法第十六條保障訴訟權之規定。前開羈押法第二十三條第三項及第二十八條規定，與本解釋意旨不符部分，均應自中華民國九十八年五月一日起失其效力。

理由書摘要：

憲法第十六條規定人民有訴訟權，旨在確保人民有受公平審判之權利，依正當法律程序之要求，刑事被告應享有充分之防禦權，包括選任信賴之辯護人，俾受公平審判之保障。而刑事被告受其辯護人協助之權

利，須使其獲得確實有效之保護，始能發揮防禦權之功能。從而，刑事被告與辯護人能在不受干預下充分自由溝通，為辯護人協助被告行使防禦權之重要內涵，應受憲法之保障。上開自由溝通權利之行使雖非不得以法律加以限制，惟須合乎憲法第二十三條比例原則之規定，並應具體明確，方符憲法保障防禦權之本旨，而與憲法第十六條保障訴訟權之規定無違。

羈押法第二十三條第三項規定，律師接見受羈押被告時，亦有同條第二項應監視之適用。該項所稱「監視」，從羈押法及同法施行細則之規範意旨、整體法律制度體系觀察可知，並非僅止於看守所人員在場監看，尚包括監聽、記錄、錄音等行為在內。且於現行實務運作下，受羈押被告與辯護人接見時，看守所依據上開規定予以監聽、錄音。是上開規定使看守所得不問是否為達成羈押目的或維持押所秩序之必要，予以監聽、錄音，對受羈押被告與辯護人充分自由溝通權利予以限制，致妨礙其防禦權之行使，已逾越必要程度，違反憲法第二十三條比例原則之規定，不符憲法保障訴訟權之意旨。惟為維持押所秩序之必要，於受羈押被告與其辯護人接見時，如僅予以監看而不與聞，則與憲法保障訴訟權之意旨尚無不符。

羈押法第二十八條規定：「被告在所之言語、行狀、發受書信之內容，可供偵查或審判上之參考者，應呈報檢察官或法院。」使依同法第二十三條第三項對受羈押被告與辯護人接見時監聽、錄音所獲得之資訊，得以作為偵查或審判上認定被告本案犯罪事實之證據，在此範圍內妨害被告防禦權之行使，牴觸憲法保障訴訟權之規定。

（廿八）釋字第664號：少年事件處理法限制少年人身自由部份未符比例原則，亦有違憲法保障少年人格權之意旨

解釋日期：民國98年7月31日

參考資料：《司法院公報》第51卷11期7-38頁

主旨：少年事件處理法第二十六條第二款及第四十二條第一項第四款
　　　規定，就限制經常逃學或逃家虞犯少年人身自由部分，不符憲
　　　法第二十三條之比例原則，亦與憲法第二十二條保障少年人格
　　　權之意旨有違，應自本解釋公布之日起，至遲於屆滿一個月
　　　時，失其效力。

理由書摘要：

　　人格權乃維護個人主體性及人格自由發展所不可或缺，亦與維護
人性尊嚴關係密切，是人格權應受憲法第二十二條保障。為保護兒童及
少年之身心健康及人格健全成長，國家負有特別保護之義務（憲法第
一百五十六條規定參照），應基於兒童及少年之最佳利益，依家庭對子
女保護教養之情況，社會及經濟之進展，採取必要之措施，始符憲法保
障兒童及少年人格權之要求（本院釋字第五八七號、第六〇三號及第
六五六號解釋參照）。國家對兒童及少年人格權之保護，固宜由立法者
衡酌社經發展程度、教育與社會福利政策、社會資源之合理調配等因
素，妥為規劃以決定兒童及少年保護制度之具體內涵。惟立法形成之自
由，仍不得違反憲法保障兒童及少年相關規範之意旨。

　　少年事件處理法係立法者為保障十二歲以上十八歲未滿之少年「健
全之自我成長，調整其成長環境，並矯治其性格」所制定之法律（同法
第一條、第二條參照）。

　　依上開第二十六條第二款及第四十二條第一項第四款規定，使經常
逃學或逃家而未觸犯刑罰法律之虞犯少年，收容於司法執行機構或受司
法矯治之感化教育，與保護少年最佳利益之意旨已有未符。而上開規定
對經常逃學或逃家之虞犯少年施以收容處置或感化教育處分，均涉及對
虞犯少年於一定期間內拘束其人身自由於一定之處所，而屬憲法第八條
第一項所規定之「拘禁」，對人身自由影響甚鉅，其限制是否符合憲法
第二十三條規定，應採嚴格標準予以審查。

是少年事件處理法第二十六條第二款及第四十二條第一項第四款規定，就限制經常逃學或逃家虞犯少年人身自由部分，不符憲法第二十三條之比例原則，亦與憲法第二十二條保障少年人格權，國家應以其最佳利益採取必要保護措施，使其身心健全發展之意旨有違，應自本解釋公布之日起，至遲於屆滿一個月時，失其效力。

（廿九）釋字第666號：社會秩序維護法處罰娼妓有違憲法平等原則

解釋日期：民國98年11月06日

參考資料：《司法院公報》第52卷2期8-72頁

主旨：社會秩序維護法第八十條第一項第一款就意圖得利與人姦、宿者，處三日以下拘留或新臺幣三萬元以下罰鍰之規定，與憲法第七條之平等原則有違，應自本解釋公布之日起至遲於二年屆滿時，失其效力。

理由書摘要：

憲法第七條所揭示之平等原則非指絕對、機械之形式上平等，而係保障人民在法律上地位之實質平等，要求本質上相同之事物應為相同之處理，不得恣意為無正當理由之差別待遇。法律為貫徹立法目的，而設行政罰之規定時，如因處罰對象之取捨，而形成差別待遇者，須與立法目的間具有實質關聯，始與平等原則無違。社會秩序維護法第八十條第一項第一款規定（下稱系爭規定），意圖得利與人姦、宿者，處三日以下拘留或新臺幣三萬元以下罰鍰，其立法目的，旨在維護國民健康與善良風俗（立法院公報第八十卷第二十二期第一〇七頁參照）。依其規定，對於從事性交易之行為人，僅以意圖得利之一方為處罰對象，而不處罰支付對價之相對人。按性交易行為如何管制及應否處罰，固屬立法裁量之範圍，社會秩序維護法係以處行政罰之方式為管制手段，而系爭

規定明文禁止性交易行為，則其對於從事性交易之行為人，僅處罰意圖得利之一方，而不處罰支付對價之相對人，並以主觀上有無意圖得利作為是否處罰之標準，法律上已形成差別待遇，系爭規定之立法目的既在維護國民健康與善良風俗，且性交易乃由意圖得利之一方與支付對價之相對人共同完成，雖意圖得利而為性交易之一方可能連續為之，致其性行為對象與範圍廣泛且不確定，固與支付對價之相對人有別，然此等事實及經驗上之差異並不影響其共同完成性交易行為之本質，自不足以作為是否處罰之差別待遇之正當理由，其雙方在法律上之評價應屬一致。再者，系爭規定既不認性交易中支付對價之一方有可非難，卻處罰性交易圖利之一方，鑑諸性交易圖利之一方多為女性之現況，此無異幾僅針對參與性交易之女性而為管制處罰，尤以部分迫於社會經濟弱勢而從事性交易之女性，往往因系爭規定受處罰，致其業已窘困之處境更為不利。系爭規定以主觀上有無意圖得利，作為是否處罰之差別待遇標準，與上述立法目的間顯然欠缺實質關聯，自與憲法第七條之平等原則有違。為貫徹維護國民健康與善良風俗之立法目的，行政機關可依法對意圖得利而為性交易之人實施各種健康檢查或宣導安全性行為等管理或輔導措施；亦可採取職業訓練、輔導就業或其他教育方式，以提昇其工作能力及經濟狀況，使無須再以性交易為謀生手段；或採行其他有效管理措施。而國家除對社會經濟弱勢之人民，盡可能予以保護扶助外，為防止性交易活動影響第三人之權益，或避免性交易活動侵害其他重要公益，而有限制性交易行為之必要時，得以法律或授權訂定法規命令，為合理明確之管制或處罰規定。凡此尚須相當時間審慎規劃，系爭規定應自本解釋公布之日起至遲於二年屆滿時，失其效力。

附件二、公民與政治權利國際公約及經濟社會文化權利國際公約施行法

（民國98年4月22日公布）

第一條

為實施聯合國一九六六年公民與政治權利國際公約（International Covenant on Civil and Political Rights ）及經濟社會文化權利國際公約（International Covenant on Economic Social and Cultural Rights）（以下合稱兩公約），健全我國人權保障體系，特制定本法。

第二條

兩公約所揭示保障人權之規定，具有國內法律之效力。

第三條

適用兩公約規定，應參照其立法意旨及兩公約人權事務委員會之解釋。

第四條

各級政府機關行使其職權，應符合兩公約有關人權保障之規定，避免侵害人權，保護人民不受他人侵害，並應積極促進各項人權之實現。

第五條

　　各級政府機關應確實依現行法令規定之業務職掌，負責籌劃、推動及執行兩公約規定事項；其涉及不同機關業務職掌者，相互間應協調連繫辦理。

　　政府應與各國政府、國際間非政府組織及人權機構共同合作，以保護及促進兩公約所保障各項人權之實現。

第六條

　　政府應依兩公約規定，建立人權報告制度。

第七條

　　各級政府機關執行兩公約保障各項人權規定所需之經費，應依財政狀況，優先編列，逐步實施。

第八條

　　各級政府機關應依兩公約規定之內容，檢討所主管之法令及行政措施，有不符兩公約規定者，應於本法施行後二年內，完成法令之制（訂）定、修正或廢止及行政措施之改進。

第九條

　　本法施行日期，由行政院定之。

附件三、世界人權宣言
(The Universal Declaration of Human Rights)

聯合國大會一九四八年十二月十日 第217A（III）號決議通過並宣佈

序言

　　鑒於對人類家庭所有成員的固有尊嚴及其平等的和不移的權利的承認，乃是世界自由、正義與和平的基礎，鑒於對人權的無視和侮蔑已發展為野蠻暴行，這些暴行玷污了人類的良心，而一個人人享有言論和信仰自由並免予恐懼和匱乏的世界的來臨，已被宣佈為普遍人民的最高願望，鑒於為使人類不致迫不得已鋌而走險對暴政和壓迫進行反叛，有必要使人權受法治的保護，鑒於有必要促進各國間友好關係的發展，鑒於各聯合國國家人民已在《聯合國憲章》中重申他們對基本人權、人格尊嚴和價值以及男女平等權利的信念，並決心促成較大自由中的社會進步和生活水平的改善，鑒於各會員國並已誓願同聯合國合作以促進對人權和基本自由的普遍尊重和遵行，鑒於這些權利和自由的普遍瞭解對於這個誓願的充分實現具有很大的重要性，因此現在，大會，發佈這一《世界人權宣言》，作為所有人民和所有國家努力實現的共同標準，以期每一個人和社會機構經常銘念本宣言，努力通過教誨和教育促進對權利和自由的尊重，並通過國家的和國際的漸進措施，使這些權利和自由在各會員國本身人民及在其管轄下領土的人民中得到普遍和有效的承認和遵行。

第一條

人人生而自由，在尊嚴和權利上一律平等。他們賦有理性和良心，並應以兄弟關係的精神相對待。

第二條

人人有資格享受本宣言所載的一切權利和自由，不分種族、膚色、性別、語言、宗教、政治或其他見解、國籍或社會出身、財產、出生或其他身分等任何區別。並且不得因一人所屬的國家或領土的、政治的、行政的或者國際的地位之不同而有所區別，無論該領土是獨立領土、託管領土、非自治領土或者處於其他任何主權受限制的情況之下。

第三條

人人有權享有生命、自由和人身安全。

第四條

任何人不得使為奴隸或奴役；一切形式的奴隸制度和奴隸買賣，均應予以禁止。

第五條

任何人不得加以酷刑，或施以殘忍的、不人道的或侮辱性的待遇或刑罰。

第六條

人人在任何地方有權被承認在法律前的人格。

第七條

　　法律之前人人平等，並有權享受法律的平等保護，不受任何歧視。人人有權享受平等保護，以免受違反本宣言的任何歧視行為以及煽動這種歧視的任何行為之害。

第八條

　　任何人當憲法或法律所賦予他的基本權利遭受侵害時，有權由合格的國家法庭對這種侵害行為作有效的補救。

第九條

　　任何人不得加以任意逮捕、拘禁或放逐。

第十條

　　人人完全平等地有權由一個獨立而無偏倚的法庭進行公正和公開的審訊，以確定他的權利和義務並判定對他提出的任何刑事指控。

第十一條

1. 凡受刑事控制者，有未經獲得辯護上所需的一切保證的公開審判而依法證實有罪以前，有權被視為無罪。
2. 任何人的任何行為或不行為，在其發生時依國家法或國際法均不構成刑事罪者，不得被判為犯有刑事罪。刑罰不得重於犯罪時適用的法律規定。

第十二條

　　任何人的私生活、家庭、住宅和通信不得任意干涉，他的榮譽和名譽不得加以攻擊。人人有權享受法律保護，以免受這種干涉或攻擊。

第十三條

1. 人人在各國境內有權自由遷徙和居住。

2. 人人有權離開任何國家，包括其本國在內，並有權返回他的國
   家。

第十四條

1. 人人有權在其他國家尋求和享受庇護以避免迫害。

2. 在真正由於非政治性的罪行或違背聯合國的宗旨和原則的行為而
   被起訴的情況下，不得援用此種權利。

第十五條

1. 人人有權享有國籍。

2. 任何人的國籍不得任意剝奪，亦不得否認其改變國籍的權利。

第十六條

1. 成年男女，不受種族、國籍或宗教的任何限制，有權婚嫁和成立
   家庭。他們在婚姻方面，在結婚期間和在解除婚約時，應有平等
   的權利。

2. 只有經男女雙方的自由的和完全的同意，才能締結婚姻。

3. 家庭是天然的和基本的社會單元，並應受社會和國家的保護。

第十七條

1. 人人得有單獨的財產所有權以及同他人合有的所有權。

2. 任何人的財產不得任意剝奪。

第十八條

人人有思想、良心和宗教自由的權利；此項權利包括改變他的宗教或信仰的自由，以及單獨或集體、公開或祕密地以教義、實踐、禮拜和戒律表示他的宗教或信仰的自由。

第十九條

人人有權享受主張和發表意見的自由；此項權利包括持有主張而不受干涉的自由，和通過任何媒介和不論國界尋求、接受和傳遞消息和思想的自由。

第二十條

1. 人人有權享有和平集會和結社的自由。
2. 任何人不得迫使隸屬於某一團體。

第二十一條

1. 人人有直接或通過自由選擇的代表參與治理本國的權利。
2. 人人有平等機會參加本國公務的權利。
3. 人民的意志是政府權力的基礎；這一意志應以定期的和真正的選舉予以表現，而選舉應依據普遍和平等的投票權，並以不記名投票或相當的自由投票程序進行。

第二十二條

每個人，作為社會的一員，有權享受社會保障，並有權享受他的個人尊嚴和人格的自由發展所必需的經濟、社會和文化方面各種權利的實現，這種實現是通過國家努力和國際合作並依照各國的組織和資源情況。

第二十三條

1. 人人有權工作，自由選擇職業、並受公正和合適的工作條件並享受免於失業的保障。

2. 人人有同工同酬的權利，不受任何歧視。

3. 每一個工作的人，有權享受公正和合適的報酬，保證使他本人和家屬有一個符合人的尊嚴的生活條件，必要時並輔以其他方式的社會保障。

4. 人人有為維護其利益而組織和參加工會的權利。

第二十四條

人人有享受休息和閒暇的權利，包括工作時間有合理限制和定期給薪休假的權利。

第二十五條

1. 人人有權享受為維持他本人和家屬的健康和福利所需的生活水準，包括食物、衣著、住房、醫療和必要的社會服務；在遭到失業、疾病、殘廢、守寡、衰老或在其他不能控制的情況下喪失謀生能力時，有權享受保障。

2. 母親和兒童有權享受特別照顧和協助。一切兒童，無論婚生或非婚生，都應享受同樣的社會保護。

第二十六條

1. 人人都有受教育的權利，教育應當免費，至少在初級和基本階段應如此。初級教育應屬義務性質；技術和職業教育應普遍設立，高等教育應根據成績而對一切人平等開放。

2. 教育的目的在於充分發展人的個性並加強對人權和基本自由的尊重。教育應促進各國、各種族或各宗教集團間的瞭解、容忍和友誼,並應促進聯合國維護和平的各項活動。

3. 父母對其子女所應受的教育的種類,有優先選擇的權利。

第二十七條

1. 人人有權自由參加社會的文化生活,享受藝術,並分享科學進步及其產生的福利。

2. 人人對由於他所創作的任何科學、文學或美術作品而產生的精神的和物質的利益,有享受保護的權利。

第二十八條

人人有權要求一種社會和國際的秩序,在這種秩序中,本宣言所載的權利和自由能獲得充分實現。

第二十九條

1. 人人對社會負有義務,因為只有在社會中他的個性才可能得到自由和充分的發展。

2. 人人在行使他的權利和自由時,只受法律所確定的限制,確定此種限制的唯一目的在於保證對旁人的權利和自由給予應有的承認和尊重,並在一個民主的社會中適應道德、公共秩序和普遍福利的正當需要。

3. 這些權利和自由的行使,無論在任何情形下均不得違背聯合國的宗旨和原則。

第三十條

　　本宣言的任何條文，不得解釋為默許任何國家、集團或個人有權進行任何旨在破壞本宣言所載的任何權利和自由的活動或行為。

附件四、公民與政治權利國際公約
（International Covenant on Civil and Political Rights）

通過日期：1966年12月16日聯合國大會決議2200A（XXI）

生效日期：1976年3月23日（按照第49條規定）

前言

　　本公約締約各國，基於聯合國憲章所宣布的原則，對人類家庭所有成員的固有尊嚴及其平等的和不移的權利的承認，乃是世界自由、正義與和平的基礎；確認這些權利是源於人身的固有尊嚴。

　　按照世界人權宣言，只有在創造了使人可以享有其經濟、社會及文化權利，正如享有其公民和政治權利一樣的條件的情況下，才能實現自由人類享有免於恐懼和匱乏的自由的理想。考慮到各國根據聯合國憲章負有義務促進對人的權利和自由的普遍尊重和遵行。

　　認識到個人對其他個人和對他所屬的社會負有義務，應為促進和遵行本公約所承認的權利而努力，茲同意下述各條：

第一部份、人民自決權

第一條（人民自決權）

　　1. 所有人民都有自決權。他們憑這種權利自由決定他們的政治地位，並自由謀求他們的經濟、社會和文化的發展。

2. 所有人民得為他們自己的目的自由處置他們的天然財富和資源，而不損害根據基於互利原則的國際經濟合作和國際法而產生的任何義務。在任何情況下不得剝奪一個人民自己的生存手段。

3. 本公約締約各國，包括那些負責管理非自治領土和託管領土的國家，應在符合聯合國憲章規定的條件下，促進自決權的實現，並尊重這種權利。

第二部分、一般規定

第二條（締約國義務）

1. 本公約每一締約國承擔尊重和保證在其領土內和受其管轄的一切個人享有本公約所承認的權利，不分種族、膚色、性別、語言、宗教、政治或其他見解、國籍或社會出身、財產、出生或其他身分等任何區別。

2. 凡未經現行立法或其他措施予以規定者，本公約每一締約國承擔按照其憲法程序和本公約的規定採取必要步驟，以採納為實施本公約所承認的權利所需的立法或其他措施。

3. 本公約每一締約國承擔：

（甲）保證任何一個被侵犯了本公約所承認的權利或自由的人，能得到有效的補救，儘管此種侵犯是以官方資格行事的人所為；

（乙）保證任何要求此種補救的人能由合格的司法、行政或立法當局或由國家法律制度規定的任何其他合格當局斷定其在這方面的權利；並發展司法補救的可能性；

（丙）保證合格當局在准予此等補救時，確能付諸實施。

第三條（男女平等）

本公約締約各國承擔保證男子和婦女在享有本公約所載一切公民和政治權利方面有平等的權利。

第四條（權利限制）

1. 在社會緊急狀態威脅到國家的生命並經正式宣布時，本公約締約國得採取措施克減其在本公約下所承擔的義務，但克減的程度以緊急情勢所嚴格需要者為限，此等措施並不得有所歧視。

2. 不得根據本規定而克減第六條、第七條、第八條（第一款和第二款）、第十一條、第十五條、第十六條和第十八條。

3. 任何援用克減權的本公約締約國應立即經由聯合國秘書長將它已克減的各項規定、實行克減的理由和終止這種克減的日期通知本公約的其他締約國家。

第五條（超越權利限制範圍之限制）

1. 本公約中任何部分不得解釋為隱示任何國家、團體或個人有權利從事任何旨在破壞本公約所承認的任何權利和自由或對它們加以較本公約所規定的範圍更廣的限制的活動或行為。

2. 對於本公約任何締約國中依據法律、慣例、條例或習慣而被承認或存在的任何基本人權，不得藉口本公約未予承認或只在較小範圍上予以承認而加以限制或克減。

第三部分、實體規定

第六條（生命權）

1. 人人有固有的生命權，這個權利受法律保護。不得任意剝奪任何人的生命。

2. 在未廢除死刑的國家，判處死刑只能是作為對最嚴重的罪行的懲罰，判處應按照犯罪時有效並且不違反本公約規定和防止及懲治滅絕種族罪公約的法律。這種刑罰，非經合格法庭最後判決，不得執行。

3. 在剝奪生命構成滅種罪時，本條中任何部分並不准許本公約的任何締約國以任何方式克減它在防止及懲治滅絕種族罪公約的規定下所承擔的任何義務。

4. 任何被判處死刑的人應有權要求赦免或減刑。對一切判處死刑的案件均得給予大赦、特赦或減刑。

5. 對十八歲以下的人所犯的罪，不得判處死刑；對孕婦不得執行死刑。

6. 本公約的任何締約國不得援引本條的任何部分來推遲或阻止死刑的廢除。

第七條（禁止酷刑或不人道刑罰）

任何人均不得加以酷刑或施以殘忍的、不人道的或侮辱性的待遇或刑罰。特別是對任何人均不得未經其自由同意而施以醫藥或科學試驗。

第八條（奴隸與強制勞動）

1. 任何人不得使為奴隸；一切形式的奴隸制度和奴隸買賣均應予以禁止。

2. 任何人不應被強迫役使。

3-1. 任何人不應被要求從事強迫或強制勞動；

3.2. 在把苦役監禁作為一種對犯罪的懲罰的國家中，第3.1項的規定不應認為排除按照由合格的法庭關於此項刑罰的判決而執行的苦役。

3.3. 為了本款之用，「強迫或強制勞動」一辭不應包括：

3.3.1. 通常對一個依照法庭的合法命令而被拘禁的人或在此種拘禁假釋期間的人所要求的任何工作或服務，非屬第2項所述者。

3.3.2. 任何軍事性質的服務，以及在承認良心拒絕兵役的國家中，良心拒絕兵役者依法被要求的任何國家服務。

3.3.3. 在威脅生命或幸福的緊急狀態或災難的情況下受強制的任何服務。

3.3.4. 屬於正常的公民義務的一部分的任何工作或服務。

第九條（人身自由及逮捕程序）

1. 人人有權享有人身自由和安全。任何人不得加以任意逮捕或拘禁。除非依照法律所確定的根據和程序，任何人不得被剝奪自由。

2. 任何被逮捕的人，在被逮捕時應被告知逮捕他的理由，並應被迅速告知對他提出的任何指控。

3. 任何因刑事指控被逮捕或拘禁的人，應被迅速帶見審判官或其他經法律授權行使司法權力的官員，並有權在合理的時間內受審判或被釋放。等候審判的人受監禁不應作為一般規則，但可規定釋

放時應保證在司法程序的任何其他階段出席審判，並在必要時報
到聽候執行判決。

4. 任何因逮捕或拘禁被剝奪自由的人，有資格向法庭提起訴訟，以
便法庭能不拖延地決定拘禁他是否合法以及如果拘禁不合法時命
令予以釋放。

5. 任何遭受非法逮捕或拘禁的受害者，有得到賠償的權利。

第十條（被剝奪自由者及被告知之待遇）

1. 所有被剝奪自由的人應給予人道及尊重其固有的人格尊嚴的
待遇。

2.1. 除特殊情況外，被控告的人應與被判罪的人隔離開，並應給予
適合於未判罪者身分的分別待遇。

2.2. 被控告的少年應與成年人分隔開，並應盡速予以判決。

3. 監獄制度應包括以爭取囚犯改造和社會復員為基本目的的待遇。
少年罪犯應與成年人隔離開，並應給予適合其年齡及法律地位的
待遇。

第十一條（無力履行約定義務之監禁）

任何人不得僅僅由於無力履行約定義務而被監禁。

第十二條（遷徙自由和住所選擇自由）

1. 合法處在一國領土內的每一個人在該領土內有權享受遷徙自由和
選擇住所的自由。

2. 人人有自由離開任何國家，包括其本國在內。

3. 上述權利，除法律所規定並為保護國家安全、公共秩序、公共衛
生或道德、或他人的權利和自由所必需且與本公約所承認的其他
權利不抵觸的限制外，應不受任何其他限制。

4. 任何人進入其本國的權利，不得任意加以剝奪。

第十三條（外國人之驅逐）

合法處在本公約締約國領土內的外僑，只有按照依法作出的決定才可以被驅逐出境，並且，除非在國家安全的緊迫原因另有要求的情況下，應准予提出反對驅逐出境的理由和使他的案件得到合格當局或由合格當局特別指定的一人或數人的複審，並為此目的而請人作代表。

第十四條（接受公正裁判之權利）

1. 所有的人在法庭和裁判所前一律平等。在判定對任何人提出的任何刑事指控或確定他在一件訴訟案中的權利和義務時，人人有資格由一個依法設立的合格的、獨立的和無偏倚的法庭進行公正的和公開的審訊。由於民主社會中的道德的、公共秩序的或國家安全的理由，或當訴訟當事人的私生活的利益有此需要時，或在特殊情況下法庭認為公開審判會損害司法利益因而嚴格需要的限度下，可不使記者和公眾出席全部或部分審判；但對刑事案件或法律訴訟的任何判決應公開宣布，除非少年的利益另有要求或者訴訟係有關兒童監護權的婚姻爭端。

2. 凡受刑事控告者，在未依法證實有罪之前，應有權被視為無罪。

3. 在判定對他提出的任何刑事指控時，人人完全平等地有資格享受以下的最低限度的保證：

3.1. 迅速以一種其懂得的語言詳細地告知對其提出指控的性質和原因。

3.2. 使其有相當時間和便利準備辯護並與自選的律師聯絡。

3.3. 受審時間不被無故拖延。

3.4. 出席受審並親自替自己辯護或經由自己所選擇的法律援助進行辯護；如果無法律援助，應告知其享有此權利；在司法利益有

此需要的案件中，為其指定法律援助，而在其沒有足夠能力償付法律援助的案件中，不要他自己付費。

3.5 .訊問或業已訊問對其不利的證人，並使對其有利的證人在與對其不利的證人相同的條件下出庭和受訊問。

3.6. 若不懂或不會說法庭上所用的語言，其應獲得免費譯員的援助。

3.7. 不被強迫作不利於自己的證言或強迫承認犯罪。

4. 對少年的案件，在程序上應考慮其年齡和幫助其重新做人的需要。

5. 凡被判定有罪者，有權由一個較高級法庭對其定罪及刑罰依法進行複審。

6. 在一人按照最後決定已被判定犯刑事罪而其後根據新的或新發現的事實確實表明發生誤審，其定罪被推翻或被赦免的情況下，因這種定罪而受刑罰的人應依法得到賠償，除非經證明當時並不知道事實。

7. 任何人已依一國的法律及刑事程序被最後定罪或宣告無罪者，不得就同一罪名再予審判或懲罰。

第十五條（禁止溯及既往之刑罰）

1. 任何人的任何行為或不行為，在其發生時依照國家法或國際法均不構成刑事罪者，不得據以認為犯有刑事罪。所加的刑罰也不得重於犯罪時適用的規定。如果在犯罪之後依法規定了應處以較輕的刑罰，犯罪者應予減刑。

2. 任何人的行為或不行為，在其發生時依照各國公認的一般法律原則為犯罪者，本條規定並不妨礙因該行為或不行為而對任何人進行的審判和施加的刑罰。

第十六條（法律前人格之承認）

人人在任何地方有權被承認在法律前的人格。

第十七條（對干涉及攻擊之保護）

1. 任何人的私生活、家庭、住宅或通信不得加以任意或非法干涉，他的榮譽和名譽不得加以非法攻擊。

2. 人人有權享受法律保護，以免受這種干涉或攻擊。

第十八條（思想、良心和宗教自由）

1. 人人有權享受思想、良心和宗教自由。此項權利包括維持或改變他的宗教或信仰的自由，以及單獨或集體、公開或秘密地以禮拜、戒律、實踐和教義來表明他的宗教或信仰的自由。

2. 任何人不得遭受足以損害他維持或改變他的宗教或信仰自由的強迫。

3. 表示自己的宗教或信仰的自由，僅只受法律所規定的以及為保障公共安全、秩序、衛生或道德、或他人的基本權利和自由所必需的限制。

4. 本公約締約各國承擔，尊重父母和（如適用時）法定監護人保證他們的孩子能按照他們自己的信仰接受宗教和道德教育的自由。

第十九條（表現自由）

1. 人人有權持有主張，不受干涉。

2. 人人有自由發表意見的權利；此項權利包括尋求、接受和傳遞各種消息和思想的自由，而不論國界，也不論口頭的、書寫的、印刷的、採取藝術形式的、或通過他所選擇的任何其他媒介。

3. 本條第2款所規定的權利的行使帶有特殊的義務和責任，因此得
受某些限制，但這些限制只應由法律規定並為下列條件所必需：

3.1 尊重他人的權利或名譽。

3.2 保障國家安全或公共秩序，或公共衛生或道德。

第二十條（禁止宣傳戰爭及鼓吹歧視）

1. 任何鼓吹戰爭的宣傳，應以法律加以禁止。

2. 任何鼓吹民族、種族或宗教仇恨的主張，構成煽動歧視、敵視或
強暴者，應以法律加以禁止。

第二十一條（集會之權利）

和平集會的權利應被承認。對此項權利的行使不得加以限制，除去
按照法律以及在民主社會中為維護國家安全或公共安全、公共秩序，保
護公共衛生或道德或他人的權利和自由的需要而加的限制。

第二十二條（結社之自由）

1. 人人有權享受與他人結社的自由，包括組織和參加工會以保護
他的利益的權利。

2. 對此項權利的行使不得加以限制，除去法律所規定的限制以及在
民主社會中為維護國家安全或公共安全、公共秩序，保護公共衛
生或道德，或他人的權利和自由所必需的限制，本條不應禁止對
軍隊或警察成員的行使此項權利加以合法的限制。

3. 本條並不授權參加一九四八年關於結社自由及保護組織權國際勞
工組織公約的締約國採取足以損害該公約中所規定的保證的立法
措施，或在應用法律時損害這種保證。

第二十三條（對家庭的保護）

1. 家庭是天然的和基本的社會單元，並應受社會和國家的保護。

2. 已達結婚年齡的男女締婚和成立家庭的權利應被承認。

3. 只有經男女雙方的自由的和完全的同意，才能締婚。

4. 本公約締約各國應採取適當步驟以保證締婚雙方在締婚、結婚期間和解除婚約時的權利和責任平等。在解除婚約的情況下，應為兒童規定必要的保護辦法。

第二十四條（兒童之權利）

1. 每一兒童應有權享受家庭、社會和國家為其未成年地位給予的必要保護措施，不因種族、膚色、性別、語言、宗教、國籍或社會出身、財產或出生而受任何歧視。

2. 每一兒童出生後應立即加以登記，並應有一個名字。

3. 每一兒童有權取得一個國籍。

第二十五條（參政權）

每個公民應有下列權利和機會，不受第2條所述的區分和不受不合理的限制：

1. 直接或通過自由選擇的代表參與公共事務。

2. 在真正定期的選舉中選舉和被選舉，這種選舉應是普遍的和平等的並以無記名投票方式進行，以保證選舉人的意志的自由表達*（*按葡萄牙共和國議會第21/92號決議規定，不適用於澳門地區）。

3. 在一般的平等的條件下，參加本國公務。

第二十六條（法律之前平等）

所有的人在法律前平等，並有權受法律的平等保護，無所歧視。在這方面，法律應禁止任何歧視並保證所有的人得到平等的和有效的保護，以免受基於種族、膚色、性別、語言、宗教、政治或其他見解、國籍或社會出身、財產，出生或其他身分等任何理由的歧視。

第二十七條（少數人之權利）

在那些存在著人種的、宗教的或語言的少數人的國家中，不得否認這種少數人同他們的集團中的其他成員共同享有自己的文化、信奉和實行自己的宗教或使用自己的語言的權利。

第四部份、實施措置

第二十八條（人權事務委員會之設立）

1. 設立人權事務委員會（在本公約裏以下簡稱「委員會」）。它應由十八名委員組成，執行下面所規定的任務。
2. 委員會應由本公約締約國國民組成，他們應具有崇高道義地位和在人權方面有公認的專長，並且還應考慮使若干具有法律經驗的人參加委員會是有用的。
3. 委員會委員以其個人身分選出和進行工作。

第二十九條（委員之提名及選出）

1. 委員會委員由具有第二十八條所規定的資格的人的名單中以無記名投票方式選出，這些人由本公約締約國為此目的而提名。
2. 本公約每一締約國至多得提名二人。這些人應為提名國的國民。
3. 任何人可以被再次提名。

第三十條（委員之選舉）

1. 第一次選舉至遲應於本公約生效之日起六個月內舉行。

2. 除按第三十四條進行補缺選舉而外，聯合國秘書長應在委員會每次選舉前至少四個月書面通知本公約各締約國，請其於三個月內提出委員會委員的提名。

3. 聯合國秘書長應按姓名字母次序編造這樣提出的被提名人名單，註明提名他們的締約國，並應在每次選舉前至少一個月將這個名單送交本公約各締約國。

4. 委員會委員的選舉應在由聯合國秘書長在聯合國總部召開的本公約締約國家會議舉行。在這個會議裏，本公約締約國的三分之二應構成法定人數；凡獲得最多票數以及出席並投票的締約國代表的絕對多數票的那些被提名人當選為委員會委員。

第三十一條（委員之分配）

1. 委員會不得有一個以上的委員同為一個國家的國民。

2. 委員會的選舉應考慮到成員的公勻地域分配和各種類型文化及各主要法系的代表性。

第三十二條（委員之任期）

1. 委員會的委員任期四年。他們如被再次提名可以再次當選。然而，第一次選出的委員中有九名的任期在兩年後即屆滿；這九人的姓名應由第三十條第四款所述會議的主席在第一次選舉完畢後立即抽籤決定。

2. 任期屆滿後的選舉應按公約本部分的上述各條貂行。

第三十三條（委員席位出缺）

1. 如果委員會其他委員一致認為某一委員由於除暫時缺席以外的其他任何原因而已停止執行其任務時，委員會主席應通知聯合國秘書長，秘書長應即宣布該委員的席位出缺。

2. 倘遇委員會委員死亡或辭職時，主席應立即通知聯合國秘書長，秘書長應宣布該席位自死亡日期或辭職生效日期起出缺。

第三十四條（席位出缺之填補）

1. 按照第三十三條宣布席位出缺時，如果被接替的委員的任期從宣布席位出缺時起不在六個月內屆滿者，聯合國秘書長應通知本公約各個締約國，各締約國可在兩個月內按照第二十九條的規定，為填補空缺的目的提出提名。

2. 聯合國秘書長應按姓名字母次序編造這樣提出來的被提名人名單，提交本公約各締約國。然後按照公約本部分的有關規定進行補缺選舉。

3. 為填補按第三十三條宣布出缺的席位而當選的委員會委員的任期為按同條規定出缺的委員會委員的剩餘任期。

第三十五條（委員之報酬）

委員會委員在獲得聯合國大會的同意時，可以按照大會鑒於委員會責任的重要性而決定的條件從聯合國經費中領取薪俸。

第三十六條（工作人員之提供）

聯合國秘書長應為委員會提供必要的工作人員和便利，使能有效執行本公約所規定的職務。

第三十七條（委員會之召集）

1. 聯合國秘書長應在聯合國總部召開委員會的首次會議。

2. 首次會議以後，委員會應按其議事規則所規定的時間開會。

3. 委員會會議通常應在聯合國總部或聯合國駐日內瓦辦事處舉行。

第三十八條（委員之宣誓就職）

委員會每個委員就職以前，應在委員會的公開會議上鄭重聲明他將一秉良心公正無偏地行使其職權。

第三十九條（職員之選出）

1. 委員會應選舉自己的職員，任期二年。他們可以連選連任。

2. 委員會應制定自己的議事規則，但在這些規則中應當規定：

2.1. 十二名委員構成法定人數。

2.2. 委員會的決定由出席委員的多數票作出。

第四十條（報告之提出義務）

1. 本公約各締約國承擔在本公約對有關締約國生效後的一年內及此後每逢委員會要求這樣做的時候，提出關於它們已經採取而使本公約所承認的各項權利得以實施的措施和關於在享受這些權利方面所作出的進展的報告。

2. 所有的報告應送交聯合國秘書長轉交委員會審議。報告中應指出影響實現本公約的因素和困難；如果存在著這種因素和困難的話。

3. 聯合國秘書長在同委員會磋商之後，可以把報告中屬於專門機構職司範圍的部分的副本轉交有關的專門機構。

4. 委員會應研究本公約各締約國提出的報告，並應把它自己的報告

以及它可能認為適當的一般建議送交各締約國。委員會也可以把
這些意見同它從本公約各締約國收到的報告的副本一起轉交經濟
及社會理事會。

5. 本公約各締約國得依本條第4款所可能作出的意見向委員會提出
意見。

第四十一條（締約國義務不履行及委員會審議權限）

1. 本公約締約國得按照本條規定，隨時聲明它承認委員會有權接受
和審議一締約國指控另一締約國不履行它在本公約下的義務的通
知。按照本條規定所作的通知，必須是由曾經聲明其本身承認委
員會有權的締約國提出的，才能加以接受和審議。任何通知如果
是關於尚未作出這種聲明的締約國的，委員會不得加以接受。按
照本條規定所接受的通知，應按下列程序處理：

1.1. 如本公約某締約國認為另一締約國未執行公約規定，可以用書
面通知提請該國注意此事項。收到通知的國家應在收到後三
個月內對發出通知的國家提供一項有關澄清此事項的書面解
釋或任何其他的書面聲明，其中應可能地和恰當地引證在此事
上已經採取的、或即將採取的、或現有適用的國內辦法和補救
措施。

1.2. 如果此事項在收受國接到第一次通知後六個月內尚未處理得使
雙方滿意，兩國中任何一國有權用通知委員會和對方的方式將
此事項提交委員會。

1.3. 委員會對於提交給它的事項，應只有在它認定在這一事項上已
按照普遍公認的國際法原則求助於和用盡了所有現有適用的國
內補救措施之後，才加以處理。在補救措施的採取被無理拖延
的情況下，此項通知則不適用。

1.4. 委員會審議按本條規定所作的通知時，應以秘密會議進行。

1.5. 在服從分款1.3.的規定的情況下，委員會應對有關締約國提供斡旋，以便在尊重本公約所承認的人權和基本自由的基礎上求得此事項的友好解決。

1.6. 在提交委員會的任何事項上，委員會得要求分款1.2.內所述的有關締約國提供任何有關情報。

1.7. 在委員會審議此事項時，分款1.2.內所述有關締約國應有權派代表出席並提出口頭或書面說明。

1.8. 委員會應在收到按分款1.2.提出的通知之日起十二個月內提出一項報告：

1.8.1 如果案件在分款1.5.所規定的條件下獲得了解決，委員會在其報告中應限於對事實經過和所獲解決作一簡短陳述。

1.8.2 如果案件不能在分款1.5.所規定的條件下獲得解決，委員會在其報告中應限於對事實經過作一簡短陳述；案件有關雙方提出的書面說明和口頭說明的記錄，也應附在報告上。在每一事項上，應將報告送交各有關締約國。

2. 本條的規定應於有十個本公約締約國已經做出本條第一款所述的聲明時生效。各締約國的這種聲明應交存聯合國秘書長；秘書長應將聲明副本轉交其他締約國。締約國得隨時通知秘書長撤回聲明。此種撤回不得影響對曾經按照本條規定作出通知而要求處理的任何事項的審議；在秘書長收到締約國撤回聲明的通知後，對該締約國以後所作的通知，不得再予接受，除非該國另外作出新的聲明。

第四十二條（和解委員會之設置與運用）

1.1. 如按第四十一條規定提交委員會處理的事項未能獲得使各有關締約國滿意的解決，委員會得經各有關締約國事先同意，指派一個專設和解委員會（以下簡稱「和委會」）。和委會應對有

關締約國提供斡旋，以便在尊重本公約的基礎上求得此事項的友好解決。

1.2. 和委會由各有關締約國接受的委員五人組成。如各有關締約國於三個月內對和委會組成的全部或一部分未能達成協議，未得協議的和委會委員應由委員會用無記名投票方式以三分之二多數自其本身委員中選出。

2. 和委會委員以其個人身分進行工作。委員不得為有關締約國的國民，或為非本公約締約國的國民，或未按第四十一條規定作出聲明的締約國的國民。

3. 和委會應選舉自己的主席及制定自己的議事規則。

4. 和委會會議通常應在聯合國總部或聯合國駐日內瓦辦事處舉行，但亦得在和委會同聯合國秘書長及各有關締約國磋商後決定的其他方便地點舉行。

5. 按第三十六條設置的秘書處應亦為按本條指派的和委會服務。

6. 委員會所收集整理的情報，應提供給和委會，和委會亦得請有關締約國提供任何其他有關情報。

7. 和委會於詳盡審議此事項後，無論如何應於受理該事項後十二個月內，向委員會主席提出報告，轉送各有關締約國：

7.1. 如果和委會未能在十二個月內完成對案件的審議，和委會在其報告中應限於對其審議案件的情況作一簡短陳述。

7.2. 如果案件已能在尊重本公約所承認的人權的基礎上求得友好解決，和委會在其報告中應限於對事實經過和所獲解決作一簡短陳述。

7.3. 如果案件不能在分款7.3.規定的條件下獲得解決，和委會在其報告中應說明它對於各有關締約國間爭執事件的一切有關事實問題的結論，以及對於就該事件尋求友好解決的各種可能性的意見。此項報告中亦應載有各有關締約國提出的書面說明和口

頭說明的記錄。

7.4. 和委會的報告如係按分款7.3.的規定提出，各有關締約國應於收到報告後三個月內通知委員會主席是否接受和委會的報告的內容。

8. 本條規定不影響委員會在第四十一條下所負的責任。

9. 各有關締約國應依照聯合國秘書長所提概算，平均負擔和委會委員的一切費用。

10. 聯合國秘書長應被授權於必要時在各有關締約國依本條第九款償還用款之前，支付和委會委員的費用。

第四十三條（委員之特權與豁免）

委員會委員，以及依第四十二條可能指派的專設和解委員會委員，應有權享受聯合國特權及豁免公約內有關各款為因聯合國公務出差的專家所規定的各種便利、特權與豁免。

第四十四條　（與其他條約之程序的關係）

有關實施本公約的規定，其適用不得妨礙聯合國及各專門機構的組織法及公約在人權方面所訂的程序，或根據此等組織法及公約所訂的程序，亦不得阻止本公約各締約國依照彼此間現行的一般或特別國際協定，採用其他程序解決爭端。

第四十五條（委員會之年度報告）

委員會應經由經濟及社會理事會向聯合國大會提出工作年度報告。

第四十六條（與聯合國及各專門機構憲章之關係）

本公約的任何部分不得解釋為有損聯合國憲章和各專門機構組織法中確定聯合國各機構和各專門機構在本公約所涉及事項方面的責任

的規定。

第四十七條（享有天然財富與資源）

本公約的任何部分不得解釋為有損所有人民充分地和自由地享受和利用它們的天然財富與資源的固有權利。

第五部分、最後規定

第四十八條（簽署、批准、加入、交存）

1. 本公約開放給聯合國任何會員國或其專門機構的任何會員國、國際法院規約的任何當事國，和經聯合國大會邀請為本公約締約國的任何其他國家簽字。
2. 本公約須經批准。批准書應交存聯合國秘書長。
3. 本公約應開放給本條第一款所述的任何國家加入。
4. 加入應向聯合國秘書長交存加入書。
5. 聯合國秘書長應將每一批准書或加入書的交存通知已經簽字或加入本公約的所有國家。

第四十九條（生效）

1. 本公約應自第三十五件批准書或加入書交存聯合國秘書長之日起三個月生效。
2. 對於在第三十五件批准書或加入書交存後批准或加入本公約的國家，本公約應自該國交存其批准書或加入書之日起三個月生效。

第五十條（適用地域）

本公約的規定應擴及聯邦國家的所有部分，沒有任何限制和例外。

第五十一條（修正）

1. 本公約的任何締約國均得提出對本公約的修正案，並將其提交聯合國秘書長。秘書長應立即將提出的修正案轉知本公約各締約國，同時請它們通知秘書長是否贊成召開締約國家會議以審議這個提案並對它進行表決。在至少三分之一締約國家贊成召開這一會議的情況下，秘書長應在聯合國主持下召開此會議。會議上出席並投票的多數締約國家所通過的任何修正案，應提交聯合國大會批准。

2. 此等修正案由聯合國大會批准並為本公約締約國的三分之二多數按照它們各自的憲法程序加以接受後，即行生效。

3. 此等修正案生效時，對已加接受的各締約國有拘束力，其他締約國仍受本公約的條款和它們已接受的任何以前的修正案的拘束。

第五十二條（通知）

除按照第四十八條第五款作出的通知外，聯合國秘書長應將下列事項通知同條第一款所述的所有國家：

1. 按照第四十八條規定所作的簽字、批准和加入。

2. 本公約按照第四十九條規定生效的日期，以及對本公約的任何修正案按照第五十一條規定生效的日期。

第五十三條（作準文本）

1. 本公約應交存聯合國檔庫，其中文、英文、法文、俄文、西班牙文各本同一作準。

2. 聯合國秘書長應將本公約的正式副本分送第四十八條所指的所有國。

附件五、經濟社會文化權利國際公約
（International Covenant on Economic, Social and Cultural Rights）

通過日期：1966年12月16日聯合國大會決議2200A (XXI)

生效日期：1976年1月3日（按照第二十七條規定）

　　本公約締約各國，考慮到，按照聯合國憲章所宣布的原則，對人類家庭所有成員的固有尊嚴及其平等的和不移的權利的承認，乃是世界自由、正義與和平的基礎；確認這些權利是源於人身的固有尊嚴；確認，按照世界人權宣言，只有在創造了使人可以享有其經濟、社會及文化權利，正如享有其公民和政治權利一樣的條件的情況下，才能實現自由人類享有免於恐懼和匱乏的自由的理想。考慮到各國根據聯合國憲章負有義務促進對人的權利和自由的普遍尊重和遵行；認識到個人對其他個人和對他所屬的社會負有義務，應為促進和遵行本公約所承認的權利而努力，茲同意下述各條：

第一部份、人民自決權

第一條（人民自決權）

　　1. 所有人民都有自決權。他們憑這種權利自由決定他們的政治地位，並自由謀求他們的經濟、社會和文化的發展。

　　2. 所有人民得為他們自己的目的自由處置他們的天然財富和資源，

而不損害根據基於互利原則的國際經濟合作和國際法而產生的任何義務。在任何情況下不得剝奪一個人民自己的生存手段。

3. 本公約締約各國，包括那些負責管理非自治領土和託管領土的國家，應在符合聯合國憲章規定的條件下，促進自決權的實現，並尊重這種權利。

第二部分、一般規定

第二條（締約國義務）

1. 每一締約國家承擔盡最大能力個別採取步驟或經由國際援助和合作，特別是經濟和技術方面的援助和合作，採取步驟，以便用一切適當方法，尤其包括用立法方法，逐漸達到本公約中所承認的權利的充分實現。

2. 本公約締約各國承擔保證，本公約所宣布的權利應予普遍行使，而不得有例如種族、膚色、性別、語言、宗教、政治或其他見解、國籍或社會出身、財產、出生或其他身分等任何區分。

3. 發展中國家，在適當顧到人權及它們的民族經濟的情況下，得決定它們對非本國國民的享受本公約中所承認的經濟權利，給予什麼程度的保證。

第三條（男女平等）

本公約締約各國承擔保證男子和婦女在本公約所載一切經濟、社會及文化權利方面享有平等的權利。

第四條（權利限制）

本公約締約各國承認，在對各國依據本公約而規定的這些權利的享有方面，國家對此等權利只能加以同這些權利的性質不相違背而且只

是為了促進民主社會中的總福利的目的法律所確定的限制。

第五條（超越權利限制範圍之限制）

1. 本公約中任何部分不得解釋為隱示任何國家、團體或個人有權利從事於任何旨在破壞本公約所承認的任何權利或自由或對它們加以較本公約所規定的範圍更廣的限制的活動或行為。
2. 對於任何國家中依據法律、慣例、條例或習慣而被承認或存在的任何基本人權，不得藉口本公約未予承認或只在較小範圍上予以承認而予以限制或克減。

第三部分、實體規定

第六條（工作權）

1. 本公約締約各國承認工作權，包括人人應有機會憑其自由選擇和接受的工作來謀生的權利，並將採取適當步驟來保障這一權利。
2. 本公約締約各國為充分實現這一權利而採取的步驟應包括技術的和職業的指導和訓練，以及在保障個人基本政治和經濟自由的條件下達到穩定的經濟、社會和文化的發展和充分的生產就業的計劃、政策和技術。

第七條（工作條件）

本公約締約各國承認人人有權享受公正和良好的工作條件，特別要保證：

1. 最低限度給予所有工人以下列報酬：
   (1) 公平的工資和同值工作同酬而沒有任何歧視，特別是保證婦女享受不差於男子所享受的工作條件，並享受同工同酬；
   (2) 保證他們自己和他們的家庭得有符合本公約規定的過得去的

生活；

2. 安全和衛生的工作條件；

3. 人人在其行業中有適當的提級的同等機會，除資歷和能力的考慮外，不受其他考慮的限制；

4. 休息、閒暇和工作時間的合理限制，定期給薪休假以及公共假日報酬。

第八條（勞動基本權）

1. 本公約締約各國承擔保證：

   (1) 人人有權組織工會和參加他所選擇的工會，以促進和保護他的經濟和社會利益；這個權利只受有關工會的規章的限制。對這一權利的行使，不得加以除法律所規定及在民主社會中為了國家安全或公共秩序的利益或為保護他人的權利和自由所需要的限制以外的任何限制；

   (2) 工會有權建立全國性的協會或聯合會，有權組織或參加國際工會組織；

   (3) 工會有權自由地進行工作，不受除法律所規定及在民主社會中為了國家安全或公共秩序的利益或為保護他人的權利和自由所需要的限制以外的任何限制；

   (4) 有權罷工，但應按照各個國家的法律行使此項權利。

2. 本條不應禁止對軍隊或警察或國家行政機關成員行使這些權利，亦不應加以限制。

3. 本條並不授權參加一九四八年關於結社自由及保護組織權國際勞工組織公約的締約國，採取足以損害該公約所規定的保證立法措施，或在應用法律時損害這種保證。

第九條（社會保障）

本公約締約各國承認人人有權享受社會保障，包括社會保險。

第十條（對家庭之保護及援助）

本公約締約各國承認：

1. 對作為社會的自然和基本的單元的家庭，特別是對於它的建立和當它負責照顧和教育未獨立的兒童時，應給以盡可能廣泛的保護和協助。締婚必須經男女雙方自由同意。

2. 對母親，在產前和產後的合理期間，應給以特別保護。在此期間，對有工作的母親應給以給薪休假或有適當社會保障福利金的休假。

3. 應為一切兒童和少年採取特殊的保護和協助措施，不得因出身或其他條件而有任何歧視。兒童和少年應予保護免受經濟和社會的剝削。僱用他們做對他們的道德或健康有害或對生命有危險的工作或做足以妨害他們正常發育的工作，依法應受懲罰。各國亦應規定限定的年齡，凡僱用這個年齡以下的童工，應予禁止和依法應受懲罰。

第十一條（相當生活水準）

1. 本公約締約各國承認人人有權為他自己和家庭獲得相當的生活水準，包括足夠的食物、衣著和住房，並能不斷改進生活條件。各締約國將採取適當的步驟保證實現這一權利，並承認為此而實行基於自願同意的國際合作的重要性。

2. 本公約締約各國既確認人人享有免於飢餓的基本權利，應為下列目的，個別採取必要的措施或經由國際合作採取必要的措施，包括具體的計劃在內：

(1) 充分利用科技知識、傳播營養原則的知識、和發展或改革土
地制度以使天然資源得到最有效的開發和利用等方法，改進
糧食的生產、保存及分配方法；

(2) 在顧到糧食入口國家和糧食出口國家的問題的情況下，保證
世界糧食供應，會按照需要，公平分配。

第十二條（享受最高的體質和心理健康之權利）

1. 本公約締約各國承認人人有權享有能達到的最高的體質和心理健
康的標準。

2. 本公約締約各國為充分實現這一權利而採取的步驟應包括為達到
下列目標所需的步驟：

(1) 減低死胎率和嬰兒死亡率，和使兒童得到健康的發育；

(2) 改善環境衛生和工業衛生的各個方面；

(3) 預防、治療和控制傳染病、風土病、職業病以及其他的疾病；

(4) 創造保證人人在患病時能得到醫療照顧的條件。

第十三條（教育之權利）

1. 本公約締約各國承認，人人有受教育的權利。它們同意，教育應
鼓勵人的個性和尊嚴的充分發展，加強對人權和基本自由的尊
重，並應使所有的人能有效地參加自由社會，促進各民族之間和
各種族、人種或宗教團體之間的了解，容忍和友誼，和促進聯合
國維護和平的各項活動。

2. 本公約締約各國認為，為了充分實現這一權利起見：

(1) 初等教育應屬義務性質並一律免費；

(2) 各種形式的中等教育，包括中等技術和職業教育，應以一切適
當方法，普遍設立，並對一切人開放，特別要逐漸做到免費；

(3) 高等教育應根據成績，以一切適當方法，對一切人平等開

放，特別要逐漸做到免費；

(4) 對那些未受到或未完成初等教育的人的基礎教育，應盡可能加以鼓勵或推進；

(5) 各級學校的制度，應積極加以發展；適當的獎學金制度，應予設置；教員的物質條件，應不斷加以改善。

3. 本公約締約各國承擔，尊重父母和（如適用時）法定監護人的下列自由：為他們的孩子選擇非公立的但係符合於國家所可能規定或批准的最低教育標準的學校，並保證他們的孩子能按照他們自己的信仰接受宗教和道德教育。

4. 本條的任何部分不得解釋為干涉個人或團體設立及管理教育機構的自由，但以遵守本條第一款所述各項原則及此等機構實施的教育必須符合國家所可能規定的最低標準為限。

第十四條（初等教育免費）

本公約任何締約國在參加本公約時尚未能在其宗主領土或其他在其管轄下的領土實施免費的、義務性的初等教育者，承擔在兩年之內制定和採取一個逐步實行的詳細的行動計劃，其中規定在合理的年限內實現一切人均得免費的義務性教育的原則。

第十五條（參加文化生活之權利）

1. 本公約締約各國承認人人有權：

(1) 參加文化生活；

(2) 享受科學進步及其應用所產生的利益；

(3) 對其本人的任何科學、文學或藝術作品所產生的精神上和物質上的利益，享受被保護之利。

2. 本公約締約各國為充分實現這一權利而採取的步驟應包括為保存、發展和傳播科學和文化所必需的步驟。

3. 本公約締約各國承擔尊重進行科學研究和創造性活動所不可缺少的自由。

4. 本公約締約各國認識到鼓勵和發展科學與文化方面的國際接觸和合作的好處。

第四部份、實施措置

第十六條（報告之提出義務）

1. 本公約締約各國承擔依照本公約這一部分提出關於在遵行本公約所承認的權利方面所採取的措施和所取得的進展的報告。

2. (1) 所有的報告應提交給聯合國秘書長；聯合國秘書長應將報告副本轉交經濟及社會理事會按照本公約的規定審議；

   (2) 本公約任何締約國，同時是一個專門機構的成員國者，其所提交的報告或其中某部分，倘若與按照該專門機構的組織法規定屬於該機構職司範圍的事項有關，聯合國秘書長應同時將報告副本或其中的有關部分轉交該專門機構。

第十七條（報告之提出程序）

1. 本公約締約各國應按照經濟及社會理事會在同本公約締約各國和有關的專門機構進行諮商後，於本公約生效後一年內，所制定的計劃，分期提供報告。

2. 報告得指出影響履行本公約義務的程度的因素和困難。

3. 凡有關的材料並經本公約任一締約國提供給聯合國或某一專門機構時，即不需要複製該項材料，而只需確切指明所提供材料的所在地即可。

第十八條（經社理事會及專門機構之協議）

經濟及社會理事會按照其根據聯合國憲章在人權方面的責任，得和專門機構就專門機構向理事會報告在使本公約中屬於各專門機構活動範圍的規定獲得遵行方面的進展作出安排。這些報告得包括它們的主管機構所採取的關於此等履行措施的決定和建議的細節。

第十九條（人權報告之提交人權委員會）

經濟及社會理事會得將各國按照第十六條和第十七條規定提出的關於人權的報告和各專門機構按照第十八條規定提出的關於人權的報告轉交人權委員會以供研究和提出一般建議或在適當時候參考。

第二十條（意見之提出）

本公約締約各國以及有關的專門機構得就第十九條中規定的任何一般建議或就人權委員會的任何報告中的此種一般建議或其中所提及的任何文件，向經濟及社會理事會提出意見。

第二十一條（向大會提出材料）

經濟及社會理事會得隨時和其本身的報告一起向大會提出一般性的建議以及從本公約各締約國和各專門機構收到的關於在普遍遵行本公約所承認的權利方面所採取的措施和所取得的進展的材料的摘要。

第二十二條（經社理事會提請注意）

經濟及社會理事會得提請從事技術援助的其他聯合國機構和它們的輔助機構以及有關的專門機構對本公約這一部分所提到的各種報告所引起的任何事項予以注意，這些事項可能幫助這些機構在它們各自的權限內決定是否需要採取有助於促進本公約的逐步確實履行的國際措施。

423

第二十三條（實現權利之國際行動）

本公約締約各國同意為實現本公約所承認的權利而採取的國際行動應包括簽訂公約、提出建議、進行技術援助、以及為磋商和研究的目的同有關政府共同召開區域會議和技術會議等方法。

第二十四條（與聯合國及各專門機構憲章之關係）

本公約的任何部分不得解釋為有損聯合國憲章和各專門機構組織法中確定聯合國各機構和各專門機構在本公約所涉及事項方面的責任的規定。

第二十五條（享有天然財富與資源）

本公約中任何部分不得解釋為有損所有人民充分地和自由地享受和利用它們的天然財富與資源的固有權利。

第五部分、最後規定

第二十六條（簽署、批准、加入、交存）

1. 本公約開放給聯合國任何會員國或其專門機構的任何會員國、國際法院規約的任何當事國、和經聯合國大會邀請為本公約締約國的任何其他國家簽字。
2. 本公約須經批准。批准書應交存聯合國秘書長。
3. 本公約應開放給本條第一款所述的任何國家加入。
4. 加入應向聯合國秘書長交存加入書。
5. 聯合國秘書長應將每一批准書或加入書的交存通知已經簽字或加入本公約的所有國家。

第二十七條（生效）

1. 本公約應自第三十五件批准書或加入書交存聯合國秘書長之日起三個月生效。

2. 對於在第三十五件批准書或加入書交存後批准或加入本公約的國家，本公約應自該國交存其批准書或加入書之日起三個月生效。

第二十八條（適用地域）

本公約的規定應擴及聯邦國家的所有部分，沒有任何限制和例外。

第二十九條（修正）

1. 本公約的任何締約國均得提出對本公約的修正案，並將其提交聯合國秘書長。秘書長應立即將提出的修正案轉知本公約各締約國，同時請它們通知秘書長是否贊成召開締約國家會議以審議這個提案並對它進行表決。在至少有三分之一締約國贊成召開這一會議的情況下，秘書長應在聯合國主持下召開此會議。為會議上出席並投票的多數締約國所通過的任何修正案，應提交聯合國大會批准。

2. 此等修正案由聯合國大會批準並為本公約締約國的三分之二多數按照它們各自的憲法程序加以接受後，即行生效。

3. 此等修正案生效時，對已經接受的各締約國有拘束力，其他締約國仍受本公約的條款和它們已接受的任何以前的修正案的拘束。

第三十條（通知）

除按照第二十六條第五款作出的通知外，聯合國秘書長應將下列事項通知同條第一款所述的所有國家：

(1) 按照第二十六條規定所作的簽字、批准和加入；

(2) 本公約按照第二十七條規定生效的日期，以及對本公約的任何修正案按照第二十九條規定生效的日期。

第三十一條（作準文本）

1. 本公約應交存聯合國檔庫，其中文、英文、法文、俄文、西班牙文各本同一作準。

2. 聯合國秘書長應將本公約的正式副本分送交第二十六條所指的所有國家。

國家圖書館出版品預行編目

憲政體制與人權保障 / 汪子錫著. -- 初版. -- 桃
園縣龜山鄉：中央警大出版社, 民101.10
面；公分
ISBN 978-986-7663-95-5(平裝)

1.憲法 2.憲政主義 3.人權

581.2　　　　　　　　　　　101006395

書　　　名：憲政体制與人權保障

著　　　者：汪子錫

出 版 機 關：中央警察大學

地　　　址：桃園縣龜山鄉大崗村樹人路56號

電　　　話：（03）3972078

總 經 銷：國家書店

　　　　　台北市中山區松江路209號1樓

　　　　　電話：+886-2-2518-0207　FAX：+886-2-2518-077

製 作 發 行：秀威資訊科技股份有限公司

　　　　　台北市內湖區瑞光路76巷65號1樓

　　　　　電話：+886-2-2796-3638　傳真：+886-2-2796-1377

圖 書 經 銷：紅螞蟻圖書有限公司

　　　　　114台北市內湖區舊宗路二段121巷28、32號4樓

　　　　　電話：+886-2-2795-3656　傳真：+886-2-2795-4100

服 務 信 箱：service@showwe.com.tw

出 版 年 月：中華民國一〇一年十月

版　　　次：初版

定　　　價：新台幣550元

讀者回函卡

感謝您購買本書，為提升服務品質，請填妥以下資料，將讀者回函卡直接寄回或傳真本公司，收到您的寶貴意見後，我們會收藏記錄及檢討，謝謝！如您需要了解本公司最新出版書目、購書優惠或企劃活動，歡迎您上網查詢或下載相關資料：http:// www.showwe.com.tw

您購買的書名：_____

出生日期：_____年_____月_____日

學歷：□高中 (含) 以下　　□大專　　□研究所 (含) 以上

職業：□製造業　□金融業　□資訊業　□軍警　□傳播業　□自由業
　　　□服務業　□公務員　□教職　　□學生　□家管　　□其它_____

購書地點：□網路書店　□實體書店　□書展　□郵購　□贈閱　□其他

您從何得知本書的消息？

　　□網路書店　□實體書店　□網路搜尋　□電子報　□書訊　□雜誌
　　□傳播媒體　□親友推薦　□網站推薦　□部落格　□其他_____

您對本書的評價：(請填代號　1.非常滿意　2.滿意　3.尚可　4.再改進)

　　封面設計____　版面編排____　內容____　文／譯筆____　價格____

讀完書後您覺得：

　　□很有收穫　□有收穫　□收穫不多　□沒收穫

對我們的建議：_____

_____

_____

_____

11466
台北市內湖區瑞光路 76 巷 65 號 1 樓

秀威資訊科技股份有限公司 　　收

BOD 數位出版事業部

....

（請沿線對折寄回，謝謝！）

姓　　名：＿＿＿＿＿＿＿＿＿　年齡：＿＿＿＿　性別：□女　□男

郵遞區號：□□□□□

地　　址：＿＿＿＿＿＿＿＿＿＿＿＿＿＿＿＿＿＿＿＿＿＿

聯絡電話：(日) ＿＿＿＿＿＿＿＿＿＿ (夜) ＿＿＿＿＿＿＿＿＿＿

E - m a i l：＿＿＿＿＿＿＿＿＿＿＿＿＿＿＿＿＿＿＿＿＿